天

Borderless

下

天下，在乎正义和你

卓 泽 渊 法 学 文 论 系 列

法治及其实践

卓泽渊 著

法律出版社 LAW PRESS·CHINA
北京

图书在版编目（CIP）数据

法治及其实践 / 卓泽渊著. -- 北京 : 法律出版社,
2024. --（卓泽渊法学文论系列）. -- ISBN 978-7
-5197-9249-7

Ⅰ. D920.4

中国国家版本馆CIP数据核字第20249C36L2号

法治及其实践
FAZHI JI QI SHIJIAN

作　　者：卓泽渊
责任编辑：杨悦芊
装帧设计：李　瞻
出版发行：法律出版社
编辑统筹：学术·对外出版分社
责任校对：晁明慧
责任印制：胡晓雅　宋万春
经　　销：新华书店
开　　本：A5
印　　张：9.625
字　　数：225千
版　　本：2024年11月第1版
印　　次：2024年11月第1次印刷
印　　刷：北京建宏印刷有限公司
书　　号：ISBN 978-7-5197-9249-7
定　　价：88.00元

销售电话：010-83938349　客服电话：010-83938350　咨询电话：010-63939796
地　　址：北京市丰台区莲花池西里7号(100073)
网　　址：www.lawpress.com.cn
投稿邮箱：info@lawpress.com.cn
举报盗版邮箱：jbwq@lawpress.com.cn
凡购买本社图书，如有印装错误，我社负责退换。电话：010-83938349

“卓泽渊法学文论系列”总序

时光飞驰，大江东去。匆匆岁月一去难返，但总有一些难忘的印记，如珍珠洒落在卑微的人生旅程。将其拾起，串联起来，作为自己平淡的记忆，存放在人生的包裹中作为学术旅程的收获，作为学术人的分享，奉献给读者，不能不说是一件有趣的事。

1984 年 7 月，21 岁的我在西南政法学院本科毕业、留校任教，其后一直从事教学与学术工作，其间虽有攻读学位、担任行政工作等因素介入，亦未曾间断。

在漫长而又短暂的学术历程中我做了些微努力。较早积累完成的有“卓泽渊法论系列”三卷，集中编辑的“卓泽渊法治文论系列”四卷。近年，我又开始了对“卓泽渊法学文论系列”的汇集工作。在收集整理这一文论系列时，不再纳入下列著作：

一是“卓泽渊法论系列”三卷。它们是法律出版社出版的《法的价值论》《法治国家论》《法政治学研究》。

二是“卓泽渊法治文论系列”四卷。它们是法律出版社出版的《法治期待》《法之言说》《法政讲堂》

《法眼园窥》。

三是个人独立写作的《法学导论》(含藏文版)、《法理学》等高校法学教科书。

四是《中国的法治之路》(包括外文出版社出版的英文版 *Rule of Law in China*)、《我们与世界》(商务印书馆)、《我们与法治》(商务印书馆)以及《法的价值总论》(人民出版社)。

五是作为主编、副主编、参编所撰写的一些文字。

六是由于种种原因导致出版物丢失,而又未能找到相应书刊的文章。

特别说明的是,一些纯粹基于工作职责或使命感而写作的文字,由于内容或形式等原因,也不予辑录。对此难免有敝帚之憾,但为了自己的原则,为了给后学一个不太令自己脸红的交代,必须如此。本次辑入的文字,原则上只作删削,除个别篇目因特殊原因而须作出最少修正与完善外,不作内容增补。本文论系列中的文章写作时间跨度近 40 年,有些注释中的文献信息不全或不准确,到现在已难以查证甚至无法查证,只好保留原有的文稿状态,请读者予以理解和谅解。

这次出版的这一系列,在编辑时尽管考虑了它对于自己学术成长的历史性和代表性意义,尽力删减了非学术成分,但也很难说多么具有学术性,依然只是一份学术及其相关记录。它们大多是出版或者发表过的文字,其中的时代局限是客观存在的,这次编辑时也没有过多消除,甚至还有意保留了许多时代印记。其中有一些文字因种种原因而予以删除。我当然期待着其他的、曾经给我心理满足又使我备受煎熬的关于中国改革的文稿等能在以后出版。那也是我对于自己和未来的期盼。

本丛书原本设计为三卷,后来出版社的编辑建议改为六卷,也颇有道理。实际上,其内容的卷别划分并不严格,只是根据自己的感觉分别罗列在六卷中而已,从不同角度当然可以作出不同的归类。另外还需要说明的是,本次辑录整理的文稿,有的采用的是相应书刊扫描的文稿,有的则是作者自己写作时的原稿(未经原出版物编辑们加工的文稿)。

2021年秋,根据有关人事文件规定,我主动请辞中央党校(国家行政学院)校内行政职务(在校外继续保留了具有一定学术意味的中国法学会和北京市社会科学界联合会的兼职),这一申请获得了校委支持。正因如此,我才有了更多时间着手收集和整理这一系列著作,这令我特别欣慰。从1999年12月出任西南政法大学副校长,至2021年辞去中央党校(国家行政学院)副教育长职务,我有近22年的行政兼教学经历。得知组织同意我的申请后,深感欣幸,以至于多次催促组织部门尽快下文。在美丽的2021年也即辛丑牛年,美好的金秋时节,我回归纯学者的梦想终于实现,这也让我重回了久违的精神家园,顿觉神清气爽、身心自由。高兴之余,刘禹锡先生那首《酬乐天扬州初逢席上见赠》言犹在耳,至于白居易(乐天)先生赠与刘禹锡先生的那首诗,我记不得了。自己倒是写了一首文采乏善,但欣喜之情溢于言表的小诗:

韶华最美是金秋,相继冬春逐水流。
勤勉无缺凭己力,智商有欠使心忧。
难言天下堪谁任,时恐家国因我羞。
白鹿名山久期盼,笑谈帆影过沉舟。

在此还需要特别说明的是,本系列也是“全国文化名家暨四个一批人才支持计划”的后续成果之一,我要深深感谢这一计划所给予我的帮助。

卓泽渊

2024年秋

代序　法治的意识基础

在中国的法治化进程中，契约、宪治问题受到了学术界的空前关注。学者们或者分别对二者进行探讨，或者将二者结合起来论述。综观各种学术主张，不同学者所讲的契约并不是一个统一的概念；不同学者对于宪治也存在不同的认识；对于与此相关的契约精神、宪治精神，学者们也有不尽相同的见解。探讨契约、宪治、契约精神、宪治精神的基本内涵，以及契约精神与宪治精神对于中国法治的意义，是一个非常有价值的论题。

契约：民事契约与社会契约

契约，在不同的国家或学者那里可能有不同的认识。西方大陆法系国家普遍认为，"契约为一种合意，依此合意，一人或数人对于其他一人或数人负担给付、作为或不作为的债务"[1]。英美法系国家则认为，contract（契约）"是指'适格当事人之间基于合法

---

[1] 《拿破仑法典》，李浩培、吴传颐、孙鸣岗译，商务印书馆1979年版，第148页。

之对价而达成的作为或不作为某一行为的协议'"〔1〕。在中国现代的许多经济学者那里,尤其是在法学学者中的许多民商法学者眼里,契约也就是合同。〔2〕 它是经济活动中当事人关于权利义务的约定,其目的在于进行经济活动,实现经济权利义务。在一些政治学学者,尤其是一些法学中的法理学学者看来,却不完全是这样。他们看到的契约,则往往是人民放弃自己的部分权利,组建国家和政府所达成的设立协议;或者是人民委托国家或政府行使管理国家和社会职能的授权协议。也许以经济为目的的契约,我们可以称之为民事契约;以社会为目的的契约,我们可以称之为社会契约。契约这一概念正是在经济与社会这两层意义上被广泛运用的。〔3〕

社会契约与民事契约具有不同的含义。笔者试图就二者作一个简要的区分。

第一,主体状态不同。民事契约的主体可能是两方,也可能是多方,不论主体的数量如何,主体的数量都总是有限的;主体地位和身份总是特定的和确定的。一般地说,国家或政府不是民事契约的主体,如果它以一般主体身份参与经济活动,它的身份则类同于一般的自然人和法人,而不是不同于一般自然人和法人的"国家"或"政府"。面对社会生活中大量的民事契约,国家的身份是保障民事契约得以实现的外

---

〔1〕 薛波主编:《元照英美法词典》,法律出版社2003年版,第312页。

〔2〕 在中国古代契约与合同并不是同一的概念。合同仅仅是契约的一种表现形式。现代的《中国大百科全书·法学》(中国大百科全书出版社1984年版,第464页)对于"契约"词条的解释就是"合同";在"合同"词条处,又将合同解释为"契约"。也许正是基于这种认识,中国现有的法典中,没有契约的概念,而代之以合同的称谓,可以参见中国现有的各类民事经济立法。

〔3〕 何怀宏在《契约伦理与社会正义:罗尔斯正义论中的历史与理性》(中国人民大学出版社1993年版,第12页)中提出契约有四种概念,即作为经济法律概念的契约,主要见之于罗马法;作为宗教神学概念的契约,主要见之于《圣经》;作为社会政治概念的契约,主要见之于中世纪末的反暴君理论家等;以及作为道德哲学概念的契约,主要见之于罗尔斯,而康德可以说是其先驱。

在强制者。它一般不是民事契约的当事人,而是民事契约得以履行或实现的保障力量。

社会契约最基本的应该有两类:一类是人民之间订立的设立国家或政府的设立契约,另一类是人民与国家或政府之间订立的人民授权给国家和政府的委托契约。前者,我们也许可以称它为设立契约;后者,我们也许可以称它为授权契约。就设立契约而言,这一社会契约的主体数量是不特定的,也许是人类早期社会的全体成员,也许是绝大多数人,也许只是多数人。具体有多少,没有人能够准确回答。设立契约的主体是不特定也无法确定的全体社会成员,每个成员都在其中。国家或者政府不是设立国家或政府的社会契约主体,而是这一社会契约的产物。没有设立契约,国家或政府就没有产生的根据。就授权契约而言,这一契约的主体是人民和国家或政府两方。人民这一方是由众多的社会成员构成的。共同授权人是数量不确定的多数人或者全体人民。国家或政府则是接受人民委托、代表人民行使权力的主体。

第二,缔约目的不同。民事契约的订立目的在于将当事人的共同意思表达出来或记载下来,以便各方遵照执行,以达到各方当事人所希望的订约目的。民事契约订立的追求在于使民事契约的目的现实化。民事契约是经济权利义务的记载,是各方关于权利义务的约定。契约目的的现实化,用最简单的表达即契约的义务得到了履行,权利得到了实现。

社会契约的订立目的则在于建立国家或政府,或授权国家或政府进行社会管理。社会契约的目的在于建立一种公共权力机构,行使公共管理权力,保障社会秩序,促进社会发展,保障全体社会成员乃至每一个成员的利益,为人类提供更好的生存条件和生活环境。社会契约,可以理解为设立和授权公共权力机构的契约,既为赋予公共权力而成立,也为限制公共权力而设定。

第三,实现方式不同。民事契约的实现,依赖的是当事人的忠实履约,以及国家或政府的依法介入。在一方或多方当事人违背约定时,受害方可以向国家或政府请求法律上的救济,强制违约的当事人履行契约的约定义务,或者对其自己的违约行为承担应有的法律责任。国家或政府在民事契约上,使社会公正和公平的天平得以平衡,使社会被损害的正义得以恢复。作为第三者的国家或政府的强制介入,是契约有效性的最后保障,即民事契约得以实现的保障。

就社会契约而言,两类社会契约的实现方式是不同的。具体说来,设立契约的实现,主要依靠的是全体社会成员对于契约的坚守和维护,以及国家和政府对于人民意志的尊重。因为国家不是这一契约的当事人,也不是这一契约的外在强制力量,同样不是保障这一契约被履行的高于各方当事人的裁判者或处罚者。如果人民建立的国家或政府违背人民的意志,人民就只有运用自己没有放弃的权利,实行革命或者改组,重新组建人民的国家或政府。这也就是卢梭所认为的人民有权进行革命的理由。就授权契约而言,国家或政府是接受委托的当事人,该授权契约的实现靠的是国家或政府对于自己代行权力的认真负责,靠的是人民的监督,最终的保障是人民有权收回自己的委托授权。因为,人民一旦收回授权,国家或政府都将因失去存在的依据而被否定。

第四,违约后果不同。民事契约的违约主体,都是契约的当事人。一方当事人的违约,会导致对方当事人的利益受到损害。受害者为了自己的利益,会提起诉讼,请求国家干预,以强迫违约者履约或者承担违约责任。

社会契约中设立契约一旦订立并履行,当事人就不得违反而必须信守,否则某一当事人的违约就是对其他当事人权利的侵犯。人民根据前一契约,进而与国家或政府之间订立了一个向国家或政府授权的授权契约。授权契约上的违约行为,既是对契约的违背,也是对人民的侵权。由于人民是一个无个体任性的整体,所以人民是不会违约的,违约者只能是国家或政府。这种违约行为往往是超出人民授权范围的滥用权力并对人民固有与保留权利的侵犯。因此,人民就只能要求违反社会契约、侵犯人民权利的国家或政府对其承担责任。国家和政府既是设立契约的产物,也是授权契约的当事人。由于人民的广泛性和整体性,作为两类契约当事人的人民难以与国家或者政府相交涉。人民发现问题后,如果向国家或政府起诉,恰恰国家或政府本身就是裁判者,所以社会契约被破坏后,就很难得到补救。

民事契约与社会契约的差别是明显而巨大的。两类契约的以上差异,也决定了各自的精神蕴涵不同。

民事契约蕴涵的是自由、平等、主体、诚实、信用、权利与义务等精神。因为民事契约存在的前提就是个体自由的存在,以及由个体自由所决定的个体自主、意思自治。自由是民事契约的基本精神。在每一个自由、自主、自治的个体之间达成的协议,必然是会要求平等的。其中既不应该有特权也不应该有歧视。协议达成的过程中,各方当事人都应该表达自己的真实意志,而且尊重对方的真实意志。订立契约的目的就是要履行契约,于是诚实的契约要求就被提了出来。协议订立了,还必须忠实履行,这才能使契约的目的真正实现,也才能使纸面的规定转化为社会现实,信用就成为了基本的要求。契约的实现,也就是指契约所记载的权利得到了享有,义务得以履行。正常的权利义务观念是契约必不可少的精神内涵。

社会契约则包含的是人民主权、社会民主、权力制约、法治观念等基本精神。社会契约源于西方思想家们的社会契约论学说。依据这种学说,国家和政府都是人民缔结契约的产物。人类历史上是否真有这样的契约,当然是值得怀疑的。但是由此所提出的主权在民、人民主权、社会民主、权力制约和法的统治学说是非常有价值的,人民按照共同的意志建立了国家和政府,国家和政府就必须忠于人民。人民具有相对于国家和政府的崇高的地位,就成为了无须争议的命题。

宪治:有限政治与责任政治

对于宪治,学者们的认识并不统一。他们认为:宪治是国家依据一部充分体现现代文明的宪法进行治理,以实现一系列民主原则与制度为主要内容,以厉行法治为基本保证,以充分实现最广泛的人权为目的的一种政治制度;〔1〕宪治即宪法政治,就其一般意义而言,是指以实行民主政治和统治为原则,以保障公民的权力和权利为目的,围绕着宪法的产生、实施和实现而展开的一系列活动,它包括创制宪法(立宪)、实施宪法(行宪)、维护宪法(护宪)、发展宪法(修宪)等环节。〔2〕

宪治首先要求限政,即限制政治。“从历史上看,宪治的产生总是基于这样的理由,即确定国家权力的边界并限制国家的管理者。宪治,是一个比法治或法治国更高的抽象概念,其含义与有限国家相当:在有限国家中,正式的政治权力受到公开的法律的控制,而对这些法律的认可又把政治权力转化成为由法律界定的合法的权威。”〔3〕

为什么要限制政治,主要的原因有三点:一是任何政治权力都是第二位的,只有人民权力才是至高无上的。除了人民的权力外,任何政治权力都不能是无限的,也不应该允许它无限,否则人民的权力就会受到严峻的挑战,甚至被强权所否定。二是在终极意义上,人民的政治权力就是人民的政治权利,二者是相通的、相等的。人民享有最高的政治权

〔1〕 参见李步云:《走向法治》,湖南人民出版社1998年版,第2页。其中的“宪治”一词为编辑本书稿时所替代使用。

〔2〕 参见蒋先福:《契约文明:法治文明的源与流》,上海人民出版社1999年版,第136页。

〔3〕 宪法比较研究课题组编译:《宪法比较研究文集》(3),山东人民出版社1993年版,第274页。其中的“宪治”一词为编辑本书稿时所替代使用。

力就是人民最高的政治权利;人民行使最高政治权利,就是运用最高政治权力。任何其他政治权力都不能高于人民的政治权力。三是人民之下的任何具体政治权力都具有不断膨胀、不受约束的属性。政治权力不断膨胀、不受约束,就很容易导致强权政治,破坏民主,破坏法治。宪治必然要求限制政治权力。

宪治意义上的有限政治权力,其有限性表现在以下几个方面:

一是政治权力的主体是有限的。政治权力的主体是特定的,哪些机构或者哪些人拥有政治权力,应当具有宪法和法律上的根据。国家权力是一个整体,但是任何一个人或机构都不可能将国家所有的权力都集中于一身。如果是这样,那就必然是集权和专制。政治权力主体的有限性,往往表现为政治权力主体的特定性。每一个特定的主体都只能行使自己特定的权力。对于权力的限制最终要归结为对于掌权者个人的限制。

二是政治权力的范围是有限的。没有一个政治权力的范围是无限的,也没有一个政治权力能够做到真正的无限。由于政治权力始终应当是有限的,所以任何追求无限政治权力的后果一旦现实化,都将是灾难。它将使人民的权利和权力被抹杀和侵犯,人民民主就可能演化成君主专制;它将会导致权力与权力之间的冲突与混乱,最终导致权力的无序化,引发社会的无序化,社会将为此承担灾难性的恶果。政治权力的行使范围是由宪法和法律所界定的。人民对于权力的赋予总是通过法律规定来实现的。凡是超出法定范围的权力行使,本身就是违反宪法和法律的。违法的权力主体就应当承担违法首先是违宪的法律责任。

三是政治权力的行使是有限的。政治权力当然要行使,而且还要充分地行使。但在强调权力的充分行使的同时,必须强调权力的正当行使。因为,政治权力机构对于自己范围内的权力也不是可以为所欲为的。权力的运作过程必须遵循法定的程序,依照法定程序进行。政治权力的行使需要必要的法定程序。在政治权力行使与人民权利冲突的时候,政治权力必须退让。因为,任何政治权力都是人民权利的派生物,相对于人民的权利或者权力,都是第二位的。

何以使政治权力有限,具体的方法有三:

一是分权。对于分权的重要意义,思想家们早有定论,“当立法权和行政权集中在同一个人或同一个机关之手,自由便不复存在了;因为人们将要害怕这个国王或议会制定暴虐的法律,并暴虐地执行这些法律。如果司法权不同立法权和行政权分立,自由也就不存在了。如果司法权与立法权合而为一,则将对公民的生命和自由施行专断的权力,因为法官就是立法者。如果司法权同行政权合而为一,法官便将握有压迫者的力量。如果由同一个人或是由重要人物、贵族或平民组成的同一个机关行使这三种权力,即制定法律权,执行公共决议权和裁制私人犯罪或争讼权,则一切便都完了”〔1〕。分权是指政治权力在不同层次和部门之间所进行的分配。首先是中央与地方之间的分权。这是由不同的国家结构形式决定的。单一制国家和联邦制国家,在中央和地方的权力分配上有着极大的差异。单一制国家实行的是中央集权制,所以在中央与地方分权的时候,中央就占有主导的地位。联邦制的分权更多是地方作主导。在有的联邦制国家,中央的权力范围在宪法上采用的是列举式的积极规定,地方的权力则采用禁止式的消极规定。〔2〕 由于规定的方式不同,权力的范围也就不一样。在联邦制的国家中,地方的权力也就大得多。因为除了中央的权力外就应当属于地

〔1〕 [法]孟德斯鸠:《论法的精神》(上册),张雁深译,商务印书馆 1963 年版,第 155~156 页。

〔2〕 美国即如此。“联邦宪法对联邦政府和州政府权力的分配采取两种方式:对联邦政府积极地规定具有什么权力,对州政府消极地规定禁止行使什么权力。因为州保留一切没有放弃的权力,不能规定具有什么权力。”参见王名扬:《美国行政法》,中国法制出版社 1995 年版,第 81 页。

方的权力了。其次是中央或地方同级内部的分权。在中央和地方的同级权力中同样存在立法权、行政权和司法权的分配的问题。

二是制约。国家权力是一个整体,共同构成国家的完整主权。但是整个权力又会被分解为多个权力,分别由不同的机构来行使。在权力与权力之间应该有一个正常的结构关系。这种结构关系,是一种相互制约的关系。制约是在同级权力之间存在的基本关系。制约确保着每一个权力的正当性质,从而也就保持着所有权力的正当性质。制约的意义首先在于防止权力被不当行使,其次在于及时发现权力运行中的问题并予以及时纠正。权力间的制约会在权力之间形成一种张力。适度紧张的权力关系是权力正当性的必然要求。

三是监督。国家的权力相对于人民的权利来说,总是第二位的,是服从性质的。何以保证权力的行使一直没有,而且永远不会超出人民意志的范围,人民的监督就显得十分必要。通过监督,人民可以随时发现权力的运作是否超出了人民设定的范围——法所设定的范围。一旦出现权力越轨的情形,人民就会采取合法的途径和方式来表达自己的意愿,或者让权力行使者改变其行使权力的状态,或者从根本上改变权力行使者。监督是经常而普遍的。经常而普遍的权力监督,当然是对权力的体外约束,它与权力内部的各个部分之间的相互制约,形成一个互补的整体,共同作用于权力,使权力具有内外两个方面的限制而难以专横。

把宪治解释为有限政治,当然特别重要。但是这依然是不够的。因为,政府作为人民集体意志的产物,其不仅在权力上不是无限的,而且还必须承担起对于人民的责任,也就是说它还必须坚持为人民服务,为人民的利益而担负起自己的责任。因此,“宪治政治”之“政”还是“责任”之“政”。

政治权力的责任究竟有哪些,学术界也并无统一的认识。在笔者看来,政治权力的责任主要在于以下的基本方面:

第一,政治权力得保障每一个成员的基本人权。人权是人被作为人对待的一种尊严,是每一个人都不可缺少的权利。人们组成国家、政府的最直接的目的就是要保障自己享有作为人的尊严,自己能够被同类作为同类来对待。如果在自然状态之中,人们还拥有个人作为人的权利,在进入国家、政府社会中反而失去了这些权利,这就走到了人们设立国家与政府的反面,就一定会违背人们设立国家和政府的初衷。

第二,政治权力得保障社会普遍的人民民主。在原始社会或自然状态中,人们拥有原始的民主权利。也许是面对民主的废弛,或者是出于对于民主前景的担忧,人们设立了国家和政府,显然是要使既有的民主获得新的形式,并在新的条件下得以保留和发展。人们设立的国家和政府是人们面对新的社会背景而创造的新的民主工具。由此观之,维护民主必然是政治权力的责任。

第三,政治权力得保障社会的基本秩序与正常运行。在原始社会中,社会依然有着它的组织结构。这种组织状态也许无法继续适应社会的发展。在新的形势下,人们用以取代原始组织的政治权力就天然地应当承担原始组织所需要承担而又无法继续承担的使命。这种使命最基本的内容之一,便是保障社会的基本秩序与正常运行。

第四,政治权力得维护社会的基本公正。社会是人与人的关系的总和。人与人之间的利益的差异必然会导致这样那样的纷争。有纷争,就需要裁决,而且需要一种公正的裁决。纠纷若得到很好裁决,社会将处于稳定的状态之中持续发展。纠纷得到很好解决的最基本的要求必然是裁决必须是基本公正的。基本公正至少可以从两个方面加以理解:一是指这种公正是一个正常社会所必须的最低要求,即公正的必要性质;二是指这种公正是一个社会最多数人所普遍认同的关系状态,即公正具有不同主体在认识上的共同性质。政治权力作为社会的主导力量有义务给社会成员的基本公正以保障。

契约精神——宪治精神

社会契约的观念也许是从民事契约的观念中引申而来的。社会契约的观念从一个新的角度强化了民主政治理念，成为宪治的思想基础。有学者认为，在宪治活动中，深刻地渗透着契约精神，所以将宪治社会称为契约社会或法理化社会是十分恰当的。依照契约社会的原则，享有自然权力的公民交出其一部分权力由自己的政治代理人行使，并给政治代理人规定了权力的限制和行使权力的程序，保留了撤回委托的权力，宪治过程中社会的法理化、契约化是它的精义。[1]

契约理论是否具有历史的根据，本身是否科学一直以来都存在不同的看法。如果一定要把契约理解为若干当事人在一起共同商议，然后达成一个一致性的约定，并且还要有个文本，那就过于机械了。这里所说的契约也不过是借助这个概念来说明社会成员的合意罢了。如果一定要求有一个文本，也就难免失之迂腐。其实，只要人们不简单地把社会契约归结为如同民事契约那种具体和物化的协议，便可以看到契约理论有其深刻的社会根据、深远的历史意义和重要的现实价值。

建设法治必须确立起契约精神，并以契约精神作为意识基础。契约精神也正如契约有两个种类的划分一样，包含两个类别。从民事契约的意义上讲，契约精神包含自由、平等、妥协、互利、权利、诚信等精神内涵；从社会契约的意义上讲，契约精神包含人民主权、法的统治、人权保障、社会权利等精神内涵。这两个方面的精神内涵都是宪治得以建立所必须的。

宪治中的政治权力必须尊重和保障人民的自由、平等、权利等，对人民诚实守信；宪治更必须尊重和保障人民的政治民主、社会权利等。

---

〔1〕 其中的“宪治”一词为编辑时笔者添改的。

两类契约为宪治和宪治精神提供了相得益彰的精神资源与认识基础。无论是有限政治，还是责任政治，都可以从契约精神获取认识资源，并将其作为自己的思想基础。所谓宪治精神，也就是以宪法为准则来拥有、分配和行使权力的政治观念、风尚与传统。其内容包括宪法、民主、法治和人权四个主要方面，包括由此而产生的宪法至上、人民民主、权力制约、法律至上、权利保障等基本的精神内核。宪治精神对宪治有着重大的作用。宪治精神的有无，决定着能否实现宪治。宪法到宪治的转化，离不开宪治精神的指引。离开宪治精神，最好的宪法也只能是一纸具文，它的作用等于零，根本无法在实践中实现。〔1〕

宪治精神中似乎天然地包含这样的认识：宪法是人民缔结契约的产物，宪法本身就是人民的授权契约。卢梭的学说也许就包含着这样的思想，"由于社会公约，我们赋予了政治体以生存和生命；现在就需要由立法来赋予它以行动和意志了。因为政治体得以形成与结合的这一原始行为，并不就能决定它为了保存自己还应该做些什么事情"〔2〕。

就契约精神而言，在中国历史上，契约主要是作为民事与经济范畴起作用，不曾有过其他三个方面的系统含义，不曾有过社会政治、宗教神学或者道德哲学方面的契约理论，甚至在经济的领域内，就像商人阶级一直言微力轻一样，契约关系和契约观念在历史上也一直没有占据过最突出的地位，其法律形式相对于罗马法来说也尚不完备和明确。契约性的商品经济不是经济生活和经济关系的主流，严守契约的态度可能变成拜金主义和冷酷无情的代名词。在社会政治方面，契约思想并非没有萌芽，但它绝没有形成一种引发历史运动、改变历史进程的系

---

〔1〕 参见隆仕明：《宪治精神论略》，载宪法比较研究课题组编：《宪法比较研究文集》，中国民主法制出版社 1993 年版，第 172 页。其中的"宪治"一词为笔者编辑时修改。

〔2〕 ［法］卢梭：《社会契约论》，何兆武译，商务印书馆 1980 年版，第 48 页。

统理论。契约思想也没有踏进过哲学和伦理学的殿堂。[1] 中国历史上有的仅仅是经济意义上的契约,当然也有一定的经济意义上的契约精神存在。社会契约观念的缺失,也使得中国的以宪法、民主、法治、人权作为核心内容的宪治精神难以产生和确立。

现实中国,契约精神需要培养,随着市场经济和民主政治的发展,经济和社会两重意义上的契约精神都正在形成之中。政治对于人民利益的保障和维护都还需要做更大更多的努力。

从契约精神与宪治精神的双重角度来考察我国现实,我国市场经济所需要和包含的民事契约精神需要全面确立,契约精神也同时需要得到张扬。契约自由、平等、互利、诚信等都是市场经济急需的,它们应当成为一种基本而普遍的社会风尚。契约的自由平等、诚实信用将成为社会的良知与准则。在社会意义上,人民必须当家作主,政治权力在任何意义上都只是人民权力的产物,并且始终为人民服务。政治权力永远保持其忠于人民的品格,并以法律来引导、约束和规范自己的行为;自觉地担负起自己所应当担负的社会责任,一旦对人民形成侵害,都能依法承担自己所应承担的法律责任。

契约精神与宪治精神之间,契约精神是基础,宪治精神是契约精神在社会、政治和法治领域的引申与应用,二者之间是内在统一的。二者的形成与确立,是中国法治发展的要求,也是其法治得以建立和实现的意识基础。

【附记:本文原题为"法治的意识基础:契约精神与宪治精神",发表于《江苏行政学院学报》2004 年第 5 期。其中的"宪治"一词为笔者编辑时修改。】

---

[1] 参见何怀宏:《契约伦理与社会正义:罗尔斯正义论中的历史与理性》,中国人民大学出版社 1993 年版,第 12~13 页。

目 录

上篇 法治解读

下篇 法治实践

上篇　法治解读

1. 当代世界法治发展

法治是当代世界的重大主题。从资本主义建立以来,法治就出现在人类历史的舞台上。在社会主义社会制度出现之后,法治发展进入了新的历史阶段。经过数百年的发展,当代世界的法治化浪潮一往无前,法治若点点星火,形成燎原之势不断扩展,并由此推动着全球的法治化发展。鸟瞰世界法治,对于洞悉法治进程、了解世界大势、确立战略思维、把握前进方向都具有重要的意义。

一、法治创立的历史条件

人类社会的法治发展并不是无源之水、无本之木,它有一个历史的发展过程,它的出现也有其必需的历史条件。正是这些历史条件铸就了法治发展的客观基础,继而一发不可收,成为世界的历史潮流。

(一)法治发展的理论准备

法治是在人类丰富的思想积淀基础上盛开的鲜花。古希腊及其以后的法治思想的累加,为资本主义法治的建立做了必要的理论准备。柏拉图、亚里士多德、奥古斯丁、阿奎那，尤其是卢梭、洛克、孟德斯鸠等人的法治理论成为资本主义法治得以建立的思想与理论前提。

早在古希腊，著名的思想家柏拉图虽然没有把法治提高到今天这样的高度来认识，但是他许多论述中已经包含了对于法治的重要认知和对法律意义的强调。他说，“在法律服从于其他某种权威，而它自己一无所有的地方，我看，这个国家的崩溃已为时不远了。但如果法律是政府的主人并且政府是奴仆，那么形势就充满了希望，人们能够享受神赐给城市的一切好处”〔1〕。在他看来，法律成为政府的主人，政府成为法律的仆人，形势就充满了希望。

作为柏拉图学生的亚里士多德，将柏拉图的法治理论向前大大地予以了推进。他有着十分精彩的关于法治的论述。他说，“法律是最优秀的统治者”。〔2〕他甚至提出了至今仍然具有重要意义的法治定义：“法治应包含两重意义：已成立的法律获得普遍的服从。而大家所服从的法律又应该本身是制定的良好的法律。”〔3〕“法治应当优于一人之治。遵循这种法治的主张，这里还须辨明，即便有时国政仍须依仗某些人的智虑，这总得限制这些人们只能在应用法律上运用其智虑，让这种法律的主张成为法律监护官的权力。”〔4〕他认为法治优于一人之治，同时他又肯定了人的智虑的作用，就是要求，这种人的作用只能被限定在应用法律上。

古罗马继承了古希腊的法治思想并且成为古代法治的践行者。东

---

〔1〕［古希腊］柏拉图：《法律篇》，张智仁、何勤华译，上海人民出版社2001年版，第123页。

〔2〕［古希腊］亚里士多德：《政治学》，吴寿彭译，商务印书馆1965年版，第171页。

〔3〕［古希腊］亚里士多德：《政治学》，吴寿彭译，商务印书馆1965年版，第199页。

〔4〕［古希腊］亚里士多德：《政治学》，吴寿彭译，商务印书馆1965年版，第167～168页。

罗马帝国的查士丁尼大帝在《查士丁尼法典》的序言中也说:“皇帝的威严、光荣不但依靠兵器,而且须用法律来巩固。这样,无论在战时或平时,总是可以将国家治理得很好;皇帝不但能在战场上取得胜利,而且能采取法律手段排除违法分子的非法行径,皇帝既是虔诚的法纪伸张者,又是征服敌人的胜利者。”阿奎那认为,“按照上帝的判断,一个君主不能不受法律的指导力量的约束,应当自愿地、毫不勉强地满足法律的要求”[1]。他曾给法下过这样的定义,法是人们赖以导致某些行动和不做其他一些行动的准则或尺度。法这个名词(在语源上)由“拘束”一词演变而来,因为人们受法的拘束而不得不采取某种行径。

在资产阶级革命中,一大批思想家的法治学说成为资本主义法治创立的直接思想渊源。英国思想家洛克就认为:个人可以做任何事情,除非法律禁止;政府不能做任何事情,除非法律许可。在他的眼中,法治,是给公民以最充分的自由,是给政府以尽可能小的权力。在法国思想家孟德斯鸠看来,“从最广泛的意义上来说,法是由事物的性质产生出来的必然关系,在这个意义上,一切存在物都有它们的法。上帝有他的法;物质世界有它的法;高于人类的‘智灵们’有他们的法;兽类有它们的法;人类有他们的法……由此可见,是有一个根本理性存在着的。法就是这个根本理性和各种存在物之间的关系,同时也是存在物彼此之间的关系”[2]。

西方的法治发展有其思想的渊源。尤其是资产阶级思想家的法治理论,为资本主义法治的创立,奠定了重要的思想基础,成为法治得以建立的重要前提和必要准备。

---

〔1〕［意］托马斯·阿奎那:《阿奎那政治著作选》,马清槐译,商务印书馆 1963 年版,第 123 页。

〔2〕［法］孟德斯鸠:《论法的精神》(上册),张雁深译,商务印书馆 1997 年版,第 1 页。

（二）法治发展的经济基础

社会发展的根本动力是生产力的发展。生产力是最积极、最活跃的因素。在资本主义生产力的推动下，逐步形成了资本主义的生产关系，即经济基础。当既有的社会上层建筑不能容纳这样的生产力和生产关系或者经济基础的时候，资产阶级革命成为推翻旧制度、建设新制度的政治动力。随着资本主义社会的建立，资本主义的经济基础得到了确立，并成为资本主义制度的坚实基础。资本主义法治是建立在资本主义经济基础之上的上层建筑。资本主义的生产关系就是资本主义法和法治的经济基础，资产阶级与无产阶级之间的雇佣劳动关系，决定了资本主义的社会性质和法律本质。

在资本主义社会之前的封建社会之中，总体上，地主阶级占有的土地是一极为重要的生产资料，作为农民只能为地主耕种土地。农民向地主缴纳地租，最后才能获得自己的生活资料。

在欧洲14—16世纪的封建社会发展中，逐步出现了具有资本主义因素的生产关系萌芽。农业、手工业的生产工具得到改善，生产技术得到了较大提高，社会分工进一步细化与扩大。农村的地主或者富裕农民开始经营小规模的具有资本主义因素的农业生产，按照资本主义方式从事农牧业生产。在地中海沿岸的威尼斯、佛罗伦萨以及西北欧的尼德兰等地，资本主义因素不断增长，类似资本主义的雇佣关系逐步形成。商业资本对社会生产关系的作用日益重大。欧洲的商品经济迅速发展，市场经济逐步发展，为资本主义萌芽提供了条件。

随着封建社会中资本主义因素的发展，手工业主逐步通过雇佣劳动发展起来，成为了资本家。手工业主提供机器、设备、资金，工人则为其提供劳动力从事工商业活动。工人凭借自己的劳动获得报酬，即工资，维持生计。随着带有资本主义因素的生产关系的发展，手工业主逐步发展成为资本家,形成资产阶级;工人队伍逐步壮大,发展成为无产阶级。随着资本主义经济基础的形成,资产阶级和无产阶级两大阵营也逐步形成。资本主义生产关系的形成和发展,为资本主义法治的建立奠定了经济基础。

(三)法治发展的政治前提

随着资本主义因素的增长,资产阶级革命风起云涌。资产阶级革命为资本主义法的诞生、为资本主义法治的建立提供了政治前提。

1640 年,英国国王查理一世召集议会开会,提出筹集军费的问题,目的是镇压苏格兰人民起义。在会议上,议员们对国王的独断专权进行了猛烈的抨击,要求限制国王的权力,国王查理一世非常恼怒,派兵去抓捕反对他的议员。双方各不相让,由此拉开了英国资产阶级革命的序幕。国王与议员之间爆发战争,最终克伦威尔率领的议会军队打败了国王军队,取得了胜利。1649 年,查理一世被推上断头台,英国成立了共和国。1688 年光荣革命使英国资产阶级革命胜利结束。1689 年英国议会颁布了《权利法案》。其中取消了国王经常用以干涉法官独立司法的法律豁免权和中止权,明确规定国王不得中止法律的实施,未经议会同意不得行使法律豁免权,不经议会同意不能征收赋税等。1689 年《权利法案》的颁布标志着英国君主立宪制的正式确立。从此,英国的资本主义法治逐步形成。

在 18 世纪,法国资产阶级革命发动之前,孟德斯鸠、卢梭等人关于反对封建专制,倡导自由、平等、法治的理论为资产阶级革命奠定了思想基础。当时的法国社会,教士和贵族分属第一、第二等级。第一、第二等级的人仅占全国人口的 5%,但却占有全国土地的 35%,并不负担任何赋税义务,属于特权阶级。国王路易十六是他们在政治上的总代表。广大的资产阶级、农民、工人、手工业者以及其他下层贫民构成第三等级,承担着沉重的税负。他们对于封建专制统治和特权等级制度具有强烈的反对情绪,革命成为他们的政治诉求。1789 年 7 月 14 日,成千上万的人高呼口号,冲向巴士底狱,把巴士底狱包围。有的人拖来大炮,炮轰巴士底狱,有的人冒着炮火切断吊桥铁链把吊桥放下来,向前冲。经过 4 小时激烈战斗,终于攻克了巴士底狱。人民大众的武装起义取得了成功。法国资产阶级革命浪潮迅速席卷全国。第三等级中的大资产阶级攫取革命领导权,控制制宪会议,开始了资本主义的法治建设。1789—1875 年的数十年之间,法国的政体交替演变,以至于颁布了 12 部宪法,平均 7 年颁布一部。法国宪法的频繁更迭引起了政体的复杂多变,先后经历了君主立宪制、帝制、民主共和制、专制制等政体。其中有过三次君主立宪政体、两次帝制和三次共和政体。在大革命发生后,随着资本主义制度的全面确立,资本主义法治日益巩固、发展、完善,以达至今日之状态。

历史发展到 18 世纪后半期,英国在北美地区建立了 13 个殖民地。英国派遣总督对 13 个殖民地实行殖民统治。殖民地税收是英国财政的重要来源。为了增加财政收入,英国不断增加殖民地的税收,大肆掠夺殖民地财富。1765 年,英国政府对殖民地人民征收印花税。根据英国发布的法令,在北美殖民地一切公文、契约合同、执照、报纸、杂志、广告、单据、遗嘱,都必须缴纳印花税,贴上印花税票才能生效。它激起了殖民地人民的极大愤慨,他们发动了一系列反英事件,表达自己的愤怒。英国政府派军队镇压北美人民的反抗行动,进一步激化了双方的矛盾冲突。最终,英国政府被迫取消了印花税。在印花税被迫取消之后,英国政府又对殖民地人民开征玻璃税和茶叶税,引发了新的冲突。1775 年 4 月 19 日,波士顿人民在莱克星顿打响了独立战争的第一枪,从此拉开了美国独立战争的序幕。莱克星顿的枪声震动了北美 13 个殖民地。为了对抗英国的殖民统治,北美 13 个殖民地联合起来建立了由华盛顿担任总司令的武装力量——大陆军。1776 年 7 月 4 日,北美殖民地的大陆会议通过《独立宣言》,宣告美利坚合众国诞生。1782 年 11 月 30 日,英国政府被迫与美国达成停战协议。继而于 1783 年 9 月 3 日,两国在巴黎签订和约,英国正式承认美国独立。1860 年,美国共和党人林肯当选为总统,美国民主党遭到惨败,南部的蓄奴州南卡罗来纳州首先宣布脱离联邦,接着佐治亚州、亚拉巴马州、佛罗里达州、密西西比州、路易斯安那州和得克萨斯州等州也相继宣布脱离。他们于 1861 年 2 月宣布成立"南部同盟",成立了以杰斐逊·戴维斯为总统的政府,以对抗北方的联邦政府。美国陷入了分裂危机之中。1861 年 4 月 15 日,林肯政府发布讨伐令,宣布了平叛行动,美国南北战争爆发。不久,弗吉尼亚州、北卡罗来纳州、田纳西州、阿肯色州 4 州退出联邦参加南部联盟,南北战争冲突加剧。1865 年 4 月 9 日,南方部队陷入北方军队的重围之中,被迫向北方军队请降,美国内战终止,恢复统一。美国的独立战争和南北战争,是国际国内冲突的解决过程,也是资产阶级革命的过程,经历了两次战争,美国完成了资产阶级革命,为美国资产阶级法治的建立开辟了道路。

英国、法国、美国是资本主义国家的典型代表,他们以不同的方式进行并完成了资产阶级革命,为资本主义法治的建立提供了政治前提。

(四)具有资本主义因素法律的出现

在封建社会中,资本主义经济的因素不断萌生和发展,以至于产生了最初的资本家和雇佣工人。资本主义的生产方式逐步萌芽,具有某些资本主义因素的法律也在封建社会的后期逐步兴起。在欧洲主要的代表性情形包括以下几点。

1. 商法的兴起

商业贸易是资本主义生产方式建立的重要准备和必要基础,它孕育了资本主义生产关系。为了服务于商业贸易的发展,在欧洲中世纪的地中海、北海、波罗的海沿岸国家,10世纪出现了调整商业关系的《阿马尔菲法》。12—13世纪出现了适用于商人和商业关系的《奥莱龙法》《维斯比法》等。到15世纪还出现了《海事法汇编》。这些适用于商人和商业活动的法律产生于中世纪,但是它是适应资本主义因素的产物,同时又固化和推动了资本主义生产关系的建立和发展。

2. 罗马法的复兴

中世纪的欧洲,包括罗马法、日耳曼法、教会法在内的多种法律都在一定程度上被适用,法律纷繁凌乱。罗马法尽管在一些地方被继续适用,但是很不完整。随着资本主义因素的出现和发展,罗马法作为统一的罗马帝国的法律,尤其是其具有较高法律水平的多重属性,适应了欧洲发展及其提升法律水准的现实需要。罗马法作为适应简单商品生产关系的法律,也可以更好地适应资本主义因素及其增长的需要。因此,罗马法逐步地得到了复兴,它有力地保证和促进了资本主义因素的发展。

3. 关于资本原始积累的法律

资本的原始积累在封建社会的中后期就逐步出现了,它是资产阶级产生的基础,也是资本主义因素萌生的过程。在资本原始积累的发展过程中,当然出现了一些与之相适应的法律。这些法律包括推行圈地运动等剥夺农民土地的法律,以及惩治流浪者进而将流浪者转化为雇佣工人的法律。这些法律充满着掠夺与血腥。它支持着资本对农民和工人的剥削,为资本主义因素的发展提供了重要的法律保障。同时,这些法律都为资本主义法律的产生进行着制度的准备和尝试。

二、资本主义法治

人类的历史总是不断向前发展的。17、18世纪的资产阶级革命,在政治上全面推翻封建专制的统治,建立资本主义统治;在法律上废除封建主义法律制度,创建资本主义法治。格劳秀斯(1583—1645年)、霍布斯(1588—1679年)、洛克(1632—1704年)、孟德斯鸠(1689—1755年)、卢梭(1712—1778年)等资产阶级思想家、法学家为资本主义法治的创立奠定了重要的思想基础,提供了丰富的理论资源。他们在资产阶级革命中提出了自由、平等、人权的口号,也提出了法治的口号。在资本主义社会制度建立之后,法治就成为了资本主义国家的目标,也成为资本主义世界的历史潮流。

(一)英国资本主义法治

资本主义法治发端于英国1688—1689年的光荣革命。在资本主义制度建立之前,英国已有其法治的历史基础。但是在强大的封建制度之下,法律臣服于王权,根本谈不上什么现代意义的法治,更不是资产阶级法治。是资产阶级的光荣革命为资产阶级的法治创造了历史前提。1689年英国议会颁布了《权利法案》。该法案宣布取消国王经常用以干涉法官独立司法的法律豁免权和中止权,明确规定国王不得中止法律的实施,未经议会同意不得行使法律豁免权,不经议会同意不能征收赋税等。从此,英国的资本主义法治逐步形成。

(二)美国资本主义法治

美国资产阶级法治的形成是与美国独立发展的历史密切联系的。在1775—1783年的独立战争后,美国颁布的联邦宪法和《权利法案》等,确立了权利神圣和以宪法为中心的法律至上的一般观念,奠定了美国资产阶级法治的基础。随后的工业国家时期通过的宪法修正案,确立了"正当法律程序",有力地推动了美国资产阶级法治发展。再后的福利国家时期,美国资产阶级法制从注重财产保护转向注重人身保护,从注重个人自由转向注重社会平等。由此发展,渐次形成了现在的美国资本主义法治。

（三）法国资本主义法治

早在法国资产阶级革命发生之前,法国的一些著名的思想家、法学家就为法国资产阶级革命进行着思想和理论的准备。1789 年 7 月 14 日,巴黎人民攻占巴士底狱的起义,揭开了法国资产阶级革命的序幕。法国资产阶级革命浪潮迅速席卷全国。第三等级中的大资产阶级攫取革命领导权,控制制宪会议,开始了资本主义的法治建设。从 1789 年到 1875 年宪法公布,法国政体交替演变。在这 86 年内,法国颁布了 12 部宪法,平均 7 年颁布一部。法国宪法的频繁更迭引起了政体的复杂多变,先后经历了君主立宪制、帝制、民主共和制、专制制等政体。其中有过三次君主立宪政体、两次帝制和三次共和政体。在大革命发生后,随着资产阶级革命的全面胜利,资本主义制度的全面确立,资本主义法治日益巩固、发展、完善,以至于形成了今日之状态。

（四）德国资本主义法治

19 世纪前期,德国是一个四分五裂的国家。1848 年,欧洲大陆爆发了大规模的革命运动,德国也发生了革命。德国革命就是一场资产阶级民主革命。它的任务就是消灭封建专制主义的统治,结束政治上的分裂,建立统一的国家。德国的资产阶级法治正是伴随着这场革命而诞生和发展起来的。德国是最早提出“法治国”概念的国家,其法治国理念源于康德的法治国家学说。其法治发展经历了多个阶段,19 世纪早期是其第一个时期,即“自由法治国”时期。这个时期的法治国家理念,是自由主义法治思想的表达。它要反对的是警察国家。法治国家的发展要求限制国家行为的范围以实现法律对公民权利的保护。从

19 世纪中期到 1945 年,是德国法治国发展的第二个时期,即“形式法治国”时期。其法治国家概念被认为应与任何实质内容无关,其坚持恶法亦法的理念。第二次世界大战之后,德国兴起了其法治发展的第三个时期,即“实质法治国”时期。根据实质法治的理念,法治国家必须建立在正义的基础之上,必须具有民主的内涵,必须具有自由、平等、人权等价值。

在总体上,以资产阶级革命为发端,资本主义法治经历了从形式法治向实质法治,乃至实质法治与形式法治并重的转换。法治在资本主义世界中不断发展,逐步成为资本主义区别于封建主义的重要特征,也成为其自诩与标榜的所谓“资本主义优越性”。

三、社会主义法治

在资本主义革命发生发展的同时,无产阶级也壮大起来。一场比资产阶级革命更加声势浩大的无产阶级革命在资本主义世界中发生发展。随着无产阶级革命的胜利,社会主义法治得以建立。社会主义法治以史无前例的先进性展现在人类历史上,成为对资本主义法治的历史性超越。

(一)苏联的社会主义法治建设

1917 年 11 月 7 日(俄历 10 月 25 日),在列宁等人的领导下,俄国共产党(布尔什维克)领导工人、士兵发动了武装起义。起义成功后,建立了苏维埃政权。苏维埃政权及时颁布了一系列革命法令,由此奠定了苏联社会主义法治的基础。在苏联社会主义的一个很长的历史时期,都把法治国家作为资本主义的东西加以批判。自 20 世纪 60 年代开始,苏联学术界对法治国家理论的认识逐步深化;到 70 年代,相当多学者积极支持法治国家理论;80 年代初,苏联学术界进一步解放思想,对法治建设许多问题达成共识。1988 年苏联第十九次全国代表会议，在对社会主义再认识的基础上，吸取历史经验和教训，正式提出要将苏联建设成为“社会主义的法治国家”的重要目标。根据苏联的社会主义法治国家理论，一是要确保表达人民意志的法律具有至高无上的地位。无论是党的组织，还是国家机关、公职人员、劳动集体、社会团体以及公民个人，都必须遵守法律。二是充实并保障公民的权利与自由。建立公民与国家相互负责的关系，这一原则改变了只有公民对国家负责而国家不对公民负责的传统观念。三是法律所不禁止的，都是允许的。

（二）其他社会主义国家的法治建设

在苏联提出了建设社会主义法治国家的目标之后，老挝、越南相继在自己的宪法中确立了与依法治国类似的社会主义法治原则。《老挝人民民主共和国宪法》（1991 年）规定，“国家政权以宪法和法律治理国家。党和国家的各部门、各群众团体、各社会组织和各阶层人民都必须在宪法和法律的范围内进行活动”。《越南社会主义共和国宪法》（1992 年）规定，“所有政党组织都应在宪法和法律的范围内活动”“国家按照法律管理社会，并不断加强社会主义法制”。越共在 2011 年的十一大上确立的新的发展目标是“建设共产党领导，属于人民、依靠人民、服务人民的社会主义法治国家”。2014 年 11 月，中越两国还在越南召开了以“建设社会主义法治国家的经验”为主题的第十次中越两党理论研讨会。

（三）中国特色社会主义法治

中国特色社会主义法治是以革命根据地法作为基础的。中国共产党领导人民建立社会主义社会之前经历了长期的革命斗争。其跨度从 1921 年起算，到 1949 年，长达 28 年的时间。1927 年中国共产党成功地发动武装起义，走农村包围城市的道路，开始创建革命根据地。到 1949

年也有 22 年之久。经过 22 年的根据地建设,革命政权创制了大量的法律制度。这些法律制度成为新中国法律制度的历史基础。

中国特色的社会主义法治是在彻底否定国民党六法全书体系的基础上建立起来的。1949 年 10 月 1 日,中华人民共和国中央人民政府宣告成立。早在 1949 年 2 月中共中央就发布了《关于废除国民党的六法全书与确定解放区的司法原则的指示》。“在无产阶级领导的工农联盟为主体的人民民主专政政权下,国民党的六法全书应该废除。人民的司法工作,不能再以国民党的六法全书为依据,而应该以人民的新的法律作依据。在人民新的法律还没有系统地发布以前,应该以共产党政策以及人民政府与人民解放军所已发布的各种纲领、法律、条例、决议作依据。目前,在人民的法律还不完备的情况下,司法机关的办事原则,应该是:有纲领、法律、命令、条例、决议规定者,从纲领、法律、命令、条例、决议之规定;无纲领、法律、命令、条例、决议规定者,从新民主主义的政策。”

中国特色社会主义法治是在继承中华民族优秀法律文化传统的基础上创建的。任何一个国家的法律与法治都有其发展的历史过程。对于这个过程,任何人都无法否认,并必须予以应有的尊重。只有这样,才能赢得新的发展和新的进步。中华民族有着五千年的文明史,创造了灿烂的法制文明。对于这些法治成果,中国共产党并没有简单地抛弃,而是予以了应有的扬弃。对于其本质予以了批判,同时对其许多优秀的法律文化予以了继承。

中国特色的社会主义法治是在对社会主义法治建设的经验教训进行总结的基础上发展起来的。新中国的法治发展并不是一帆风顺的,而是经历了极其复杂、跌宕起伏的过程。其中有成功的经验,也有失败的教训。中华人民共和国前 30 年的尝试是中国共产党十一届三中全会的历史前提。正是在对血的教训的总结的基础上,党才在十一届三中全会提出了发扬社会主义民主、健全社会主义法制的目标，才提出了“有法可依，有法必依，执法必严，违法必究”的重要方针，才在1982年党章和1982年《宪法》中确立了党的组织和每个党员都必须在宪法、法律范围内活动的重要原则。

中国特色的社会主义法治是以改革开放为动力发展起来的。1978年党的十一届三中全会开启了中国改革开放的大门。从此一路走来，中国的改革开放事业蓬勃发展，到现在已经蔚为大观。中国的法治正是随着改革开放的步伐恢复重建乃至高速发展的。从治国方略来看，党在1997年的十五大确立依法治国的治国基本方略，建设社会主义法治国家的重要目标。2012年党的十八大将社会主义法治建设的方针更新为“科学立法、严格执法、公正司法、全民守法”；提出了全面推进依法治国的战略目标。具体说来，立法上，我们从当年的一片废墟，发展到现在形成了中国特色的社会主义法律体系，成就斐然。现在又确定了科学立法、民主立法的一系列重要任务。执法上，确立了建成法治政府的目标。司法上，提出了深化司法体制改革，促进司法公正，确保人民群众在每一个司法案件中感受到公平正义的神圣目标。守法上，提出了构建法治社会的理想。

四、国际社会的法治化

人类世界从资本主义建立以来，尤其是从第二次世界大战之后，随着社会主义法治的兴起，国际社会的法治化已经成为一个世界潮流。对于这一发展趋势，我们应有足够的认识。如何因应世界法治发展，在世界法治化浪潮中推动本国的法治建设，是世界各国都需要考虑的重大问题。

(一)国际社会的法治化进程

随着历史的发展,法治逐步成为各国的共识。正如2008年2月28日我国首次发表的《中国的法治建设》(白皮书)所表述:"法治是政治文明发展到一定历史阶段的标志,凝结着人类智慧,为各国人民所向往和追求。"当今世界的法治在"两组织一浪潮"——联合国、世界贸易组织(World Trade Organization, WTO)、全球化的推动下,不断冲突、不断整合,一往无前。

联合国自成立以来,一直致力于法治的倡导。早在1948年,联合国《世界人权宣言》,即人类历史上第一个世界人权宣言,"序言"就庄严宣布:"鉴于为使人类不致迫不得已铤而走险对暴政和压迫进行反叛,有必要使人权受法治的保护。"2002年联合国人权事务委员会增进和保护人权小组委员会的文件认为,法治的主要特征是利用法律限制和控制权力的使用,以保障自由。为此,法治要求至少从三个方面来限制国家权力:一是物质限制,涉及尊重和保障基本自由和人权;二是职能限制,采用分权形式;三是时间限制,其表现形式为人民的意志通过自由和公正的选举来定期重新表达。直至现在,联合国网站还专门设立有"促进法治"专栏,在其首页公开宣布,"促进国家和国际各级法治是联合国使命的核心。建立对法治的尊重是冲突后实现持久和平、有效保护人权以及持续的经济进步和发展的根本所在。所有个人乃至国家本身都有责任遵守公开发布、平等实行和独立裁决的法律……"

当前,WTO无疑是最大的国际贸易组织。其规则对于法治原则予以了特别的强调,有力地推动了全球化时代的世界法治发展。众所周知,现在的WTO是由1947年成立的关税与贸易总协定在1995年发展演变而来的。中国在2001年12月正式成为WTO的第143个成员国。到现在,WTO已经有160多个成员国,囊括了世界上的相当多数的国家,他们都在 WTO 规则的推动下,遵循着共同的国际贸易规则。WTO 规则对各国的影响是相当大的。从中国入世前后在法律上的立改废就可见一斑。1999 年 11 月中旬,中美关于中国加入 WTO 双边谈判取得成功,12 月 1 日中国外经贸部(现商务部)就成立了法律法规清理小组办公室。国务院为此成立了一个领导小组,制订了详细的立、改、废计划。2000 年 3 月,原国务院法制办出台《适应我国加入 WTO 进程有关法律、行政法规的制定、修订工作安排》,列出相应的时间表。4 月,原国务院法制办印发了《关于适应我国加入 WTO 进程需要清理部门规章有关事项的通知》,明确由原外经贸部和原国务院法制办牵头,组织中央 14 个负有经济管理职能的部委动起来,开展与外贸、外商投资有关的部门规章的清理工作。财政部、国家发改委、原农业部等纷纷成立了清理小组。在中国入世前两个月,2001 年 9 月,中共中央办公厅、国务院办公厅又专门下发了《关于适应我国加入世界贸易组织进程清理地方性法规、地方政府规章和其他政策措施的意见》,部署开展清理地方性法规、地方政府规章和其他政策措施。有关统计资料表明:2000 年 7 月至 2002 年 12 月间,为与 WTO 规则接轨,全国人大常委会制定、修改有关法律 14 件;国务院废止行政法规 12 件,制定、修改有关行政法规 38 件;国务院有关部门制定、修改、废止部门规章和其他政策措施 1000 多件;废止地方性法规、地方政府规章 3370 件,修改 1126 件;决定停止执行省级政府及其部门和较大的市政府及其部门其他政策措施约 18.8 万件;停止执行国务院及其办公厅文件 34 份。

(二)国际社会的法治化的推动力量

当前,全球化的浪潮一浪高过一浪,有力地推动着国际社会的法治化进程。2004 年 9 月 21 日,在第 59 届联合国大会上,联合国第七任秘书长安南在致辞中呼吁在当今世界各国实现法治。他说,当今世界各地的法治岌岌可危,仍有人肆无忌惮地违背根本的国际法准则,如伊拉克的暴力事件和虐俘丑闻、俄罗斯别斯兰市的绑架事件等。安南说,在世界各地,都看到有人正煽动对犹太人、对穆斯林、对任何被认定不属于自己群体的人的仇恨,并准备实施这些恶行。他强调,任何事业、任何冤情,无论其本身多么合情合理,都无法为此类恶行作出丝毫辩解。安南表示,国际社会必须坚持任何人都不得凌驾于法律之上的原则,任何国家,如果在国内宣称实行法治,就必须在国外也尊重法治;任何国家,如果在国外倡导法治,就必须在国内也厉行法治。

1. 国际经贸要求国际社会法治化

1905 年,瑞士人亨利·内斯特莱创办的雀巢公司同英瑞浓缩奶公司合并,把厂房开到了英国、德国、西班牙和大洋彼岸的美国。这在当时是一件了不起的大事。可内斯特莱恐怕不会想到,一个世纪之后,雀巢公司在全球已有 509 家工厂,雀巢的产品几乎遍布世界的各个角落。从表面上看,经济全球化似乎是一个抽象的概念。而实际上,它就悄然发生在人们的衣食住行当中。经济全球化发展从两个意义上推动着国际社会的法治化进程。

一是从经济全球化的发展中产生了大量的国际普遍认可的经济贸易方面的法律制度。WTO 的许多规则,都是在大量的国际经济贸易的基础上产生的,直接调整国际经济贸易关系。共同的国际或全球经济活动必然会提出遵守共同的经济法律规则的要求。

二是经济的全球化必然带来经济关系的全球化,在这个意义上,经济全球化的发展推动着作为上层建筑的法律制度的全球化。在现实的经济发展中,发展中国家必须力争在经济活动中与发达国家同步,与发达国家共同参与世界经济的运行,才可能赢得自己迎头赶上的机会和机遇。对于发达国家来说,他们也同样需要世界经济的共振。因为,他们维持已有的经济优势并继续发展,也需要在国际经济交流中得以实现。他们的经济是在国际经济的普遍联系中发展的。经济作为法律的基础不仅在国内法中是如此,在国际法律上也如此。

国际经济贸易的冲突及其解决也会导致世界的法治化。美、欧、日、俄、中之间的贸易纠纷不断。任何国家或地区要参与国际贸易,就必须遵循国际法治的原则。

2. 国际交流催生国际社会法治化

国际交流空前高涨,日趋频繁。有资料表明,当代世界城市的初级综合指标是,外籍侨民占本地居民比重 0.6%、市民运用英语交流的普及率为 40%、外国金融机构在 200 家以上、每年举行国际会议 200 次以上。一个国际化大都市,每年至少要举办 200 个国际会议。巴黎的国际会议最多的一年更是达 300 多个。2016 年 10 月,我国民航部门发布的冬春航季航班信息表明,在冬春航季,国内航空公司每周安排国际航班高达 9996 班,飞往 57 个国家 153 个城市。其中,新增通航城市包括阿德莱德、北九州、金奈、卡利博、新山、墨西哥城等;新辟国际航线 88 条。此外,还有世界上 62 个国家 139 家航空公司每周安排 6676 个航班,从 121 个城市飞往中国 52 个城市;新辟国际航线 20 条。如此庞大的国际航班必然是以频繁的国际交流作为基础的。

联合国数据显示,1990 年全球移民海外人数为 1.54 亿人,2000 年是 1.75 亿人,到 2013 年,全球有 2.32 亿人口移民海外,占全球人口的 3.2%。居住在发达国家的移民总数为 1.36 亿人,居住在发展中国家的移民总数为 9600 万人。

《2013 世界移民报告》显示,美国是最大的移民外汇汇出国。2010 年,共有 1000 亿美元从美国汇往发展中经济体。其中,汇往墨西哥 220 亿美元,中国 122 亿美元,印度约 120 亿美元。2011 年,中国共居住着 68 万多外国人,与 10 年前相比增长了 35%。

国际移民组织(IOM)与中国与全球化智库(CCG)联合发布的《世

界移民报告2015：移民和城市——管理人口流动的新合作》中文版表明，全世界有2.32亿国际移民和7.4亿国内移民。约占一半的国际移民居住在10个高度城市化、高收入的国家，如澳大利亚、加拿大和美国，以及一些欧洲国家（法国、德国、西班牙和英国）。此外，还包括俄罗斯、沙特阿拉伯和阿拉伯联合酋长国。随着全球范围内新的迁移目的地的出现，移民流动的地域正在发生改变。除了传统上从发展中国家到北美和欧洲等经济发达的地区外，东亚、南非、巴西和印度等快速发展的新经济中心也在吸引着越来越多的移民。发展中国家作为移民输出国的同时也正在成为移民接收国，因此，中低收入国家之间的人口迁移，即"南—南迁移"，越来越具有重要性。

国际交流的频繁使得世界各国之间在法律上的交流也以空前的速度向前发展。随着现代国际关系的发展，国家之间的交流已经十分频繁。以前看来无比广大辽阔的地球渐渐演变成为小而又小的地球村，村民之间的联系也越来越紧密。国际交流的加快为各国之间的沟通提供了便利，也加速了全球化发展的进程。法律交流作为国际交流的构成部分也随着整个国际交流的扩大和加速而得到了前所未有的发展。各国法律界、法学界的交流也得到了普遍的扩大和延展。各国议会、法院、警察部门之间的联系和交流都在加强；各国法学教育机构之间也在不断发展交流合作关系。在频繁的国际交流之中，法律的交流也得到了重大的发展。

3. 国际组织推进国际社会法治化

第二次世界大战前，国际组织仅有500多个；第二次世界大战后，国际组织的数量日益增多，活动领域不断扩大。有资料表明，进入21世纪后，国际组织已达4万多个。国际组织及其规则的大量增加和作用的不断增强也推进了法律的全球化发展和国际社会法治化的进程。国际组织的发展速度空前。国际组织主要是以主权国家为基本元素而建立的。国际组织的成立和运行,必然会提出建立相应国际规则的要求。国际法律规则的大量积累,为法律国际法治化提供了现实的可能。世界贸易组织及其规则的发展就是一个极为典型的例证。欧盟由原来的欧洲经济共同体演变而来。现在,它已经远远超出了经济的范围。21 世纪初,欧洲已经建立起了统一的司法机构,并制定统一的欧洲宪法。欧盟的出现对于全球化可能有一定的阻碍,区域性的联盟的形成对于要消除区域隔离的全球化来说,当然有一定的影响。它可能成为全球化发展中的阻碍因素。但是,欧盟对于法律全球化在欧洲的现实化,除了可能存在一定的障碍因素外,更有着重要的推动作用——它率先推动着欧洲国家法律的“欧盟化”。这也许可以认为是全球化发展的阶段性成果或者局部表现。全球化的一个重要阶段也许就是部分国家的区域联盟化,然后再从区域联盟中“走出来”,形成全球的联盟。这种全球联盟也许正是全球化的表现。这些联盟无一不需要国际条约,无一不需要依赖国际法治。

4. 司法协助推动国际社会法治化

国际社会的一体化发展已经成为不争的事实。各国相互之间的贸易、旅游、移民日益频繁。面对全球化的浪潮,国际司法协助必然受到前所未有的重视。国际司法协助的发展有利地推动着国际社会的法治化。

截至 2016 年上半年,中国已与 67 个国家缔结刑事、民事司法协助条约、引渡条约和打击“三股势力”协定共 121 项。最高人民法院已与 130 多个国家的司法机构以及 20 个国际或区域性组织建立了友好交往关系,与 26 个国家的最高司法机构签署了司法合作谅解备忘录。中国法院系统每年平均审查、办理的司法文书送达、调查取证、引渡、被判刑人移管等司法协助案件超过 3000 件,覆盖全球 70 多个国家。

世界正在走向法治,各国都必须思考自己如何进行法治建设,如何把自己建设成法治国家以适应国际法治发展的需要。目前的中国正在拟制国际刑事司法协助方面的法律制度。侦查、检察、审判、司法行政部门正在积极探索更加有效、更加广泛的国际司法协助与合作。

【附记:本文辑自徐显明主编、卓泽渊副主编:《当代世界法治与中国法治发展》,中共中央党校出版社2020年版,第一章当代世界法治发展,为卓泽渊撰稿部分。辑录时对章节进行了调整】

2. 法治与人治:艰难的选择

中国走上法治之路,并不是一件轻而易举的小事,它是一个极为艰难的选择。这种艰难体现在它的历史代价上,也体现在它的客观现实中,更存在于它的未来征途上。对此问题的理性思考与把握,将是克服法治浪漫主义的一剂良药,是更执着地追求法治的思想准备。

一、血泪呼唤

法治与人治,是两种根本对立的社会管理机制、社会活动方式和社会秩序状态。一个国家或社会,是选择法治还是人治,往往受制于多种因素。一旦作出选择,一个社会或国家就将为此获得民主、进步的契机,并有恒久的生命力;或者陷入专横、保守而为不确定的因素所左右。法治或人治的最初选择,也许是一个国家或民族在既有文化传统下自然发展的结果。其后,成熟的法治是难以向人治转化的,因为成熟的法治具有防止这种畸变的内在机制。而陈腐的人治要向法治转化也绝非易事。人治发展有着不低于法治发展的惯性。一个国家或社会要由人治向法治转化会特别艰难,甚至比从法治向人治转化更为艰难。一个人治的国家或社会,是继续实行人治,还是弃人治而图法治,是一个极其艰难的选择,即使痛下决心作出了选择,也还有一条漫长而艰辛的道路要走。对于一个具有几千年人治传统的国家要走向法治,真可谓雄关漫道真如铁。

回想我们走过的历程,可以说,选择法治,完全是共和国人民的血泪呼唤。

20 世纪中叶的中国终于跨入了共和国的新时期,开始了建立社会主义法治的新里程。共和国成立之初,一切都是那么清新,人们冀望着能够在这九百多万平方公里的土地上描绘出最新最美的图画。当时的一些学者已经提出了建设社会主义法治的问题。共和国的许多领袖,对于法治也许还没有明确而深刻的认识,但是,他们领导下的法制建设虽是初创也颇有成效。正是这些略显粗疏而十分及时的法治思想和法制建设为未来的法治之路打开了通向远方的大门。

1949 年 2 月,中共中央发布了《关于废除国民党的六法全书与确定解放区的司法原则的指示》,宣布“在无产阶级领导的工农联盟为主体的人民民主专政政权下,国民党的六法全书应该废除。人民的司法工作,不能再以国民党的六法全书为依据,而应该以人民的新的法律作依据。在人民新的法律还没有系统地发布以前,应该以共产党政策以及人民政府与人民解放军所已发布的各种纲领、法律、条例、决议作依据。目前,在人民的法律还不完善的情况下,司法机关的办事原则,应该是:有纲领、法律、命令、条例、决议规定者,从纲领、法律、命令、条例、决议之规定;无纲领、法律、命令、条例、决议规定者,从新民主主义的政策”。共和国成立之时起临时宪法作用的《中国人民政治协商会议共同纲领》第 17 条明确规定,“废除国民党反动政府一切压迫人民的法律、法令和司法制度,制定保护人民的法律、法令,建立人民司法制度”。其中无不包含着共和国的缔造者们决心要系统地发布人民的新法律的强烈愿望和法治理想。

1949年共和国成立时,也确实为此进行了不懈的努力。与《中国人民政治协商会议共同纲领》同时制定的,还有《中国人民政治协商会议组织法》《中央人民政府组织法》两部政权建设方面的基本法律。就在1949年,谢觉哉提出了,“我们不要资产阶级的法治,我们确要我们的法治”。1950年第一届全国司法工作会议就提出了在否定国民党司法的同时,要“代之以新民主主义的法治观念和道德观念”[1]。

1953年年底,中央人民政府委员会第28次会议通过了《关于政治法律工作的报告》,报告明确指出,“现在,大规模的有计划的经济建设已经开始了。在这种情况下,我们的政法工作,主要的已经不是进行像过去那样的社会改革运动,而是逐步健全和运用人民民主的法制,进一步巩固人民民主专政,同时,继续完成过去尚未完成的某些社会改革,以保障经济建设和各种社会主义改造事业的完成,保护人民群众的民主权利使之不受侵犯”。进而确定了未来政法工作的四项基本任务:健全人民民主的法制,保障经济建设的顺利进行;进一步健全人民民主制度,加强自上而下的群众性的监督与批评;保护人民的民主权利,人民群众的一切合法权利是应该被尊重的,应该成为国家全体工作人员,特别是政法工作人员所切实遵守的原则;保护国家财产,依法严厉制裁一切贪污和盗窃分子。

1954—1957年,中国法制建设步入了一个崭新的历史时期。1954年9月召开了第一届全国人民代表大会,通过了《宪法》《全国人民代表大会组织法》《国务院组织法》《人民法院组织法》《人民检察院组织法》

---

〔1〕 沈国明:《“人治”与“法治”》,载韩述之主编,上海市社会科学学会联合会编:《社会科学争鸣大系》(政治学·法学卷),上海人民出版社1991年版,第234页。

《地方各级人民代表大会和地方各级人民委员会组织法》等重要法律。中国资深法学家回忆说，“1954 年我国的第一部宪法诞生了，对于像我这样搞宪法专业的青年教师来说，高兴劲就别提了。我把这一盛事看成我国步入民主法治的新起点，认为现在民主和法治的阳光已经照射出来了，理性的王国已经开始出现了，似乎从今以后，迷信、偏私、特权和压迫已经一去不复返了”〔1〕。从 1954 年 9 月至 1957 年，三年时间内全国人民代表大会及其常务委员会、国务院及其各部委共制定规范性法律文件 730 多件。年轻的共和国赢来了法制建设的新时代。在这一时期，共和国的基本制度得以确立，人民的民主权利、公民的权利和自由得到了宪法和法律的确认，人民的司法制度得以普遍建立。刑法、刑事诉讼法方面的法典也在起草之中。

1978 年 12 月，中国共产党的十一届三中全会宣布，对于社会主义社会的阶级斗争，应该“按照宪法和法律规定的程序去解决”〔2〕。1979 年 6 月召开的第五届全国人民代表大会第二次会议宣布，“无论处理哪一类矛盾，都必须充分依靠人民群众，严格遵守社会主义法制”〔3〕。1979 年在法制建设中具有重要意义的基本法律——第一部《刑法》和《刑事诉讼法》公布了。1979 年 9 月 9 日，中共中央《关于坚决保证刑法、刑事诉讼法切实实施的指示》明确指出，两法“能否严格执行，是衡量我国是否实行社会主义法治的重要标志”。“社会主义法治”被正式提出。“文化大革命”结束以后，全党全国人民都逐步地开始了对于历史的反思，呼唤法治成为时代的最强音。

〔1〕 吴家麟、民胜：《我在 1957 年遭遇的一场大劫难》，载郭道晖、李步云、郝铁川主编：《中国当代法学争鸣实录》，湖南人民出版社 1998 年版。

〔2〕 参见《中国共产党第十一届中央委员会第三次全体会议公报》，载中共中央文献研究室编：《三中全会以来重要文献选编》（上），人民出版社 1982 年版。

〔3〕 《中华人民共和国第五届全国人民代表大会第二次会议文件》，人民出版社 1979 年版，第 10~11 页。

与其说法治的提出是中国人民历史经验的结晶，还不如说是中国人民满怀血泪的呼唤，是历经了无数苦难的艰难抉择。

二、理性思考与明智决策

法治的概念被学术理论界的先锐分子提出来了，但法治的概念为全社会所接受还有一个艰难的过程。

在20世纪70年代末80年代初，中共中央在自己的正式文件中提出了社会主义法治的概念以后，许多学者开始了对于法治的新一轮极为郑重的理性思考。中国法学界进行了法治与人治的第一阶段的大讨论。

在第一阶段的讨论中，第一种观点认为，法治与人治相对立，因此，我们倡导法治就必须反对人治。第二种观点认为，法治并不排斥人治，法治与人治是可以相容、互补、结合的。第三种观点认为，法治概念不科学，必须予以抛弃。第一种观点被称为"法治论"，第二种观点被称为"结合论"，第三种观点被称为"取消论"。第二种观点将人治与人的作用相混同，导致了理论上的歧见。其实，人治并不是是否重视人或者是否发挥人的作用的问题，它指的是权力拥有者可以高于法律，人们应听命于权力者的意志而不是法律。它与法治所强调的法律的统治、法律至上是根本对立的。第三种观点显然是对法治的误解。[1] 通过讨论，法学界基本达成了要法治、不要人治的共识。

随后，法学界进入了20世纪80年代中后期的对于法治的长时期递进式探讨，也即法治讨论的第二阶段。探讨范围也从法治本身延展至

---

〔1〕 参见李步云：《走向法治》，湖南人民出版社1998年版，第63页。另有尤俊意教授认为，当时大致有"要法治、不要人治"论和"法治与人治结合"论两种不同的观点。参见尤俊意、舒中晴：《"人治"与"法治"的大讨论》，载郭道晖、李步云、郝铁川主编：《中国当代法学争鸣实录》，湖南人民出版社1998年版。

相关的理论学说,为法治理论的全面建立进行着有意无意的理论准备。内容涉及法的概念、法的价值、法的精神、法治原则、立法、执法、司法、守法、法律监督、法律教育、法制宣传等各个方面。这一阶段,着重就法治在国家和社会生活中的地位和作用及其与客观规律、经济基础和其他上层建筑之间的相互关系进行了讨论。在法、法律、法制、法治、以法治国、依法治国等概念和口号的相互关系及其科学性方面展开了讨论;在是否可以提以法治国、依法治国等问题上也有着不同的见解。在法学界的努力下,党和国家及其领导人也不断采纳了法学专家学者的研究成果。1985 年中共中央和国务院转发的关于“一五”普法规划的通知中就提出了“依法治国”。

1992 年中国共产党第十四次代表大会提出建立社会主义市场经济体制以后,法治的讨论进入了第三阶段。理论界和全社会都比较一致地认同“市场经济是法制经济”,并从“市场经济是法制经济”过渡到“市场经济是法治经济”,进而更加广泛而深入地探讨了建设有中国特色社会主义法治的一系列理论与实践问题。在理论研讨上,同市场经济的资源配置问题相似,法治的本质内涵开掘到权力与权利配置的深度;对实行法治与法律资源“本土化”以及法律移植问题也进行了一定程度的探讨。1994 年中央领导集体听取了法学专家们关于依法治国理论与实践问题的讲座。1997 年,党的十五大报告又将依法治国确定为我国的治国基本方略,将建设社会主义法治国家确定为我国政治体制改革和民主法治建设的目标。法治在我国政治和社会生活中的崇高地位的确立和重要作用的受到肯定,为法治大讨论得出了被中国法学家、中国社会与中国民众拍手称庆的结论。[1]

---

〔1〕 参见尤俊意、舒中晴:《“人治”与“法治”的大讨论》,载郭道晖、李步云、郝铁川主编:《中国当代法学争鸣实录》,湖南人民出版社 1998 年版。

三、什么是法治

西方辞书说,法治,是一个无比重要的,但未被定义,也不是随便就能定义的概念。[1] 法治当然不是指法律制度。法律制度距法治还有相当遥远的距离。在法律已经客观地存在的时候,可能法治连一个最基本的雏形也未产生。古希腊的亚里士多德即在理论上一定程度地描述了法治。他认为,"法治应当优于一人之治"。[2] 法治应该包括两重意义:已成立的法律获得普遍的服从,而大家所服从的法律又应该本身是制定得良好的法律。[3] 亚里士多德的法治理论应当说已达到了相当高的境界,他所强调的法仅是"良法",而不是"民主的法"。

真正与民主相联系、与人治和专制相对立的法治,仍然只是由其后多少年的资产阶级创立的。与民主制相联系的法治是由资产阶级启蒙思想家们所倡导,由资产阶级实践的。英国法学家戴雪曾解释了法治的含义。他说,"法治"这一词有三个意思,也就是任何人不应因做了法律未禁止的行为而受罚;任何人的法的权利或义务几乎是不可变地由普通法院审决;任何人的个人权利不是联合王国宪法赋予的,而是来自宪法赖以建立的依据。[4] 在戴雪之前的英国法学家洛克认为,法治就是,政府应该以正式公布既定的法律来进行统治,这些法律不论贫富,不论权贵还是庄稼人都一视同仁,并不因特殊情况而有出入。美国法学家潘恩也说,在专制政府中国王便是法律,同样地,在自由国家中法律便应该成为国王。其核心思想是要依法治理国家,法律面前人人平

---

〔1〕 参见[英]戴维·M.沃克:《牛津法律大辞典》,北京社会与科技发展研究所译,光明日报出版社1988年版,第790页。

〔2〕 《西方法律思想史资料选编》,北京大学出版社1983年版,第53页。

〔3〕 参见《西方法律思想史资料选编》,北京大学出版社1983年版,第55页。

〔4〕 参见[英]戴维·M.沃克:《牛津法律大辞典》,北京社会与科技发展研究所译,光明日报出版社1988年版,第790页。

等,反对任何组织和个人享有法律之外的特权。[1] 在资产阶级启蒙思想家们的理论指导下,资产阶级开始了自己的法治实践。在批判、借鉴资产阶级法治基础上建立起来的社会主义法治,当然要吸收包括资产阶级法治在内的所有优秀的法律文化成果,并且必须是对资产阶级法治的超越。

法治应当如何定义呢?笔者认为,法治是与人治相对立的、以民主为前提和目标的、以制约权力与保障人权为基本特征的、依法办事的社会管理机制、社会活动方式和社会秩序状态。

法治与人治相对立。首先,法治与人治的对立表现在社会管理模式,包括社会统治模式的对立上,所有的人治都是一个人或几个人的统治。凡是世袭的、独裁的和专制的统治都属于人治的范畴,而民主的依法而治则为法治。其次,在权力的来源和结构上也是对立的。法治中的权力被认为是来自人民的,而人治中的权力则被认为来自君主或者类似于君主的独裁者、专制者。法治总是以人民主权为原则来组织权力,人治总是以君主主权或类似原则来组织权力。最后,在社会控制的原则上,法治与人治也是根本对立的。因为,在政治领域,人治总是以某种全能主义的权力来支配社会,作为控制社会的基本原则;在经济领域,超经济的行政权力垄断是人治控制的重要特征;在思想文化领域,本着一统、高压、封闭、保守的原则,对社会实行文化专制主义的超强度控制,是人治统治的特色。[2]

民主是法治的前提。民主与法治并不等同,但二者须臾不可分离,法治必须以民主为前提。首先,没有民主,法就不可能是多数人意志的

---

〔1〕 参见中国大百科全书出版社编辑部编:《中国大百科全书·法学》,中国大百科全书出版社1984年版,第114页。

〔2〕 参见黄稻主编:《社会主义法治意识》,人民出版社1995年版,第55~56页。

体现。不体现多数人的意志,法就失去了最基本的社会基础,依法而治就不可能进行,法治就会胎死于母腹。其次,没有民主,法就不可能在社会中得到有效的贯彻实施。法治主要的不是指完备的法律制度,它更要求完备的法律制度在社会中得到切实施行。没有民主,法治就不能起步。最后,没有民主,法就不仅不能约束权力,还可能为专制者所垄断、所驱使,法便失去了应有的尊严和权威,结果,人治取代了法治。所以,法治必须以民主为基础。

民主是法治的目标。民主与法治相对于人类的全面自由发展来说都是手段,相对于立法或执法、守法来说都是目的。在民主与法治二者之间,就局部看,民主、法治的手段与目的的关系是相对的,民主与法治相应地互为手段和目的。就总体看,法治只能是手段,民主才是目的。因为,如果法最终追求的只是法治,而不是民主,法、法治都会偏离方向;法会因此而失去对于人类的更大价值,暗淡无光;人类也会在所谓"法治"的迷雾中丧失法治、丧失自我。把民主作为法治的目标,实际上是法治对于人的价值的最直接的体现。民主乃人民主权、多数人的权力、多数人的统治。法治必须在民主的基础上又以民主为目的。不以民主为目标的法治必将演化为人治,甚至专制。

权力受到法律的约束,应当是法治的基本特征。任何法律社会,最容易对法律构成破坏的因素必定是权力。权力是民主的产物,但它又有背离民主的倾向,保障权力对于民主的服从,只能依靠法律。权力是社会和国家的管理者,只有服从法律的权力才可能很好地管理社会和国家。

人民的权利自由能够获得充分的保障,是法治的根本任务。法治是目标,即使是民主也必须归结到对于人民权利自由的充分保障上。人民的权利自由随时都存在被侵犯的可能性,法治就是要为人民的权利自由提供经常的、有效的保障,使之能够长期存在,不被侵犯,并切实实现。

法治的核心是法律至上。法律至上是法治的最基本准则。法治的内容至少包含在民主立法的基础上,有法可依、有法必依、执法必严、违法必究几个方面。在立法民主存在的基础上,核心就是一个法律至上、严格依法办事的问题。有法必依、执法必严、违法必究概莫能出其左右。离开了依法办事,再好的立法意图也不可能转化为社会的现实。有法不依比无法可依更为可怕。在无法可依的时候,人们渴望着有法,还会以为一旦有法就好了,还有希望。在有法不依的时候,人们或许会渴望有法必依,或许会失望甚至绝望。所以,人们常说有法不依等于无法,实际上有法不依恶于无法。依法办事首先便是对国家机关及其公务人员必须坚持法律至上的要求。由于国家机关及其公务人员的特殊身份,他们一旦不依法办事,往往难以追究;他们的违法犯罪行为对法治的破坏比其他社会主体更为严重。因而他们是最容易破坏法治、最严重破坏法治的主体。法治必须首先强调国家机关及其公职人员的依法办事。他们的依法办事表现在三个基本的方面。一是在其一般职务活动中应严格依法办事。二是在其对其他社会主体适用法律时应严格依法办事。三是他们作为与其他社会主体平等的法人、自然人身份时应严格依法办事。否则,他们就必须承担与其他公民同等行为同等的法律责任。这就是法治对国家机关及其公职人员的要求。当然,法治是一个社会整体化的状态,仅有国家机关及其公职人员的“法治”是不够的,社会的其他主体都必须严格地依法办事。

法治是一种社会管理机制。作为社会管理机制的法治,与人治是对应和对抗的,它是社会控制者通过法所进行的社会运作过程和社会组织形式。在法治中,法的规定是社会管理的根据和手段,法的实现是社会管理的目标和要求,法的实施是连接法的规定和法的实现的桥梁。而民主则是法的规定、法的实施和法的实现的基础、底蕴、精神和追求。

民主贯穿法的规定、法的实施、法的实现的各个环节和整个过程。在法治中的法律不再仅是机械的律条,而是充满生命活力的精灵,是一种流动的过程、有机的构架和法律化的现实。法在人们的心目中至上至尊,人们在法里充满着自由和秩序。在法治中,社会被法连接构建成一个既有自由又有纪律,既有集体意志又有个人心情舒畅的生动、活泼、内在有机联系的整体。

法治是一种社会活动方式。在法治状态中,人们都自觉地把法当作自己的行为准则,用法来引导自身的行为,衡量他人的行为。法成为人与人之间的连接线。人们依法从事社会生活或社会活动。在法治状态下,社会一般成员应以法律的方式构筑重要的社会关系,作出社会法律行为,就是社会的特殊成员,如政府官员、司法官员等也必须遵循法的规定,依法办事。人们是否以法作为自己的活动方式,或在何种程度上以法作为自己的活动方式,既是人们法治意识的外化,也是社会法治程度的标志。

法治是一种社会秩序状态。社会的秩序状态是各式各样的,法治是一种良性的社会秩序状态。它是完备的法律制度被良好实施后的社会实在,是社会法治化的结果。作为社会秩序状态的法治远非法律制度可比,它以法律制度为基础却远远地高于法律制度。只有在法律制度相当完备之后,又被很好地实施、实现了,才可能建立起作为社会秩序状态的法治。在这种法治之下,社会是稳定的也是发展的,社会是法治化了的社会,法治是社会化了的法治。社会以法治的状态出现和发展,法治在社会中得以充分展现。

四、艰难的起步

共和国已经走过了半个世纪的历程。这 50 年的大部分时间我们仅仅是在为中国法治的启动做准备。真正的法治建设的起步应是在

1999年3月，《宪法》对法治和法治国家予以的宪法确认。

法治的目标已经确定，法治实践已经起步，然而，要实现法治还有一个艰难的过程。之所以艰难，首先是由中国社会的经济基础、上层建筑、文化背景、法治要素的状态所决定的。

现代的法治，必须也必然是以市场经济作为经济基础的，然而我国的市场经济体制的建立还有一个渐进的历史发展过程。中国的市场经济是在高度计划经济的基础上改革发展起来的。长达几十年的计划经济已经在经济运行的模式上形成了固有架构，而且预设了其存在与发展的潜构架。建立市场经济体制不仅要改变现实的经济发展路径，而且要改变计划经济的潜构架。只有现实的经济基础被改变了，社会深层次上影响经济发展的潜构架也被改变了，市场经济体制才能够得以建立并被坚持下去、发展起来。要完成这一任务，对于我们来说仍然是十分艰巨的。

任何法治都是以法治所必要的社会文化作为其存在根据的。中国几千年的封建文化的主流就是专制文化。专制经过历史的浸润，已经渗透进了我们的民族文化之中。以文化形式存在的反法治思想观念远不是一朝一夕就可以根除的。在思想文化没有得到有效的变革之前要全面完成法治的建立也是困难的。旧文化的清除与新文化的建立都不是简单的、短期能够完成的任务。我们现在都还肩负着重要的任务。

法治观念是法治的思想依据，是人们关于法治的思想意识。它包括人们对法治的态度、信念、认识、评价、情绪、感觉、愿望以及要求等。法治观念直接影响着社会法律制度在人们内心中的地位；影响着立法能否受到重视，以及受到重视的程度；影响着立法者立法活动的价值取向和立法后果；影响着法律制度的制定状况和完备程度。法治观念直接影响着社会民众对法律的认同与否及认同程度，影响着社会成员依法办事与服从法律的状况；影响着法律机构及其工作人员的执法情绪和执法状态，尤其是影响他们对法律的忠实程度。没有法治观念作为先导和基础，法治是无法建立的。法治观念的确立，不是一蹴而就的事情，它确立于社会意识的深处，存在于每一个社会成员个体化的心目之中。在一个缺乏法治传统的国家要确立起法治观念，更需要特别的努力。在现实生活中，不论是社会民众，还是司法官员，他们内心深处的法治观念并非十分牢固。法治观念要内化为一种心理意识还需要历史发展的逐步深化，在很长的时期内，非法治观念都将经常影响着他们对于法治的理解和他们关于法的行为。

法治原则是理性化了的法治指导思想。它对于整个法治都具有全面的指导意义，是在法治形成过程中逐步生成、发展并固定化了的法治精神，存在于法治观念之中，高居于法治实践之上。法治原则是法治精神比较固定的理性概括，人们对其亦有普遍的共识。法治原则的确立有一个过程，有一个制度化过程、社会化过程和现实化过程。法治原则的制度化，主要依靠立法来完成，它需要立法上的明确确认并始终奉行。法治原则更需要社会大众的接受和拥有，成为大众都具有和坚守的法律高地。法治原则更需要法治实践来演绎和论证，并在法治实践中得以确立，真正成为社会的现实。

法治制度是一定国家法治的固化模式和理想模型。法治制度是一定国家分配权力、责任、权利、义务、自由、限制等的方案、原则和细则。法治制度预设了法治发展的状况，制约着法治的每个环节和整个过程。法治制度对于法治具有硬件设备和预设状态的意义。法治制度也是法治的基本依据。任何法治建设在社会法的实践层面上都是首先从法治制度建设上入手的。有了法治制度，法治建设才有了客观的基础。法治制度在制定的时候就预设了法治的发展前景，包含着法治建设的极大值。法治建设的实践只是无限地接近或等于法治制度的理想模式和预期状态。基于此，完全有理由认为，法治制度是法治的内部基础与先决因素。法治制度的建立和优化都是复杂的社会实践。

法治组织是法治的重要载体,在法治中起着举足轻重的作用,是社会法治状态的重要支柱和结构单元。法治化的执法组织是由依法享有设立权的权力机构,依法定程序设立的;其职权是由法律确定的,既不可随意侵犯或扩展,也不能随意削减或僭越,必须确保正确实现;其活动程序是由法律规定的,须按照法定的程序开展执法工作;其权威和尊严,来自其设立、变更或取缔的严格性,来自其职权的法定性,来自其执法的合法性,来自其组成人员的高素质。法治化的非执法组织也不同于一般的非执法组织。它不仅在设立上应具有法的根据,其活动也应以法为准则。法治组织的建立对于国家政治制度、政治体制都有着重大的依赖。法治组织的更新涉及司法官员的切身利益。培根曾说,"一次不公正的(司法)判断比多次不平的举动为祸尤烈。因为这些不平的举动不过弄脏了水流,而不公的判断则把水源败坏了"[1]。司法腐败是最后的腐败,它将使一切腐败失去最佳的制约而归于不治。

法治过程是法治得以建立或实现的前提,是法治的流程和外化,处于相对的动态,是法治构架的主要内容,是法治形成、发展的轨迹。没有法治过程就没有实在的法治。法治过程是一个极其复杂的过程,内含多个要素、多个变量,并受多种外在因素的影响。没有每一个环节和每一个方面的法治化,法治过程的法治化就无从谈起。法治过程与法的体制、法的机制密切相关。在我国,法的体制从来都是与政治体制紧密联系在一起的,本身就是政治体制的构成部分。它不能在法治的内部得以解决,它必须有待于整个政治体制的变革和发展。当然,法的机制中,也包含着法的组织机制和运行机制等,这些方面都需要在法治发展的过程中得以完善。

---

[1] [英]培根:《培根论说文集》,水天同译,商务印书馆1983年版,第193页。

五、农村法治最艰难

中国的法治之路之所以艰难，还是由中国农村法治化的艰难历程所决定的。如果说，中国城市的法治化尚有一个艰难的历程，那么，农村的法治化任务就更为艰巨。农村法治化的艰难又必将影响和制约整个中国的法治发展。

依法治国，建设社会主义法治国家，已经成为了我们的时代口号。一个时期以来，我们在中国法治建设中，最不应该忽视的重大问题之一，也是法治化中最艰难的课题，即农村的法治化。我国农村占有最广大的地理区域，为中国领土面积的 90%以上；拥有最多的人口，占中国总人口的 80%以上。农村是最基本生活资料的终极来源，农业在整个国民经济中具有基础地位。可以断言：没有中国农村的法治化就没有整个中国的法治化。如果我们对此问题没有清醒的认识，不从法治建设一开始就予以足够的重视，那么我们就会犯历史性的重大错误，中国的法治建设就不可能成功。

农业生产力低下，特别是贫困，是农村法治建设的首要障碍。我国农业生产基本上还是靠人力，机械化程度较低。农业生产力低下，极大地阻碍了农村经济的发展。农村经济不发达，或者不能达到相当的发达程度，农村的法治建设就会因缺乏必要的经济支持而受阻。贫困的基础上建设不好社会主义，同样，贫困的基础上也建设不好社会主义法治。

在市场经济的条件下，农业产业化得到发展，形成贸工农一体化、产供销一条龙，将农产品的生产、加工、流通连接起来。产业化后的农业将有更高的效益，更能在市场经济中抵御风险，为农业的进一步发展提供更好的基础和条件。然而，若缺乏农村市场经济体制，农民的利益就难以获得应有的保障，农民就缺乏抵御经济风险的能力，使农村经济发展受到阻碍,同时,也使农村法治建设缺乏应有的经济基础。

农民的负担问题可以说是困扰中国历代统治者的一个重大问题。许多王朝的存废都在一定程度上与其所加之于农民头上的负担有关。几乎所有的明君都会考虑薄赋轻徭。一个时期以来,农民的不当负担问题,一直是影响农民积极性、影响农业发展的重大问题之一。我们党和政府一直致力于减轻农民负担的工作,为此发布了许多重要的法律文件,目的在于全面、有效地保护农民的合法权益,真正减轻农民的负担。

过分紧密的家族关系是法治建设的非常因素。家族文化在中国这块土地上有其深厚的历史根源和社会基础。在农村,通过编撰家谱、族谱,重修祖坟和清明祭祖等活动,家族的影响依然存在甚至逐步扩大。到现在,许多地区一些同姓同宗者重新推举族长,家族的影响已经发展到了必须引起我们高度重视的程度。家族的复苏有其客观的必然性。家庭联产承包制的推行,首先就是对血缘和姻亲纽带的间接认可。它对血缘的肯定与中国几千年依靠血缘关系的互助、交往传统相暗合。一家一户的农户,一旦遇到天灾人祸,在许多情况下,首先依靠的仍是亲属。家族在现实的农村发展中是有积极意义的,它有助于通过对家族内部关系的维护来维护整个农村的社会秩序;有助于农民之间的互相帮助和传统互助关系的传承;等等。但是其副作用也很明显,它可能与社会的法律要求产生矛盾,它一旦与其他社会力量发生冲突,就可能成为影响安定的重要因素。在一些地方,家族已经成为农村法治化的阻碍。农村的基层政府和基层司法机关的领导与工作人员往往是土生土长的,他们与当地的各个家族有着种种联系,或同姓或同族或姻亲,需要制度约束,避免影响施政和执法的公正性。

农村劳动力的外流,影响农村法治化的正常发展。我国的大量人口都集中在农村。农村劳动力的外流是社会发展的必然。首先,农村劳动力的外流是农村人口生存的需要,外流成了农民改变生存环境的重要方式。其次,农村劳动力的外流是农业发展的结果。随着农村家庭联产承包责任制的推行,农村生产力水平得到了较大提高。随着农业机械化、自动化的推行,良种、化肥、农药等的使用和农业科技含量的增加,原有的农村劳动力不必再全部投入农业生产,剩余农村劳动力的一个最大出路就是外流。城市经济发展离不开农村劳动力的补充。由于客观的原因,中国城市与农村的差别在总体上是较大的,城市人口不愿意从事的许多工作还需要农村劳动力来完成。有一些农民,由于远离原来生活的社区,原有的社区规范也渐次乏力,而现代的法律规范,他们又知之甚少。由于其游离于城市社区组织之外,城市社区的文化和规范对他们的约束力也十分有限,因此,对外流农民的法治教育是城市和农村法治化的共同要求。

土地纷争,是农村亟待法律调整的重要方面。土地问题是中国农村的重大问题,甚至是影响中国未来发展的重大问题。我国耕地质量整体水平低,退化严重。人均耕地不及世界人均的47%,低于联合国粮农组织确定的0.8亩人均耕地警戒线的县(区),全国有666个,其中有463个已经低于了0.5亩。在我国人口发展到13亿、14亿和16亿高峰时,人均耕地将逐次降为1.49亩、1.33亩、1.07亩。[1]

六、反腐倡廉的根本措施

清正廉洁似乎是中国人民对于官僚政治的永久期望。包公、海瑞被文学作品频频美化,以至成为不可多得的大众偶像。回顾历史,怅然若失的情感总是萦绕心头。

1949年一个新生的共和国政权出现在中国的大地上,政治廉洁不

[1] 参见《国家作出保护耕地的重大部署》,载《经济参考报》1997年4月1日。

应再是一个口号和希望,而应是实实在在的现实。在现代社会中,循着民主与法治的大道,除了依法反腐倡廉外,我们别无选择。一个时期以来,清除腐败、倡导廉政,成为了我们的行动口号,我们着力采取了一系列重大的措施。究竟什么才能遏制腐败,并使廉政成为政治和权力永久的主旋律?回答:只能是民主和法治。其中,民主是终极措施、法治是根本措施。

因为只有法治,才能依法控制权力——从权力赋予、权力行使、权力剥夺入手,有效地防止腐败。

如果反腐倡廉的成效不佳,并非腐败不可清除,而是我们的措施未能得其要领,不能击中腐败的要害,以致延宕时日,使我们的种种措施难以奏效。腐败的根基与要害是什么?是权力。廉政或腐败的客观基础都是权力。没有权力,既无腐败之说,也无廉政可言。权力是腐败的前提条件,没有权力的人即使希望腐败,也无能为力;而拥有权力的人要腐败却易如反掌。法治正是控制权力的根本措施。对权力予以法律制约正是法治的本质要求。

法治通过控制权力的赋予来实现廉政。权力赋予是反腐倡廉的首要环节。要反腐倡廉,就必须增强权力赋予的民主性、公开性。权力民主性、公开性的实行,必须依法进行。要把德才兼备的优秀人才选拔到社会和国家管理者的位置上来,杜绝其中的徇私舞弊和不当失误,只能依靠法律提供实体措施和程序保障。只有依靠法治才可能排除干扰与阻力,选拔出真正德才皆备的社会和国家管理者。

法治通过控制权力的行使来实现廉政。权力行使是反腐倡廉的主要场所。赋予权力是首要的环节,但是要在赋予权力时完全分辨出腐败者与廉政者,是不可能的。因此,反腐败必须在首重权力赋予的同时,更着眼于权力的行使。权力的行使实际上是腐败的场所。权力行使是腐败产生的温床。就拿行贿与受贿来说,一切行贿者,都是因为受贿者能够行使权力或者左右权力;一切受贿者也都是因为能够行使权力或者左右权力。没有权力的行使就没有贪污、挪用和巨额财产来源不明。腐败一定是与权力的不正当行使相伴随的。在权力行使的正当性上,法治是必不可少的保证。法律是衡量权力行使正当与否的尺度和促使权力被正当行使的保障。

法治通过权力剥夺来实现廉政。权力剥夺是反腐倡廉的根本手段。所有腐败所依赖的都是权力,都是滥用权力。清除腐败的关键就在于及时而有效地剥夺腐败者的权力,使其失去继续腐败的条件和掩盖腐败的可能。剥夺权力对于腐败者和腐败行为来说都无异于釜底抽薪。对于腐败者,剥夺其权力是最有效的手段。对腐败者的权力适时地加以剥夺,就能收到事半功倍的效果。然而,权力的剥夺并不是一件轻而易举的事情,是一项极为严肃的法律活动,必须严格依法进行,否则就可能走向反腐倡廉初衷的反面。

反腐倡廉的法律措施中极其重要者,当属依靠群众纠举、重整反腐机构。而群众纠举的实行和反腐机构的重建,非法治而莫能为。

反腐的现实问题是如何揭露腐败,这要靠人民群众的发现和纠举。无论是向主管机关举报,还是向社会公众举报,都必然涉及举报的方式、程序、结果,以及举报人的保密与保护的问题。其中任何一个问题都与法治密切相关并体现着法治。向主管机关举报当然涉及法治的问题。向社会公众举报,主要是通过大众传媒来实现的。通过新闻方式的举报具有向主管机关和社会公众举报的双重含义。主管机关就能根据大众传媒提供的线索,查缉腐败方面的违法犯罪。这里,也许有人会担心,通过大众传媒的举报,出现纠纷和错误怎么办?这一担心是多余的。如果出现了纠纷就由司法裁决;如果出现错误,有关机构和人员就依法承担应有的法律责任。若能完全通过法治的方式予以解决,反腐倡廉必将更加有效。

群众纠举至多只是在一定程度上解决发现、揭露腐败的问题。就是发现和纠举腐败,也不是都能由群众承担,更不用说处罚的问题了。专门的反腐机构必不可少。因此,我们需要使反腐机构具有更集中的权力、更有效的权威,采取更敏捷的行动,并辅以严密有效的司法手段,使腐败逃无可逃。要达成这一目的,没有法治作为前提和保障,是根本不可能的。

反腐倡廉的组织机制,可以考虑推行"两高一严"的法律措施,"两高一严"的推行必须依赖严格的法治。所谓"两高一严",即对社会和国家管理者的能力要求高素质、报酬实行高待遇和违法进行严惩罚。

高素质。面对我们社会和国家管理者中部分人素质欠佳的现实,高素质必然是我们对他们的基本要求。这种高素质,当然包括业务的素质、道德的素质、管理的素质在内。其中,学历、学位、实绩都是其素质的外在标志和一定依据。权力行使者理应是社会的优秀分子,具有较高或者相当高的素质状况。有了高素质的人才才可能减少管理人员、减少社会负担、提高人才待遇。

高待遇。高待遇实际上是社会对社会和国家管理工作者价值、能力、劳动的一种认可。同时,这也符合按劳分配的法则。他们从事的社会和国家管理工作,是一种复杂劳动,复杂劳动的报酬高于简单劳动也是正常而必需的。这种高待遇也需要法律为其提供一个可供共同遵守的准则,并保证这些准则能被持之以恒地贯彻,而不被异化。

严处罚。有了高素质,就应当有高待遇。有了高素质和高待遇就必然有高的社会地位。有了高的社会地位就必须承担相应的义务。这里的"严",一是指"严密",使任何社会和国家管理者的违法犯罪都无法逃脱法律的追究;二是指"严厉",使社会和国家管理者的无能、懈怠、舞弊、枉法,都必须承担比一般社会成员更重的法律责任;三是指"严肃",对于违法犯罪的社会和国家管理者的制裁过程和结果,认真而令人敬畏；四是指“严明”，对于社会和国家管理者的处罚公正、毫无偏私而可昭告天下。法律制裁中包括刑事制裁，也包括行政制裁。一旦腐败发生，即重惩不怠，以除腐败，以儆效尤。严惩罚，何谓“严”必须依赖法律才能予以确定。何以坚持“严”，也只有依赖法治才可能得以实现。

“两高一严”是一个整体。只有同时推行，才可能发挥其应有的效用。它们每一个方面和整体作用的发挥都有赖法治的建立和完善。

七、我们的选择不是梦

我们最初的法治选择是在民族灾难深重的时刻，基于强敌的压迫，而师夷以自强。当时的中国法治并无自己内在的根据。因此，我们与真正步入法治还有距离。戊戌变法、辛亥革命都莫不如此。中华民国时期，虽然具有了西方法治的制度雏形，建立了类似西方法制的“六法”，然而法治终未实现。

中华人民共和国成立以后，曾有人寄希望于立即建立起真正的法治，但由于政治、经济、文化、社会等各个方面的原因，我们走过了曲折的道路。改革开放以来，中国社会对于法治有了更为深刻的领悟。法治在中国也受到了前所未有的重视：

我们有了坚持法治的主流政治。如果说经济对于法治的作用是最根本的，那么政治对于法治的作用则是最直接的。中国领导层已经看到了中国的出路在于法治，以执政党纲领、国家和社会发展目标、国家宪法的方式确认了依法治国，建设社会主义法治国家的地位。这在中国历史上是史无前例的伟大创举。法治之志在现代中国社会的确立，让我们深深地感到，撼山易，撼法治之志难。

我们的法治不仅有了政治上的保障，而且更有了空前的经济基础。中国以前的“法治建设”不是在自然经济的基础上开展的，就是在计划经济的基础上进行的。自然经济和计划经济都不是真正的法治基础。

只有市场经济才为法治的发展提供了现实的基础和最迫切的需要。

我们社会的法治文化已经远非历史上的任何时代可以比拟。开展全社会的普法宣传,法治教育从娃娃抓起,无疑为法治国家和法治社会的建立奠定了深厚的群众基础和意识基础。随着法制建设和法治建设的推进,法治意识必将得到深化、强化,全社会整体性的法治意识必然会得到普遍增强。如果说法治最深厚的基础在于社会、民众和意识的话,那么,我们未来的法治建设必将具有更为牢固的社会、民众和意识的根基。

司法机关的地位与建设已经今非昔比。一些非常因素常常通过司法的方式来实现,这从一个意义上理解,可以认为是司法受到非常因素左右而不能自主的表现;从另一个意义上理解,则可以认为是司法已经发展到了许多非常因素也必须依赖的程度,是司法的地位得以提高、作用得以增强的表现。

我们也深深地知道,未来的法治之路不会一帆风顺,还会遇到艰难险阻,关山重重;也清楚地认识到,我们的选择不是梦。在人治与法治之间,我们已坚定地选择了法治;在继续人治与走向法治之间,我们已坚定地选择了走向法治。尽管法治之路漫长而艰辛,但历史必将证明,我们会一往无前地走下去,一定会实现我们所向往的法治目标。

【附记:这是为西南政法大学青年法学会所作的讲座,具体时间已经难以确定】

3. 民主、法、法治

一、民主含义的法学思考

民主的理性探索早在原始人类中就已开始,然而法学上的民主思考,还是人类进入法律社会,在法产生以后的事情。在古希腊,既有反对民主的法学家苏格拉底,更有拥护民主的法学家德谟克利特、普罗塔哥拉。古希腊奴隶主贵族派和民主派之间的斗争主要是围绕政体进行的。贵族派主张君主政体或贵族政体,民主派主张共和政体。亚里士多德在两派间进行调和。他把政体分为"正宗政体"和"变态政体"。正宗政体包括一人统治的君主政体、少数人统治的贵族政体、多数人统治的共和政体。在这三种"正宗政体"中,他最推崇的是共和政体。他从民主的意义上论述了共和政体的优点。其一,共和政体代表的人数多,意见、智慧、力量、美德甚至财富的总和就最多;其二,动摇一个人的感情容易,而动摇全体人民的感情就难,所以它最为稳定;其三,由于共和政体下的决定反映的都是多数人的意志,多数人参与政治就会减少纷争和内乱。

古罗马的众多法学家中,西塞罗的民主法律思想颇具特色。他提出了一整套很有民主色彩的共和主义法律制度的构想。他设想的民选制度中,国家从最高执政官到各级官吏均由民主选举产生。选举、司法和立法行为均通过投票方式公开进行。他设想的立法机关为元老院。元老院由任期届满的执政官组成,作为最高权力机关,掌握立法权,为平民大会准备议决案。但平民大会选举的保民官有权主持元老院会议,并且只有平民大会才有权处死公民和剥夺罗马公民的公民权。他设想的行政机关中,行政首脑是最高执政官。执政官由公民选举精明、谨慎、守法、爱民的人担任,任期 1 年,不得连任,至少不得在 10 年内连任同一职务。军事执政官在指挥战争的情况下可独自掌握兵权,为期只准 6 个月,逾期交还兵权,以防拥兵自重。执政官不论在候选期或任期及卸任后均不准赠送或接受任何人礼品。公民有权向元老院和平民大会控告违法的执政官。执政官任期届满卸任时,向监察官询问自己任期内的公务行为有无违法情况,但并不能因此免除对其违法行为的起诉。在西塞罗的设想中,国家设有监察官,具有清洗元老院中犯罪成员的权力,依法监督执政官,接受执政官的询问。西塞罗设想的司法机关,坚持全体公民包括执政官都在法律面前一律平等,司法执政官要严格依法办事,严格遵守法律程序,并受平民大会和元老院的监督。一般民事案件可由司法官受理,重大的国事案件(处死罗马公民、剥夺公民权等重罪)由平民大会受理。在西塞罗之后的盖尤斯说,一切权力都是从人民而来的。皇帝的命令何以有法的效力呢?因为皇帝的地位是人民给他的;官吏为什么有权力呢?因为官吏是由人民选举出来的。许多古罗马法学家都认为,政治权力的根本渊源是人民;法之所以有效力,是因为人民参与政治活动而授予了各级权力;所有的国家法的制定都必须归诸在政治上有组织的人民。

在中世纪的法学家中,马西利、马基雅弗利、莫尔、康帕内拉均有或多或少的民主主张。其后,资产阶级革命之前的其他法学家们为资产阶级民主进行了进一步的探索。拉鲍埃西对封建暴君制度进行了猛烈的批判,论证了民主自由的合理性。宗教改革家加尔文提出并论证了自己的宗教民主学说。加尔文认为,国家主权应归于多数人,而不应归于一人,由一个人来统治世界的思想和制度是十分荒谬的。他还于1541年在日内瓦建立了一个政教合一的民主政体,以期为资产阶级民主政体提供楷模。

在资产阶级革命中,弥尔顿特别强调主权在民,认为国家的一切权力都来自人民,都是人民的权力。平民单独就有至高的统治权,他们可以不依靠国王,而且可以审判国王本身。进而主张,法应是人民意志的体现,法永远是社会最高的权威,国王是绝不高于法的。国王如果犯法就应当像最微贱的平民一样受到法的制裁。他提出了"建设自由共和国的简易办法",在从有资格的选民中选出的各城镇议会的基础上选举产生全国最高议会,行使国家的立法、行政和司法大权。任何个人权利都不能超过最高议会,任何官员都必须依照最高议会的法律工作,从而防止君主专制主义再生。孟德斯鸠在其分权学说中熔铸了民主的精神。他认为,立法权应该由人民集体享有。在每一个主要地域由居民选举代表一人,再由代表们组成立法机关行使立法权。至于司法权,也应由选自人民阶层中的人员组成法院来行使。卢梭提出了人民主权的民主学说。他认为,作为公民的全体人民是主权者,其主权具有不可分割、不可转让、不可代表的性质。人民主权是一种至上的立法权。法是公意的表现,是全体人民所作出的规定,而不是某部分人所拟定的条文;是对一切人的规定,即法律面前人人平等,而不是对某些人或某个人的规定。国家必须执行公意,政府必须依法行事。政府官吏与人民之间是一种委托关系。人民可以委托他,也可以撤换他,他对人民只能是服从。罗伯斯庇尔作为激进的革命民主主义者,其民主思想在卢梭人民主权思想上又有所发展。他提出，在建立资产阶级革命法制时，必须坚持和贯彻人民主权原则，使人民主权法律化。资产阶级的革命法制必须以法律面前人人平等为基础，必须严格司法，建立体现民主的陪审法庭、上诉法院，严格司法程序。主张实行普选，由人民选出自己的代理人行使国家权力。实行各种政权机构职能分开，任何人不能同时担任两个公职，各种权力及其行使职能都具有一定的独立性。实行对公众公开，全部国民都有权知道自己的委托人员的行为。实行无限制的言论和出版自由。

在资产阶级建立和巩固政权时期，许多资产阶级的法学家又为建立和巩固其政权，进一步发展了资产阶级的民主学说。潘恩所倡导的是代议民主制。在他看来，古代的民主制根本不知代议制为何物。按照这种民主制，大多数人会集在一起，以第一人称制定法。简单的民主制不过是古代人的公共会堂。当这些民主国家的人口增长和领土扩大以后，这种简单的民主形式就行不通了。而代议制民主就能弥补其缺陷。代议民主制不是像简单民主制那样直接实现每个社会成员的公民权利，而是由每个社会成员根据自己的利益，自由地选举自己的代表，组成议会，制定宪法，并根据宪法建立政府。政府对议会负责，议会对国民负责。议会作为中介代民议政，确保人民主权的实现。他强调宪法的权威性，政府要保障宪法的实施而不得任意更改或违反其中任何一条。议会要根据全体人民的利益制定法，并经常更选。政府要严格执法，实行政务公开。人民应享有知政、议政、参政的权利。杰佛逊特别强调人民是权力的源泉，自由是民主的保障。作为美国《独立宣言》的起草人，他针对美国状况提了十分具体的民主措施。一是实行层层分权，既防止因州权都集中在中央政府手中，而增加盗窃、投机、掠劫、冗员及钻营官职的机会，也防止因政府的一切权力集中到一个人或少数人手中而产生专制，从而使人民能够通过监督州权以监督全国政府的权力,实现人民的民主权利。二是实行普选,克服贿选的弊端,使每一个成年男子都有选举权,使任何人都不可能有足够的资财去收买大多数选票。三是实行议员和总统的轮换制,以防止议员、总统终身任职或长期任职而导致的个人或少数人权力膨胀。杰佛逊不仅提出了以上措施,而且他在作为美国总统第二个任期届满之后主动放弃了竞选,以实现轮换制原则。他还认为,人民可以自由地通过他认为适当的代表处理他们所共同关心的事情,他们可以随时个别地撤换这些代表,或在形式上或职能上改变代表的组织。在建立和巩固资产阶级政权时期,对民主进行法学探索的政治学家、法学家还有华盛顿、孔斯坦、密尔、林肯、洛厄尔、杜威等。

在当代资本主义的发展中,资产阶级学者的民主理论也在发展。规范法学的创始人凯尔森认为,民主与法的秩序密切联系,民主意味着国家的法的秩序中所代表的意志符合国民的意志,民主的对立面是专制的束缚。在专制中,国民被排除在法的秩序的创立之外,法的秩序和人民意志毫无协调的保证。民主不但在积极方面需要全体公民直接或间接参加政府来实现自由的观念,而且在消极方面也要以赋予一些基本的自由这一方式来实现这个观念。并认为,资本主义国家的经济制度与民主的政治制度联系最密切,它能与高度的民主并存,社会主义国家的经济制度不适宜高度民主的发展,它往往导致极权主义产生。罗素反对权力集中,主张国家政治生活民主化。他认为,国家权力过分集中就容易产生专制和独裁。任何为少数人所操纵的政府都不能保证它的全体公民享受到他们的幸福不可缺少的权力和特权。一切大规模的工业和金融机构为公众所有和为公众所控制,是使权力为公众所控制的一个必要的条件,但这绝不是充分条件,还需要补充以民主,更彻底更仔细地防止官吏的专横。历史发展到今天,资产阶级民主学说日益完善、更加纷繁。

在中国,长期缺乏民主传统。历史上也没有令人瞩目的民主学说。近代以来,随着西风东渐,民主思想才开始在中国大地上萌生、发展。中国学者从"临渊羡鱼"到"退而结网"。康有为、梁启超、谭嗣同、严复等人在批判封建专制的同时,开始了初步的资产阶级民主宣传,并进行了戊戌变法的资产阶级民主实践。中国较为彻底的资产阶级民主思想家,当首推孙中山,他提出了资产阶级民主共和国方案,明确规定了未来国家的民主性质、人民的主权地位和人民的各种民主权利。在孙中山的领导下,中国建立了第一个资产阶级共和国,发布了一系列资产阶级民主法令,确立了一系列资产阶级民主制度。随之,民主思想更加深入人心,以致窃国大盗袁世凯也不得不在一定程度上用民主来装扮自己。中国民主在资产阶级共和制上受阻,迫使仁人志士进行新的探索。陈独秀、李大钊开始用无产阶级的民主理论代替资产阶级的民主学说。马克思主义无产阶级民主理论开始了在中国的传播、发展和实践。

在谈到中国历史上缺乏民主思想时必须注意的是,与民主思想极相类似的中国的民本思想。民本思想在中国有十分漫长的历史和十分深厚的基础,在孔子之前就已形成,经儒家的发扬,最终成为中国政治哲学的主流。民本思想包含着民为邦之本、民意即天意、安民并爱民、重视民意、民贵君轻等重要的社会政治观念。民本思想与民主思想相去甚远,但是,在民主政治尚未建立时,民本思想无疑是防范权力滥用与膨胀的最有效手段;在防止专制方面,中国君主专制较少流于独裁政治,政治理论上的民本思想发挥了极其重大的作用;在民主思想的形成方面,尽管民本远离民主,但它的确是中国知识分子接受西方民主思想的桥梁。梁启超、谭嗣同、孙中山就是从民本走向民主的。民本思想在中国对于民主思想的重要意义不容低估。[1]

---

[1] 参见韦政通:《中国的智慧:中西方伟大观念比较》,吉林文史出版社 1988 年版;柳文超、李培湘主编:《西方自由民主研究》,重庆出版社 1990 年版。

二、民主是法和法治的理想

中国传统中的“民主”不过是“为民作主”“民众之主”而已。而作为法的理想的“民主”是由西方人创设的。古希腊人将“人民”与“权力”结合成“民主”一词,意为“人民的权力”“多数人的统治”。

民主,的确是诱人的字眼。悉尼·胡克认为,“民主的最大敌人也竟觉得不得不蛊惑性地口头表示忠于民主,这正是一个雄辩的标志,表明民主的理想对现代心灵来说本来就是觉得是有道理的,而且是有普遍的号召力的”〔1〕。

首先,民主是一定国家制度、社会成员的权利自由,以及国家公职人员的民主作风、社会普遍的民主意识的总括。作为国家制度的民主,直接表明了一定民主的本质,直接决定着一定民主的进步程度。这种民主存在于一切有政治统治的地方和历史时代。在奴隶制国家有奴隶制民主,在封建制国家有封建制民主,在资本主义国家有资本主义民主。作为政治制度的民主,在现代资本主义国家中有君主制和共和制两种。君主制中包含着二元君主制和立宪君主制;共和制中包含着议会内阁制和总统制。社会主义国家作为政治制度的民主实行的是巴黎公社制度、苏维埃制度、人民代表大会制度等。作为社会成员的权利自由的民主,包括着人身权利自由、政治权利自由、经济权利自由和文化权利自由。其中,人身权利自由主要包含着生命权、健康权、安全权、人格权、住宅权、通信自由和通信秘密权,以及不受非法逮捕拘禁权;政治权利自由主要包含着知政权、从政权、参政权、议政权、督政权;经济权利自由主要包含着财产所有权、合法收入权、生产经营权;文化权利自

〔1〕[美]悉尼·胡克:《理性、社会神话和民主》,金克、徐崇温译,上海人民出版社 1965 年版,第 283 页。

由包含着接受教育权、科学研究权、技术发明创造权、文艺创作权和文化活动权。作为国家公职人员作风的民主,包括国家机关和准国家机关的领导人、一般官员在公职活动中联系群众、对待群众、办事方法等的状态。它是社会民主的重要内容,标志着社会民主化的进步程度。它体现着一定国家或政府的民主状况,代表着国家或政府的民主形象,对整个社会的民主有着极其重要的制约作用。作为社会意识的民主,深藏在民众的心灵之中而又时时支配着人们的行为。在一个封建历史悠久、奴化思想深厚的国家,培养民主意识更为必要,也更为艰巨。在这样的国度很容易出现的两个极端是,或者发展为无政府主义,或者陷入专制主义。这都不是理想的境界,都会使民主遭到否定。寻求一条不偏不倚的适中之路是至关重要的民主途径。选择适中的民主之路,民众的民主意识的良性化起着极其重要的作用。作为意识的民主在任何社会都是民主的最广泛、最深刻的基础和最必不可少的内容。

其次,民主也是对一定社会政治民主、经济民主、文化民主、管理民主、决策民主、监督民主等的总括。政治民主中包含着社会成员参与国家事务、表现政治要求、实现政治愿望等内容。经济民主要求社会各利益单元能够充分发挥其积极性、能动性,社会经济的透明度得以增强,建立起平等互利、公平竞争的市场经济机制。文化民主表现为社会文化事业和文化生活能真正地百花齐放、百家争鸣,形成自由、平等的学术环境和自由、民主的文化风尚,实现科学文化面前一律平等。管理民主是就管理者的管理活动、管理者与被管理者相互之间的关系提出的要求。管理应是民主的需要、民主的产物。决策民主表现为领导者或民众代表根据人民的授权,通过民主的方式决策,使决策能体现最大多数人的意志,适合最大多数人的要求。监督民主是指各种监督应以民主为依归,以民主的形式,通过民主的途径进行,确保民主不被滥用。至于其他方面的民主,也是民主的不可缺少的组成部分。民主应是完备的统一整体。

最后，民主以法定民主为基本内容，以选举民主、决策民主、管理民主和监督民主为主要支柱。法定民主，是一个社会最基本、最重要的民主要求的法律表现和法律确认。它以法的规定形式出现，具有国家意志的属性和权威，并由国家强制力保证实现。任何社会成员和社会团体都有权享有法定民主权利，并不受其他任何侵犯和干涉。民主以法定民主为基本内容的同时，也以选举民主等作为主要的支柱。社会是许许多多社会成员的结合体。这种结合体的正常运作离不开这种结合体中领导者或代表人的重大作用。而领导者和代表人的产生必须要有相应的选举制度。选举的民主程度直接影响着社会的运行状况，所以选举的民主往往被视为民主的主要支柱之一。民主的另一支柱是决策的民主。决策的民主表现为依靠民主讨论、民主协商、先讨论后表决、少数服从多数的方式方法决定事项。有了决策的民主，决策民主的享有者才能发挥自己的参与作用、聪明才智，也才能克服或减少决策的随意性，增强决策过程的透明度，调动决策参与者执行决策的积极性。民主的再一支柱即管理民主。管理在任何社会或社会组织中是必不可少的。社会成员对国家或社会事务管理的方式不外乎三种：一是直接与其他社会成员一道进行管理；二是选举代表自己意志的代表，代表自己参与管理；三是选举出管理者，或由自己的代表选举出管理者实行管理。这三种管理方式都有一个是否民主的问题。管理的民主可以培养社会成员当家作主的基本素质，并作为民主的重要内容在民主中起着举足轻重的作用。民主还有一个重要的支柱，即监督民主。监督的民主首先表现为监督主体的民主。监督主体首先应是社会的绝大多数成员甚至全体成员，其次才是专门的监督机构。监督的民主主要表现为监督过程的民主。监督过程应具有必要的透明度和公开性，并且紧紧依靠社会民众。监督的民主还表现为监督结果的民主。监督的结果应在法上具有必要的意义并为社会成员所认可,不能不了了之,不能徒具监督之表而无监督之实。

民主并不是纯粹的理论演绎,更重要的是一种社会实践。

早在原始社会,人们就开始了对民主的探索。尽管那里的民主与阶级社会的民主截然有别。在那里,氏族成员对氏族事务享有同等的讨论权和表决权,氏族的重大事项都由氏族议事会集体决定。而氏族议事会则由全体成年的氏族成员组成,氏族首领由全体氏族成员推举产生,不享有任何特权,而且可以被随时撤换。这种民主是一种非政治意义、非法律意义的民主。

奴隶制社会建立时,政治意义、法律意义上的民主随之产生。古希腊的斯巴达城邦在其寡头贵族制度中,国家机构由国王、长老会议、公民会议和监察官组成。国王在战时统率军队,拥有较大的权力;在非战时则审判有关家庭法的案件,主持某些祭典。国家最高的政治机关是长老会议,有权决定国家重大事务。长老会议成员通过公民会议选举产生。公民会议则由 30 岁以上的男性公民组成。监察官(执政官)有 5 人,一年一任,由选举产生,虽然也为贵族独占,但他有权监督国王,审讯国王,纠察国王的违法行为,左右长老会议监察公民生活。在古希腊的雅典城邦,经梭伦立法之后,民众大会的作用得以加强,权力得以扩大。各个等级的公民都有权参加民众大会。民众大会有权选举官吏,决定战争与媾和等国家大事。设立 400 人会议作为民众大会常设机构,由雅典 4 个部落各选出 100 人组成,第一、二、三等级的公民都可当选。400 人会议为民众大会准备议程,预审提交大会的重要决议。设立陪审法院从贵族会议中分享司法权,成为雅典的最高司法机关。每个公民都可以当选为陪审员参与案件审理活动。在雅典克里斯提尼立法以后,雅典民主制又得到了进一步发展。以 500 人会议代替以前的 400 人会议,由各选区在前三个等级中选出 50 名代表组成,它可以管理财政、外交事务，为民众大会准备议案，执行决定。而民众大会也跃升为最高政权机关，掌握最后一级的管理权。危害国家的罪犯，由民众大会通过投票决定。表决时公民在贝壳或陶片上写出应被放逐的危害国家的罪犯的姓名，如果所投的票超过6000票就可能被放逐国外，10年之后才准许返回。此后，经阿非埃尔特立法改革、伯里克利制"宪"，雅典民主制得到了更进一步的发展。所有行政官职一律对公民开放。民众大会成为最高权力机关，每隔10天召开一次，年满18岁的男性公民都有权参加，在会上可以提出建议，批评公职人员，讨论对内对外政策。民众大会规范性决议成为法的主要渊源。500人会议为民众大会准备议案，执行决议，监督国家各管理部门的日常事务。陪审法院的审判人员从年满30岁的男性公民中选出，组成10个陪审庭，具体处理案件。国家对重要公职人员发放定额钱款，使贫穷的公民也可以担任国家的重要公职。[1] 至于古罗马，罗素总结道：政治上，罗马一开始是多方面与希腊相似的城邦。在埃特鲁斯干诸王统治下的传说时期之后，继起的是一个由元老院管辖下的贵族统治阶级共和国。随着国家的扩张和地位日见重要，它被迫沿着民主方向进行政制的改革。尽管元老院还大权在握，但以护民官为代表的人民大会对国事有了发言权。终于，执政官也可由非贵族出身的人来担任了。将近公元前2世纪末，格拉契领导的一场人民民主运动未能成功，而一连串的内战终于导致帝制。但在形式上还保留着民主制度。[2]

封建社会，从总体上看，实行的都是君主专制。然而，在意大利的威尼斯、热那亚和佛罗伦萨，东欧的诺夫哥罗德等城市都建立过城市贵

---

〔1〕 参见法学教材编辑部《外国法制史》编写组编：《外国法制史》，北京大学出版社1982年版，第34~41页。

〔2〕 参见［英］罗素：《西方的智慧：西方哲学在它的社会和政治背景中的历史考察》，瞿铁鹏等译，世界知识出版社1992年版，第148页。

族或上层分子所享有的共和国民主制，他们以封建社会特殊的国家形式存在于封建社会的历史之中。

资产阶级使民主发展到了一个新的阶段，创立了资本主义的民主制度。资产阶级民主经历了三个发展阶段。在14—16世纪欧洲文艺复兴运动中的资产阶级民主思考，可以说是其发展的第一个阶段。这是一个纯粹的理论探索阶段。17、18世纪资产阶级民主思想经历了第二个发展阶段。在这个阶段中，资产阶级不断深化民主理论并努力进行民主实践。洛克、孟德斯鸠、卢梭等人都是其中著名的思想家、法学家。美国独立战争及其《独立宣言》《宪法》，法国大革命及其《人权和公民权宣言》(《人权宣言》)都是资产阶级民主实践的产物。在19、20世纪，资产阶级的民主理论和民主实践日趋完善，构成了资产阶级民主发展的第三阶段。在资产阶级民主产生发展的同时，无产阶级民主也产生发展了起来，随着社会主义社会的创立和发展，无产阶级的民主由纯粹的理想追求转而成为现实的社会实践。

民主的历史发展离不开法的作用，法始终把民主作为自己的崇高理想之一。法是国家意志的重要表现形式。在传统的法学理论视阈中，法所体现的意志既不是个别人的意志，也不是少数人的意志，而是统治者的整体意志、共同意志。这种整体意志、共同意志在特定历史时期也可能以个别人或少数人的意志的形式出现。如果这种个别人意志、少数人意志与统治者整体意志、共同意志相吻合，这种个别人意志、少数人意志就并不是个别人的或少数人的，而是整个统治者意志的代表。如果这种个别人意志、少数人意志与统治者整体意志、共同意志相左、相对立，这种个别人意志、少数人意志就会遭到整个统治者的反对，就会为整个统治者的意志所修正、否定或取代。严重时可能导致个别人或少数人被“推翻”。一般的说法不应是个别人、少数人意志的体现，即使出现了这种情形，那也只是偶然的个别现象。只有在严重的专横、专制时期,个别人意志、少数人意志才可能在较长时期内以法的形式成立。这种个别人、少数人意志主宰国家的局面,无疑是人类的悲哀,人类社会的惨祸。它历来受到文明、法制和法治的否定,受到民主的批判。即使在最黑暗的封建时代,个别人(即便是暴君)的意志、少数人的意志也难以僭取整个统治者意志。法是统治者整体意志、共同意志的体现。法的本质的这一命题与民主乃"多数人的统治"的要求完全一致。这种"多数"可能是绝对多数,也可能是相对多数,但至少必须是统治者内部的多数,所以,可以说民主乃法的本质性内在要求。离开了民主,法就失去了应有的本质,法就不能成为真正的法。在这个意义上,民主是法产生的前提、存在的依据,是法的理想与追求。

三、法是民主的载体与准则

(一)法是民主存在的主要载体

民主的存在必须获得法的认可和记载,从国家制度、政治制度、社会成员的权利自由等各个角度看都是如此。没有法上的依托,民主就会漂若浮萍。

从民主的内容看,每一种民主制度都只有经过法律化,才可能成为真正的国家制度。民主具有国家制度的形式后,才可能拥有名正言顺的社会地位并在社会中付诸实施。

从民主的障碍因素来看,民主从来都与专制、专横、非法相对立。如果没有法律化过程,民主就无法与专制、专横、非法相对抗,民主就可能受到它们的侵犯而萎缩,甚而丧失。

历史反反复复地证明,每一种民主制度都有其法上的根据。没有法律根据的民主,是十分危险的民主,不仅会遭到敌对者的破坏,甚至自身也可能误入歧途,产生异化,从民主的基点出发,以背叛民主告终。

法是民主正常存在、正常发展的根据。

(二)法是民主活动的基本准则

民主不仅是静止的存在,更是动和互动的过程。民主活动是多个人在多个方面的动或互动,这就决定了民主必须要有共同的规则。民主的共同规则是民主存在的前提和基础,甚至是民主的体现,是民主本身。作为民主共同规则的,可能是一定的政策、道德、纪律,也可能是一定的法。但其中最有权威、最有强制力的无疑是法。由于人们经济利益的差异,若无共同的国家强制规则——法,人们就会各行其是,各行其利,民主就不可能存在和发展。将人们行为予以强制性规范是社会有序化生活的必然,也是维持一定民主的必然要求。

法之所以能作为民主的活动准则,既是民主的要求,也是由法本身的属性和功能决定的。法具有国家意志性、国家权威性、国家强制性,使法的行为准则意义非比一般。它所具有的指引功能、评价功能、预测功能、教育功能、强制功能恰恰为民主活动得以正常进行所必需。因而,法就自然地成为了民主必须依赖的准则。

法作为民主活动的准则可以起到规范民主、保障民主的重大作用。它可以避免民主的偏颇,避免对民主的破坏。即使破坏民主的事件发生了,法也能及时有效地修复民主、重建民主。

四、法治是全面实现民主的途径

(一)法治是民主程序的重要保证

程序对于民主的意义是不言而喻的。没有程序就没有民主。是否坚持程序原则,是民主与专制在形式上的重要区别。在政治统治上,民主不过是依照法定程序管理国家的方式,专制不过是仅凭统治者个人或极少数人意志管理国家的方式。民主统治与专制统治的区别也在于,一个有程序并依照程序统治,一个无程序或不依程序统治。在民主的国家里,人民,至少是相对多数人掌握着国家权力,而人们中的每一个人都去直接行使权力,显然是不可能的。人们必须依靠推举、选举等方式来决定自己的领袖或代表。这个决定过程必须要有一定的先后步骤和方式。这种先后步骤及相应方式就构成了所谓推举或选举的程序。再说,被推举或选举的领袖、代表如何行使被授予的权力,也要有必要的程序。这种程序是民主的保证。要切实实现民主,仅有以上两种程序是远远不够的。因为这些领袖或代表随时都可能背离民众,于是又有民众对他们的监督、罢免问题,这就又产生了监督程序和罢免程序等。

当然,程序并不保证民主不犯错误,但它可以减少错误。一旦出现了错误,如果有正常的民主程序存在,也可以使错误得以及时纠正。当然也可能纠得不正。出现了这种情况,民主的程序可以保证它再被纠正,重复再三,直至正确为止。

专制不需要程序。即使原本有程序,一旦专制出现,原有的程序也会遭到破坏,被废弃。

民主必须依赖民主程序,而民主程序作为规则又必须存在于法之中,作为现实只能存在于法治之中。只有法定的民主程序才是民主必须遵循而不可擅改的程序,也才能真正地保证民主;只有通过法治,才能使法定的程序被切实实现,民主才因其程序通过法治而现实化。

(二)法治是民主过程的必要保障

民主并不是轻而易举的小事。民主建设是一个循序渐进的过程。保证过程的民主是以保证终点的民主为目的的。如果过程太长,民主进步太慢,民主就会受到阻碍而反复,甚至倒退;如果过程太短,民主进步太快,虚涨的民主一旦退潮,甚至会走到民主的反面。保证过程的民主是保证民主的重要环节。

民主的发展有其必然的过程,这是由民主自身的性质和特点决定的。作为国家制度的民主有突变的可能,但是它离不开民主发展的量的积累。至于作为权利自由的民主更是一个渐进的量的积累过程。这种量变过程就决定了民主的发展不可能有脱离量变的质变(或无量变的质变)。民主的量的积累过程就是民主发展的历史过程。再说,民主的发展如同其他上层建筑的发展一样,离不开必要的社会经济条件、文化条件;而社会的经济条件、文化条件绝不是一朝一夕可以改变的。因为,经济的发展有它历史的连续性和渐进性,而文化的传统也有它的历史的继承性和渐变性。没有一定的经济条件和文化条件,就不可能有相应的民主发展。民主要依赖必要的经济条件、文化条件,而经济条件、文化条件又不是突变的,所以民主也就必然是渐进的。

民主的过程性不仅体现在历史性的民主发展上,也体现在具体的民主事项中。民主有过程,保证民主的过程,也就保证了民主的起点和归宿。保证民主过程的最有效的手段无疑是法治。因为法具有其他任何社会规范都难以与之相较的稳定性、确定性、明确性、肯定性。民主的过程若能得到法治的保证,人们就可以通过法治来保证民主的自始至终,防止民主的中途变调或异化。

在强调民主的过程性时必须注意,过程不是"无程",渐进不是"不进"。那些把过程当作"无程"的观点,实际上是民主急性病的表现。真当作"无程"对待,其结果无疑是欲速则不达。那种把渐进当作"不进"的观点,实际上是民主滞后症的反映。真当作"不进"对待,其结果无疑是阻碍民主的发展。

(三)法治是民主失误的补正途径

也许是出于对专制的深恶痛绝,人们总是尽力地歌颂和赞美民主,似乎民主就是真理，就没有失误。其实，这只是一种期望，在理论上和实践中都是一种误解。民主比专制优越若干倍，甚至不可同日而语。但是，民主也会背离真理，也有失误。民主只是比专制更靠近真理，但它并不等同于真理，也不是真理的化身。人们之所以选择民主，在很大程度上都是以民主与专制的失误概率作为依据的。因为民主比专制在概率上更容易揭示真理，更接近真理。因而在将民主与专制相比较的时候，我们必须肯定的只能是民主而不是专制。对于民主的失误，只是一个防范与修正的问题，而不是要将民主予以抛弃。

也许是出于对畸形民主的恐惧，有的人坚决反对民主。认为民主可能导致多数人的专制。既然少数人的专制应当反对，多数人的专制也同样应当反对。不管是少数人的专制还是多数人的专制都必须予以反对。民主如果出现偏差或者失误，的确有恶变为多数人专制的可能性。在民主问题上，既要反对否定民主，也要积极从制度设计与建设上防止民主出现多数人专制的恶变。民主发生恶变往往都不是民主自身的问题，而是民主的操作失误，或者是民主的原则未被全面、准确贯彻的结果。认识到这些固然重要，我们还必须在此基础上，进一步提出运用法治的程序保障，防止多数人专制。

民主，简单地说，就是多数人决定。这种多数人决定存在于整个社会之中就是整个社会的民主；存在于统治阶级内部就是统治阶级的民主；存在于一定社团就是社团的民主；存在于一定社区就是一定社区的民主。理论和实践都反复说明，多数人决定中还可能有多数人的错误。只要有多数人的错误存在，民主就可能背离真理，出现失误。人们不能因民主有失误而否定民主。因为多数人决定毕竟比少数人决定优越——更接近真理，更少出现错误。多数人决定中的失误，是人们获取多数人决定之“优越”的代价或风险。为了民主，人们应当承担民主也可能产生失误的代价或风险。民主比专制更有效益。人们所应考虑的，不是抛弃民主，而是尽量减少民主的代价或风险，在民主中尽可能防止和减少失误,并使失误中的民主迷途知返。

怎样才能使民主中失误的多数人觉醒,中止并补正失误呢?这就需要在多数人决定的同时,允许少数人不同意见的存在和不同意见的发表,允许少数人对多数人的决定的怀疑。当拥有真理的少数人说服了多数人,或多数人赞同了少数人意见的时候,民主的失误就可以为民主所中止、纠正。在这里,保证对少数人意见的尊重,保证少数人意见的发表,允许少数人对既有民主决定的怀疑,就成为了关键。“多数人决定”的民主是被法确认和保护的,是由法治实现的,要尊重少数人的不同意见,允许其发表,允许其对多数人意见的怀疑,更需要有法和法治的保护。只有这样,才可能在执行多数人决定的同时对少数人的不同意见等予以足够的保障。保护少数人与少数人的意见,是民主的必然要求。只有这样才能避免民主成为多数人的专制或者专断。那种把多数人对少数人的专制视为民主内容的见解,是极其错误的,甚至是根本反动的。民主发展到现代,保护少数人,保证少数人意见的发表应当成为民主的重要内容。

民主是“多数人决定”。多数人也许都拥有真理,但共同意志的形成过程还可能发生偏差。民主的基础是正确的,民主的决策却可能是错误的。避免民主决策的失真,必须依靠法确立一套民主的程序。这套程序中不仅应有民主决策的制定程序,而且应有民主决策失误的中止程序和纠正程序。这种中止程序和纠正程序如同制定程序一样,都需要法律化,并依法实施。程序是民主的过程与保证。凡是没有程序的民主,都不是真正的民主,而不过是徒有民主虚名的“主民”或“主明”而已,至多是一种开明的专制。

民主是多数人决定。多数人决定有许许多多的优点,也难免有“缺点”。例如,在民主中会有相互制掣肘、议而不决、耗费时日等问题发生。这就需要运用法引导人们,协调利益,调整行为,避免民主“缺点”的产生,一旦产生了,也可以依法予以民主的解决或补救。民主的“缺点”中,有些“缺点”是实实在在的缺点,如“民主可能出现多数人的错误”。但是这种缺点是可以克服的。因为民主中对少数人的保护与尊重,就为修正多数人的错误提供了条件与可能。民主的“缺点”中,有些“缺点”则是虚假的缺点,如“民主可能成为多数人的专制”“民主会导致议而不决”。前者可以通过保护与尊重少数人而得以避免;后者可以通过民主的根本措施——少数服从多数——而得以解决。因为,只要全面地理解和贯彻了民主,这种缺点根本就不会产生。至于片面强调民主所导致的偏颇,则可以在与法或法治的其他价值目标互动中予以调适或将其救济。

我们要紧紧地、始终地依靠法治,防止多数人专制,尊重和保护少数人与反对者,使法治真正成为民主最有效的保障程序、防错手段、纠错机制。

【附记:这是在西南政法大学任教时,为青年法学会所作的学术讲座】

4. 权力及其法治控制

今天我演讲的题目是“权力及其法治控制”，主要讲三个问题，让我们从第一个问题“权力的概念”讲起。

第一个问题：权力的概念

很多学者都给权力下过定义。美国学者彼得·布劳认为，“权力是个人或群体将其意志强加于其他人的能力，尽管有反抗，这些个人或群体也可以通过威慑这样做”。帕森斯则认为，“权力是一种保证集体组织系统中各单位履行有约束力的义务的普遍化能力”。其实，无论如何定义权力，我们都可以说它是特定主体因为拥有一定的资源或者优势而得到的支配他人或者影响他人的力量。这些资源或者优势可能是经济的，也可能是政治的或者其他方面的，如社会文化生活等；因而权力也有经济权力和政治权力等的差别。在经济上，拥有财产或资本会不会产生权力呢？当然。财产权力或资本权力是社会权力在市场经济条件下的主要表现形式。英国哲学家罗素曾将权力分为治人之权和治物之权、传统的权力和新获得的权力。托夫勒(《第三次浪潮》《未来的冲击》的作者)在《权力的转移》中说,“权力是一种有目的的支配他人的力量,是由暴力、财富和知识三者构成的。最简单地体现权力的方式就是行使暴力。这是一种低质量的权力形式,它缺少灵活性,只能用于惩罚,并且风险很大。财富则不仅可用于威胁和惩罚,还可用于奖赏,比暴力灵活得多。高质量的权力则来源于知识,它既可用于惩罚和奖励,也可用于劝说。它既能扩充武力和财富,也能减少达到某个目的所需的武力和财富的数量”。可见,权力的外延已经扩展到何种程度。在政治上存在的权力可以被称为政治权力或国家权力。我们今天在讲座中所讲的权力是指政治权力或者国家权力,也就是被一些人称为的公权力或公共权力。

为了很好地理解权力,我们必须将很多人在使用中容易混淆的两个概念加以区别。也就是对“权力”与“权利”加以区别。

权力与权利,在英文中被称为“power”和“right”。权利是指在社会中产生,并以一定社会承认作为前提的,由享有者自主享有的权能和利益。这个定义告诉我们,权利是在人与人的相对存在的社会状态之中存在的。孤立的个人,无所谓权利。权利也总是以一定的社会承认作为前提。这种承认可能是习惯的、道德的、宗教的和法律的。根据其承认方式的不同或者被称为习惯权利、道德权利、宗教权利和法律权利。这一定义还表明,权利包含权能和利益的两个方面。权能是指权利得以实现的可能性,它并不要求权利的绝对实现,只是表明权利具有实现的现实可能,即“非不能为也,而实不愿为也”。利益则是权利的另一主要表现形式,是权能现实化的结果。将二者相比较,权能具有可能性,利益具有现实性。也可以说,权能是可以实现但未实现的利益;利益是被实现了的权能。如继承权,在被继承人尚未死亡时,继承人所享有的继承权实际上是一种以权能状态存在的权利。一旦被继承人死亡,继承产生，继承权就由一种权能转化为了利益。

权力与权利之间具有密切联系：

第一，权力来源于权利。在权力与权利谁来源于谁的问题上，一直存在误解。其实早在权力产生之前，权利就已经有了。在原始时代，人们已经有了原始的权利。这些遍及氏族内部的生产、分配和消费的各个环节。只是那时的权利和义务是不可分别，也无法分别的。而权力的情形则不同，在最初是没有权力的存在的。由于人的认识发展和社会的逐步生成，一些社会公共事务需要一定的人来担任和完成。这些事务当初总是由氏族首领来进行的，是全体氏族成员为了自身的利益而委托首领来进行的。于是，根据全体氏族成员的委托和信任，他就享有了对氏族公共事务进行管理的力量。这种力量也就是最初的权力。

第二，权利是权力的目的。权力是为维护权利而产生的。人类社会原本是没有公权力的。在社会发展中，人们逐步意识到没有公权力的无序状态，并不利于个体乃至群体。他们的权利都没有保障，都面临受侵犯而又无法救济的危险，于是人类在有意无意之间，自然而然地创设了公权力。创设公权力的动机也许是多种的，目的也许是多重的，但其中一定有权利保障的需求。再说，在私有出现，权利义务逐步分离以后，权利就不时遭到侵犯。如果完全听由受害者自由复仇，就难免会导致混乱。而且一旦遇到受害者是弱者，复仇也就会成为困难。为了防止因自主复仇导致的混乱和保护弱者，就必须要产生一种公共权力来维持社会秩序，保护弱者，使人们的权利得到保障。

第三，权利优位于权力。由于权力是来源于权利的，也由于权力的目的在于维护和实现权利，相对于权利，权力就是手段和工具，而不是目的。谁要背离了这一点，也就是对于权力的反动和对于权利的否定。明确了这一点，我们在面对权利和权力的冲突时，就不难作出正确的选择，即让权力服从于权利。我在一本书里讲到，一个深夜，一个嫌疑人跑到了一个村子就消失了,我们能不能把全体村民都惊醒,而进行所谓的搜查?显然不能,因为那样就会造成对公民权利的侵犯。再者,公权力机构能不能随意地对每一个公民的邮件进行检查?显然不能,因为它涉及相关公民的法律权利。

权力区别于权利。这些区别主要是以下几点:

第一,权利的主体是不特定的,而权力的主体是特定的。权利的主体十分普遍。就公民权利来说所有的公民都有权享有。对于民事经济权利来说,也可以认为,所有的公民都可以享有。但是就权力来说就不是任何人都可以享有的,它有特定的主体限制。这种限制都是由法律来作出的。

第二,权利的内容比权力的内容广泛。权利涉及社会生活的方方面面,政治、经济、文化、社会生活等。权力的内容是有限的,仅限于通过特定程序和方式所赋予或获得的事项。权利往往并不限于法律的规定。法律所规定的一般也只是基本的权利,而权力则是严格以法律的规定内容为限的,超出了法律的规定范围,即构成对于其他权力或者权利的侵犯,即构成违法。

第三,权利可以放弃,权力不能放弃。这是由权利的自主性所决定的,而权力,往往都是职权,它是与职责相伴随的。放弃权力则可能意味着渎职,而渎职,不仅为法律所禁止,甚至还要为法律所惩罚。因此,原则上权力也不可让权力享有者随意转让,而权利,除一些最基本的权利之外,许多权利都是可以转让的。

第二个问题:权力的运行

权力运行是指权力主体为实现特定目的而运用和行使权力的过程。或者说,权力运行是指权力被运用或行使的过程。权力运行的原则和程序,是我们在解读权力时必须抓住的两个重点。

我们首先来考察权力运行的原则。权力运行在不同时代有着不同的原则。在当代,权力运行的原则不外乎是民主原则、法治原则、制约原则和责任原则等。

首先是民主原则。民主,原意为多数人的权力,多数人的统治或者多数人决定。我们长期所说的少数服从多数,就是民主。民主发展到现在,逐步得以完善。其中除了少数服从多数的基本内容之外,还包括尊重少数、保护少数、反对者优先,以及确保少数人可以演变成为多数人的途径等内容。这是当代资本主义和社会主义都奉行的权力运行原则。只是这种原则的阶级本质是不同的。资产阶级的民主原则保证的是资产阶级的民主,而社会主义的民主原则保证的是人民民主。具体表现为,一是人民享有最高的政治权力。我国现行《宪法》第 2 条规定,"中华人民共和国的一切权力属于人民"。二是人民有权监督权力。我国宪法明确赋予了公民以监督权,包括检举、申诉、控告和罢免等权利。三是任何权力都必须对人民负责。表现为按照权力运行的规则运行权力,而且承担应有的责任。

其次是法治原则。法治是指以民主作为前提和目标的,以制约权力作为基本特征的社会管理机制、社会活动方式和社会秩序状态。我们党对法治的理解就是,国家各项工作逐步走上法制化和规范化;就是广大人民群众在党的领导下,依照宪法和法律的规定,通过各种途径和形式参与管理国家、管理经济文化事业、管理社会事务;就是逐步实现社会主义民主的制度化和法律化。法治原则在权力运行之中的表现就是权力的赋予(获得)、权力的行使和权力的剥夺都必须依法进行。权力的赋予与获得是一个过程的两个方面。对于我们人大来说,我们选举产生或任命一定职位的官员就是权力的赋予,而对于这些被选举的官员来说,就是权力的获得。权力的行使是权力运行的主要形式。权力行使的关键是不要脱离法治的轨道,而必须遵循法治的轨迹,即依法用权或依法行权。权力的剥夺也要依法。这里至少有这样的两层含义,一是应当剥夺的必须坚决地依法剥夺;二是对于不应剥夺的必须依法维护而不能剥夺。这两种状况对于我们人大来说,都是必须予以注意的。对于违法犯罪的官员就是应当坚决查办,对于那些同违法犯罪做斗争的人要依法予以保护。对于权力的运行,关键是要健全干部的选举、招考、任免、考核、弹劾制度,对各级各类领导干部(包括选举产生、委任和聘用)的职务的任期,以及离休、退休,作出法律规定,并严格执行。

再次是制约原则。权力必须受到制约。从制约主体之间的关系来看,这种制约包括权力赋予者对于权力的制约,也包括权力主体相互之间的制约。前者,一般地说,是人民对于权力的制约。在封建帝王时代当然是君主的制约,君主又受谁的制约呢?君主在中国又被称为"天子",其权力来自天,所以要受天的制约。后者则是各种权力拥有者之间的制约。比如,资本主义国家的立法权、行政权和司法权的分权就是一个典型代表。在我国,刑事诉讼法所规定的"公检法三机关分工负责、相互配合、相互制约"中的相互制约,也是一个例证。从制约的方式来看有政治的制约、道德的制约和法律的制约等。在后面我们将进一步探讨。总之,权力必须受到制约。

最后是责任原则。责任原则是指权力主体对于权力的不当行使或疏于行使,违反法律,侵犯公民和社会的合法权益,必须承担相应的否定性后果。其中包括政治的责任、行政的责任和法律的责任。现在主要的问题是责任难以追究。从我们的国家赔偿责任上讲,赔偿责任的形成首先要求的是有关机关对于自己过错的认可,这就使赔偿成为了困难。例如,有的机关错误关押了公民,一是会给公民留一个"事出有因,查无实据"的尾巴,二是会死不认错。我们必须明白这是严重的问题,任何一个不负责任或不敢负责任的权力都不会是人民信赖的权力。

长此以往,我们就会失去人民群众,权力部门也难以自我约束。

权力运行除了必须坚持特定的原则外,还必须遵守法定的程序。权力运行的程序存在于权力主体运用一定手段支配、控制权力客体,实现权力主体目的的过程之中。

我们先从整体来看,权力运行的整体程序。

把权力运行作为一个整体来考察其程序,基本包括5个环节:(1)权力主体;(2)权力主体目标的确定;(3)采取适当的手段;(4)作用于权力的客体;(5)实现权力主体的目标。

这是一个正常的、依次递进的、完整的过程。其实实际生活中往往都更为复杂。在(1)中,有权力主体的身份、资格、确定的问题。在(2)中,有目标的提出、论证的问题。论证中还有目标讨论、听取意见、收集反映等活动。在(3)中,包括组织发动、宣传等。具体落实中可以采用的手段,往往是多个的,有时是在众多的手段中选择某种手段,有时还是多种手段的相互配合。在(4)中,有权力客体的确定的问题,有接收权力客体的反馈信息,包括客体的认可、服从、响应,也包括客体的抵制、反对和反抗等,从而调整手段乃至目标的问题。在(5)中,需要考虑的是权力运行的结果与目标是否吻合的问题,最终结果与设定的目标是否一致的问题,反馈到权力主体,以便新的权力运行。

认识了权力运行的程序,就应当明白在各个环节的任务,并将各个环节有机地协调起来,形成一个有机的整体,使权力的目标顺利实现。

权力是有类别划分的,不同类别的权力,运行程序也有差异。下面我们接着考察权力运行的类别程序,从权力的各个类别来看,权力运行的程序包括政治决策程序、法律制定程序、行政执法程序、司法审判程序等。

首先是政治决策程序。政治决策程序主要是执政党的决策程序。有的学者不太赞成把执政党的政治决策程序纳入权力运行程序的范围。其实,执政党的确在国家和社会的政治生活中享有重要或重大的权力。尤其是在我们中国,作为执政党的中国共产党是中国各项事业的领导力量。只有把执政党的政治决策程序把握好了我们才可能有真正的民主,也才能保证党组织和每个党员都在宪法和法律的范围内活动。我们党一向的决策原则都是民主集中制。在未来,如何推进民主集中制还需要进一步探索。

其次是法律制定程序。其也称为立法程序,包括提案程序、审议程序、表决程序和公布程序。(1)提案程序。有许多著作都称之为"法律议案的提出",就是指谁有权提出立法的议案,即关于制定某种法律法规的正式建议。有的国家只有议员才能提出议案(如美国);有的国家只有政府才能提出议案(如奥地利);有的国家议员、政府,甚至其他特定机构都可以提出议案。在中国,可以提出议案的有全国人大常委会、主席团、全国人大各专门委员会、国务院、最高人民法院、最高人民检察院、国家军事委员会,以及 30 个以上的人大代表或一个代表团等。(2)审议程序,也可以称为"法律草案的审议",是指对有关部门提交的,已经列入会议议程的立法草案进行讨论。在一些国家和地区的"三读"就在这个阶段。其中,一读,只宣布立法议案的名称,不进行辩论。二读,是由有关的委员会对草案进行逐条逐款地审议,并提出专门的报告。三读,是在听取委员会的报告的基础上,全体议员对议案的内容进行审议、辩论,再付诸表决。(3)表决程序。(4)公布程序。有的要求元首的签署,有的不要求。有的元首有否决权,有的元首没有否决权。

再次是行政执法程序。由于大家对行政执法程序可能较为陌生,所以,我可以讲得详细一些。行政执法程序包括简易程序、一般程序和听证程序。(1)简易程序也可以称为当场处理程序,指具有行政执法权的机关或者受委托的法定组织对与行政相对人的有关的简易行政事务进行当即处理的简便程序。它包括办理简易行政事务和作出简易的行政处罚。前者如办理户口登记、房屋买卖登记等。后者如《行政处罚法》所规定的可以适用简易程序的行政违法行为的行政处罚。以此为例：一是表明身份；二是指出违法事实和处罚理由；三是告知并允许申辩和陈述；四是作出当场处罚决定书并予以执行；五是记录在案以备查。(2)一般程序，也称为普通程序，是法定行政执法机关或其他依法享有行政执法权的组织，对行政相对人的具体行政行为进行行政处理的基本工作程序。以《行政处罚法》的规定为例：立案；调查取证；审查并作出行政处理决定；制作处理决定书；送达；执行。一般要求调查办案与作出处理决定相分离；情节复杂或重大疑难的违法行为给予较重处罚的，实行行政机关负责人集体讨论决定。(3)听证程序。听证程序是行政执法机关或者享有法定行政执法权的组织在作出行政处理决定之前，应当事人的要求而举行的公开听取当事人陈述、申辩、质证的程序。《行政处罚法》第42条就规定，“行政机关作出责令停产停业、吊销许可证或者执照、较大数额罚款等行政处罚决定之前，应当告知当事人有要求听证的权利；当事人要求听证的，行政机关应当组织听证”。[1]

最后是司法审判程序。对于整个诉讼，有一审、二审和再审程序。具体就民事案件，有起诉、立案、答辩、开庭、合议、宣判、执行等程序；就刑事案件，有侦查、起诉、开庭、合议、判决、执行等程序。

第三个问题：权力的法律控制

权力是必须要被控制的，这是人类的历史经验，更是人类的历史教训。为什么要求对权力进行法律控制，我们从权力的来源、性质、行使三个方面加以解析。

---

〔1〕《行政处罚法》(2021年修订)第63条规定：“行政机关拟作出下列行政处罚决定，应当告知当事人有要求听证的权利，当事人要求听证的，行政机关应当组织听证……”

第一,从权力的来源看,它要求法律控制。

权力从何而来,是政治学和法学探讨的重要课题。对于权力的来源,学者有不同的见解。权力如何获得的?盖尤斯说,一切权力都是从人民那儿来的。皇帝的命令何以有法律的效力呢?因为皇帝的地位是人民给他的;官吏为什么有权力呢?因为官吏是人民选举出来的。[1] 乌尔比安认为,皇帝的旨意具有法律效力,因为人民通过《国王法》中的一段话把他们自己的全部权力授予了他。[2] 资产阶级学者更是普遍承认并论证了“主权在民”的权力根据。社会主义的宪法也一再宣布,国家的一切权力属于人民。[3]

随着理论的发展和认识的进步,主权在民已经没有疑问。人民是权力的最终来源。任何权力都是一定社会成员共同赋予的。原始社会的公共权力来自人民,政治国家无非是对原始社会公共权力的取代而已。政治国家的权力仍然是在人民都交出自己的一部分权利的基础上建立起来的。

人民运用法律为权力的运用设定模式,从而控制权力。权力来自人民,当它一旦与人民相分离,就具有了一种脱离人民的倾向和离心力。要确保权力忠实于作为其基础的人民,就必须有对于权力的必要控制,防止权力远离人民或背叛人民。人民是一个整体,人民对权力进行控制的意志,只有通过法律才能得以表达。法律可以为权力的运用预设一个既定的模式。也只有法律才能作为人民整体共同意志的表现

---

〔1〕 参见陈允、应时:《罗马法》,商务印书馆 1931 年版。转引自王人博、程燎原:《法治论》,山东人民出版社 1989 年版,第 17 页。

〔2〕 参见[古罗马]乌尔比安:《论法律》(第 1 卷),第 1、2 章。转引自王人博、程燎原:《法治论》,山东人民出版社 1989 年版,第 17 页。

〔3〕 我国从 1949 年的《中国人民政治协商会议共同纲领》,到 1954 年的《中华人民共和国宪法》,后经 1975 年、1978 年、1982 年等多次修改,虽然起伏跌宕,但“中华人民共和国一切权力属于人民”的宪法原则始终未曾改变。

形式,对权力及其行使进行规范,防止权力成为没有约束的权力或者失去约束的权力。也许正是因此,有的学者直接把权力与法律连接起来,认为权力是法律秩序的效力和实效。“人民所从属的那种国家权力不过是法律秩序的效力和实效,而领土和人民的统一就是从这一秩序的统一性中引申出来的。如果主权被认为是国家‘权力’的一种属性,这一权力一定是国内法律秩序的效力和实效。”[1]

人民还可以运用法律所预设的模式来检测权力运行的状况,并适时校正权力的运行状态。法律具有模式的意义。人民可以通过法律对权力的范围、等级、效力、行使的程序、后果、责任等作出规定。法律,一方面是对权力行使者的要求,另一方面也是人民检验权力行使状况的根据和准则。人民这个权力的终极来源才可能保证其所赋予有关机关和个人的权力被真正、正当地行使。

第二,从权力的性质来看,它要求法律控制。

国家权力有怎样的性质?学者们的认识非常多,我认为主要有以下的五个方面的性质:一是具有人民性,二是具有相对性,三是具有支配性,四是具有权威性,五是具有组织性。

权力具有人民性。国家权力是人民权力或者人民权利的产物,来自人民权利的让渡和人民的授权。这也就是人民经常所说的“主权在民”的意思。主权在民的权既可以解释为权力的权,也可以解释为权利的权。而一般为了与国家权力相区别,也常常不把人民所拥有的权力称为权力而称为权利。正因为如此,我们才说,人民的权力或权利高于国家权力。任何国家权力都必须最终归结到对人民负责上来。至少在应然的意义上应当如此。权力的人民性就决定了,权力必须受到作为人民意志体现的法律的约束。

---

[1] [奥]凯尔森:《法与国家的一般理论》,中国大百科全书出版社1996年版,第283页。

权力都是相对的。从应然的意义讲,权力的相对性至少包括:(1)权力必须受到人民权利的制约。权力和权利在各自基本定位明确的情况下,形成相互消长的关系。(2)权力总是在一定地域范围内存在。一个绝对普遍的权力是不存在的。事实上,任何权力都要受制于一定的地理范围。(3)权力总是在一定社会层面上成立的。一个能调整任何社会方面的权力不复存在,它要受制于社会领域的范围。(4)不同性质的权力总是有所分别的。不同的权力应由不同的机构行使,权力和权力之间应当有所区别。(5)不同的权力拥有者拥有不同的权力。不同机构之间具有相对独立的性质,机构和机构之间的权力不能混同。权力的相对性要求对权力予以必要的规制,使其不至于超出应有的范围而绝对化,而泛滥,从而导致权力的恶性膨胀。绝对的权力必然导致专制。柏拉图曾告诫世人:“绝对的权力对行使这种和服从这种权力的人,对他们自己和他们的子孙及其后裔,都是不好的;这种企图无论是以任何方式都是充满灾难的。”〔1〕权力的相对性就意味着必须反对权力的绝对化。要防止权力的绝对化发展,就只能依靠法律的强有力的制约。

权力具有支配性。权力的支配性体现在几乎所有的权力定义之中。在西方,关于权力的学派主要为韦伯主义和帕森斯主义。韦伯认为,“权力是某种社会关系中一个行动者将处于不顾反对而贯彻自己意志的地位的概率,不管这种概率所依据的基础是什么”〔2〕。其中“不顾反对而贯彻”显然是权力支配性的结果。作为韦伯权力定义派生的布劳权力定义认为,权力是“个人或集团通过威慑力量不顾反对而把其意

---

〔1〕［古希腊］柏拉图:《第七封信札》,第334页。转引自王人博、程燎原:《法治论》,山东人民出版社1989年版,第7页。

〔2〕［英］罗德里克·马丁:《权力社会学》,丰子义、张宁译,生活·读书·新知三联书店1992年版,第81~82页。

志强加于他人的能力”[1]。其中“强加于”也同样表明了权力的支配性。帕森斯把权力定义为，“当根据各种义务与集体目标的关系而使这些义务合法化时，在如果遇到顽抗就理所当然会有靠消极情境制裁去强制实行（无论这种强制机构可能是什么）的地方，权力是一种保证集体组织系统中各单位履行有约束力的义务的普遍化能力”[2]。其中“强制实行”也同样表明了权力的支配性。在我国，普遍认为：权力首先就是指政治上的强制力量，其次是指职责范围以内的指挥或支配力量。权力的支配性首先表现为权力是一种支配力量，它可以要求人们做出某种行为。包括允许人们做什么、要求人们做什么和禁止人们做什么。其次表现为权力具有强制性。任何权力都具有一定的强制性。权力都是以相应的服从的存在作为条件的。如果不具有强制性，权力就无法强迫社会成员服从。权利强制性的实现需要法律，防止权力强制性的滥用同样需要法律。权力是具有支配性的。没有支配性的权力就失去了权力应有的性质，甚至不成其为权力。权力的支配性使得权力具有了相对人不得不服从的性质，也使得权力具有滥用的可能性。权力的支配性是不可缺少的，这种不可缺少的属性又使对权力的法律控制成为必须。

权力具有权威性。没有权威性就没有权力。无论是什么学者，在对权力进行定义或者论述时，都无一例外地肯定权力具有权威性。权力权威性的来源主要是两个，一是权力运作的规则性。无规则的权力运作只会导致人们的反感、不安，而绝不可能给人们和社会带来自觉服从与安全稳定。二是权力运作的公开性。公开是权力的必然属性与基本要求。没有公开性，权力就没有权威性，其特定性就难以明确，强制

[1] [英]罗德里克·马丁：《权力社会学》，丰子义、张宁译，三联书店1992年版，第83页。

[2] [英]罗德里克·马丁：《权力社会学》，丰子义、张宁译，三联书店1992年版，第85~86页。

性就难以体现,权威性就无从产生。权力的公开性是权力运行的可预测性必要条件,但权力未必能使自己的公开性得以彻底贯彻和体现。如果运用法律来规制权力,就可能保证权力的权威性。法律的权威性、公开性和可预测性与权力的权威性相得益彰。

权力具有组织性。国家权力是一种有组织的系统支配力量。它需要有组织的国家机构来分配、行使。由于权力系统是复杂的,因而必须运用法律予以专门的调整。比如我国就有《全国人民代表大会组织法》《国务院组织法》《人民法院组织法》《人民检察院组织法》《地方各级人民代表大会和地方各级人民政府组织法》等。

权力的人民性、相对性、支配性、权威性、组织性都决定了它必须有既定的规则作为其正常运行的保证。而能符合权力的性质又能使权力不至于异化的规则,只有法律,只有良法而又很好地实现的法治状态,也就是只能在法治的社会环境之中,权力才能不发生变异。

第三,从权力的行使来看,它要求法律控制。

权力的拥有与行使可否是不同主体,是一个争议已久的问题。有的学者认为权力是不可分解的,有的学者则认为权力是可以分解的。在专制统治之下,权力没有可否分解的问题。然而,代议制产生,[1]人类社会的文明进步已经使得民主成为了人类普遍的追求(无论这种追求是否成为了现实,这是另一个问题)。在民主政治中,权力的不可分解只是在根本意义上。抽象的整体的权力属于人民,在这个意义上,权力不允许被分解。在具体的每一个权力的行使意义上,权力可以分解,也必须被分解。因为人民拥有的全部权力并不都是可以由全体人民共

〔1〕 参见[美]托马斯·戴伊:《谁掌管美国——卡特年代》,梅士、王殿宸译,世界知识出版社1980年版,第5页。该书认为,代议制政府或其他形式的现代政府体制建立以后,自然而然地分解了原来权力主体单一的格局。

同直接行使的。因此，权力的最终归属属于人民，整体权力也只能属于人民，但各个具体权力则必须由人民委托其信赖的个人或者组织来行使。受托代表人民行使权力的人或者组织，何以知道人民的愿望、意志，他们行使权力的行为是否是忠诚于人民的，这都需要法律，需要法律来记载和表明人民的愿望与意志，需要法律作为受托者行为的根据，需要法律作为检验权力行使是否正当的标准——法律是人民控制权力行使的手段。

权力行使之所以需要控制，是由权力行使的主体因素决定的。任何非整体的具体权力都是由一定国家机关及其工作人员具体行使的。各个权力主体都有自己的权力认知能力和水平，都有自己相对独立的利益，因此他们就不可能对权力具有完全统一的行使方式、程度和效果。权力主体的差异性决定了，要保证权力的统一性，就必须对权力的行使进行控制。

权力行使之所以需要控制，是由权力行使的过程因素决定的。权力的行使是一个过程。这个过程中，除了时间的因素外，还会有各种因素介入并发挥作用。时间的变换中，会发生过程的变化，各种因素的作用更可能改变权力行使的状况和后果。权力的行使过程的各种变数决定了，必须对权力进行必要的控制。

总之，我们要说的是，法治是权力法律控制总括，也是权力控制的现代路径和最佳途径。

权力的控制手段很多，有道德、教规、纪律、政策、利益、责任和法律等。在众多的手段中唯有法律是最有效的控制手段。法律之所以能如此，主要是由于法律具有其他任何手段都不具有的公开性、国家强制性、国家意志性和普遍约束力。法律是控制权力的最佳手段，但并不是有了法律，就等于有了权力的良好控制。法律必须在法治化的社会状态中才可能发挥出对权力的控制效用，充分实现权力控制功能。

权力的控制方式很多,适度的控制模式必须依赖法治。在权力控制中有集权与分权的控制方式。任何非专制的权力控制方式都不能离开法律的作用。权力的必要集中是重要的。没有一定的集权,各分散的权力就可能摆脱控制或者不受控制而滥用。权力过度分散,高层次权力就难以对低层次权力进行控制。权力的适当分散同样是重要的。没有一定的分权,权力就可能因为过度集中而导致专制,使各个专制的权力不受约束,社会就会蒙受重大的损失。孟德斯鸠认为:“当立法权和行政权集中在同一个人或同一个机关之手,自由便不复存在了。”〔1〕“如果司法权不同立法权和行政权分立,自由也就不存在了。如果司法权同立法权合而为一,则将对公民的生命和自由施行专断的权力,因为法官就是立法者。”〔2〕“如果同一个人或……同一个机关行使这三种权力,……则一切便都完了”〔3〕。权力的机构应当是必要的集权与适当的分权的有机结合。然而在权力的社会实践中,常常出现的是两个极端。一是过度强调集中,形成专制集权;二是过度强调分散,出现无政府主义。保障权力的适度集中与分散,就必须依靠法律的作用和力量。

古代中国是一个重视吏治、强调治吏的国家。早在先秦时代,法家就提出了“明主治吏不治民”的观点。中国历代王朝都把治吏放到相当重要的位置加以特别的强调。在夏朝,有运用派遣使臣、诸侯相互监督、天子巡行等方式对下属官吏进行监督的制度。以后各朝各代都有自己制约官吏的法律和制度,侧重于对官吏的失职、擅权、贪腐进行惩罚,实行了官吏的考核制度、本籍回避制度和举报制度。

中国的治吏传统在规范权力和防止权力的滥用上与当代法治具有

〔1〕［法］孟德斯鸠:《论法的精神》(上册),张雁深译,商务印书馆1961年版,第156页。
〔2〕［法］孟德斯鸠:《论法的精神》(上册),张雁深译,商务印书馆1961年版,第156页。
〔3〕［法］孟德斯鸠:《论法的精神》(上册),张雁深译,商务印书馆1961年版,第156页。

一定的一致性。法治所治之关键在于治权,而治权的实质是治吏。两者的目的都在于防止权力的懈怠与权力的滥用。中国的治吏传统对于倡行法治是有所助益的。法治对于权力的约束的规定性,应当说在一定程度上是可以为中国文化和历史的传统所接纳的。但是,中国的传统的治吏不是法治意义上的权力控制。两者的主体是不同的,中国治吏的主体是皇帝,而法治中的权力控制的主体是人民。两者的对象是不同的,中国治吏的“吏”是不包括最高权力拥有者——皇帝的,而法治中的权力控制所要控制的是除人民及其终极权力之外的一切权力与权力拥有者。两者所存在的政治体制也是不同的,中国治吏是在专制政体中的权力控制手段,法治中的权力控制是民主政体中的民主和法治措施。两者的控制方式也是不同的,中国治吏所采用的主要是人治的方式,即使运用了法律,法律也仅仅是一个工具。法治中的权力控制所采用的则是民主和法治的方式,法律虽然也是工具,但它的实现本身也是权力控制的重要目的。

【附记:这是在西南政法大学工作期间,为学生所作的讲座】

5. 论法治的整体性

法治被作为国家与社会发展的目标确立以后,得到了中国社会的普遍认同。实现法治或进行法治建设,成为了我们极为重要的现实任务。在法治建设中,又有学者十分智慧地提出了“具体法治”的见解。笔者非常欣赏这一见解,也充分认同它所具有的实在意义。因为具体法治所主张的那种“具体的法治”,也是笔者所赞同的;具体法治所反对的空头“宣言”,不是法治的根本,也是笔者所反对的。但是,笔者在思考了法治发展的情形后又产生了一个新的担心:在具体法治的口号下,法治的整体性也许会被有意无意地忽略,法治的整体优化必然难以受到应有的重视。这肯定不是具体法治主张者的初衷。但如果真是那样,我们也同样会犯历史性的错误。这种错误也同样是具体法治的主张者所不高兴看到的。显然,笔者所主张的整体法治也不是那种“宏大而高扬的法治”,而是指要用整体的观点来看待法治,要把法的内在结构、外在联系和发展过程作为一个整体加以认识,并用以指导法治建设的全面推进与发展,使法治发展具有全面的性质。整体法治与具体法治,是不完全相同语境下关于法治的认识,它们之间没有正确与错误的分野,二者都不可偏废。我们应当将具体的法治与整体的法治结合起来,使法治发展得其中道。为此,笔者拟将自己的法治整体性观点述诸笔端[1],以求教于法学界的同人,并希望能对具体法治有所补充,并与之并存与并行,以有助于现实的法治建设。

一、认识法治的整体性

部分是整体中的某个或某些要素、方面,以及发展全过程的某一阶段;整体则是构成事物的各个要素及发展的全过程的有机统一。整体是部分的有机统一、集合。集合中的各个部分不是简单叠加或机械地堆积在一起的,而是以一定的结构形式互相联系、相互作用着的,从而使事物的整体具有某种新的属性和规律。事物作为整体所呈现的特有属性和特有规律,与它的各个部分在孤立状态下所具有的属性和规律有质的区别,它不是各个部分属性和规律的相加。[2] 以此来考察法治的整体和部分,完全可以得出这样的结论:我们正在建设的作为目标的法治是法治的整体,而不是法治的部分。法治的每一个要素和方面都是重要的,但它们的每一个部分或者各个部分的简单相加都不是法治的整体,都构不成整体法治。整体法治与法治的每一个要素或方面都具有不同的性质,因此既要关注法治的每一个要素与方面,也要甚至更要根据整个法治的要求,把每一个要素与方面放到法治的整体中去加以观测和建设。只有这样,我们的法治建设才能良性发展,并最终建成

[1] 笔者曾发表《论司法改革的整体性》,论及与法治的整体性相关的司法改革的整体性问题,参见信春鹰、李林主编:《依法治国与司法改革》,中国法制出版社 1999 年版。

[2] 参见《中国大百科全书 · 哲学》,中国大百科全书出版社 1988 年版,第 81 页。

理想的法治。

法治整体性，是哲学整体性理论在法治建设中的具体运用与实践。尽管有学者针对中国法治建设提出了“具体法治”的见解，但是这一观点并不是针对“整体法治”提出的。其实，我们对于“整体法治”的重视也依然是不够的，因此在强调“具体法治”的同时必须强调“整体法治”，以使我们的法治建设全面发展。

用整体性的观点来看待世界和社会，看待包括法律在内的各种社会现象，应当是人类普遍的哲学观念之一和现代科学研究方法的基本要求。古代传统哲学如此，现代系统论等也同样如此。“人类很早就已经有了系统思想的萌芽，这主要表现在对整体、组织、秩序、结构、等级和‘完整性’等概念的认识以及在解决工程和军事问题中形成的某些运筹方法上。”〔1〕在古希腊，亚里士多德就论证过“整体大于部分之和”的整体观。中国古代的《黄帝内经》就贯穿了人体整体性和人体与外部环境整体性的双重整体性认识。在现代系统论中，整体性更是其最基本的理论观点和立论基础之一。系统论认为，“所谓系统，就是由若干相互联系相互作用的要素（或子系统）构成的、具有特定功能和运动规律的整体”。〔2〕“所谓系统方法就是从整体（全局）观点出发，综合应用现代科学技术和先进工具，精确地定量地考察系统与要素之间、要素与要素之间、系统与环境之间的关系与联系，以便获得最优化效果的方法。”〔3〕“系统方法的整体性原则要求人们牢固地树立全局观念，始终把对象看作一个有机整体。”〔4〕当然，古代的整体观与现代系统的整体观是有差异的。正如有的哲学家所注意到的，“从古代的自发辩证法到

〔1〕 廖士祥主编：《经济学方法论》，上海社会科学院出版社1991年版，第161页。
〔2〕 黄金南等编：《科学发现与科学方法》，华中工学院出版社1983年版，第201页。
〔3〕 黄金南等编：《科学发现与科学方法》，华中工学院出版社1983年版，第201页。
〔4〕 黄金南等编：《科学发现与科学方法》，华中工学院出版社1983年版，第203页。

现代的唯物辩证法,由来已久,不断演进的‘整体’观念,同现代系统科学中的整体性是有原则区别的。前者是哲学世界观的重要观念,后者则仅适用于被视为‘系统’的对象的方法论原则。仅就哲学观念来说,自古以来,‘系统’思想确实是蕴含在‘整体’观念之中的,但是两者又是两个不同的概念”[1]。虽然整体在古代与现代有所变化,但是,综观古今,我们没有理由放弃或者不顾整体性存在的客观事实和人类为此所积累的相关认知。

当代哲学的整体主义就认为,“在社会中的个体是为社会整体结构所规定的整体决定要素,因此对社会现象的解释必须从整体出发”[2]。也许有人会用个体主义的观点来批评整体主义。而笔者也不是一个整体主义者,只是认为,正如在哲学上不能仅仅采信个体主义一样,我们在法学上也不能仅仅采信个体主义,而应当把个体主义和整体主义结合起来。在学术界注意到“个体主义”的“具体法治”之后,我们尤其应当强调“整体主义”的“整体法治”。

当然笔者也注意到后现代哲学对于整体性的批判。对于这种批判,我们需要有一个清醒的认识。后现代哲学对于整体性的批判理论是基于西方哲学不适当地夸大整体性的意义而对其提出的纠错性质的理论。任何一个国家或者学术领域,对整体性的强调与否,一定要从相关国家、相关知识领域的实际出发。在对于法治整体性本身就注意不足的中国和中国法治研究中,放弃甚至批判整体性只能导致更为严重的后果。我们所需要的正是,在强调“具体性”的同时强调“整体性”,使法治能够在“具体”与“整体”的两个方面都得以发展,最终推动法治的全面发展。

---

[1] 谢龙主编:《现代哲学观念》,北京大学出版社 1990 年版,第 340 页。
[2] 欧阳康主编:《人文社会科学哲学》,武汉大学出版社 2001 年版,第 48 页。

整体与具体总是对应存在的。整体与具体是整体与部分的关系。具体是构成整体的材料与要素,整体是具体的概括与综合。如果没有具体也就无所谓整体,同样,如果没有整体,具体也就失去了得以存在的条件。中国的法治建设是在改革的基础上启动的。改革旧的、不良的法律制度、司法体制、法律程序等,都必须从每一个或每一件具体的工作做起。

肯定了法治整体性并不是否定具体性。法治的整体性要依赖法治的具体性。德国哲学家埃德蒙德·胡塞尔在论述整体和部分的价值关系时就说过,"如果整体是一个价值,那么对各部分都可以在各不相同的意义里谈到价值,并且在这方面,我们从前的论述需要重要的补充。如果一个部分本身有价值,并且不管怎么说它有一个价值,这个价值恰好不受这个整体的部分存在决定,而且在这个部分存在中是有效的,那么它对于整体的价值来说先验地是'意义重大'的。在它自身价值本性中所发生的每个变更,都会影响着整体的价值"〔1〕。波斯纳在论述法学的整体问题时说,"与整体问题相比,零碎问题的价值并不小,而且从有用性上看,也同样具有根本性;它们只是比较狭窄而已"〔2〕。我们可以认为,一个个具体法律程序的改革未必会改革整体的法治状态,但是没有这些具体的法律程序的改革,则可以说,根本就不可能有整体的法治的建立和发展。值得我们注意的是,在法治建设过程中具体和整体是两个重要的方面,有时他们是难以区分的,甚至也没有区分的必要,因为他们之间的界限在许多时候也许是模糊的。西方法学家也认为,在法学上整体与"零碎问题"之间也有类似的观点,"两者之间的区别是

---

〔1〕[德]埃德蒙德·胡塞尔:《伦理学与价值论的基本问题》,艾四林、安仕侗译,中国城市出版社2002年版,第118~119页。

〔2〕[美]波斯纳:《法理学问题》,苏力译,中国政法大学出版社1994年版,序言。

不重要的,也是模糊的"[1]。

法治的具体性体现为法治的个别与局部,是整体法治的构成部分。具体的法治建设是在整体法治建设中逐步推进的局部或个别。法治的具体发展是基本的。没有具体的法治,就没有整体的法治。整体法治以具体法治作为基础、前提和条件。黑格尔则认为,"全体的概念必定包含部分。但如果按照全体的概念所包含的部分来理解全体,将全体分裂为许多部分,则全体就会停止其为全体"[2]。如果认为整体法治是建立在具体法治之上的,也完全可以说具体法治是存在于整体法治之中的,于是法治的整体性就成为法治具体发展的外在制约。

整体法治是具体法治的综合反映与概括。法治的各个环节的不同状态及其互动组合,共同构成了法治的统一整体,也即整体的法治状态。整体法治既标示着各个环节与要素的发展情形,也表明了各个环节与要素之间的整合状态。法治整体性是法治具体性的综合。整体法治作为具体法治的外在环境,必然会制约各个环节和要素的状态,制约它们的功能与作用的发挥,甚至决定着相关部分是否具有法治的性质。法治中包含法律制度,非法治中也有法律制度。但两种法律制度在不同的整体——法治与非法治——中的含义、内容、功能都是不同的。

法治整体性是具体法治得以整合的根据。法治是整体的也是具体的。在法治建设的过程中,法治是以整体中的个别或局部的方式陆续构建的。每一个"碎片"式的法治建设,只有在法治整体性的统率之下才可能获得完整的性质。我们可以设法在法庭的布局上做适合法治需要的变革,也可以在诉讼程序上做适合法治需要的改革,更可以在实体法律规定上作出适应法治发展的改变,但是它们都不是孤立的存在。

---

[1] [美]波斯纳:《法理学问题》,苏力译,中国政法大学出版社 1994 年版,序言。
[2] [德]黑格尔:《小逻辑》,贺麟译,商务印书馆 1980 年版,第 135 页。

它们应当在法治的统一性下融合成为一个统一体。在法治这个统一体中,各个部分之间相互碰撞、消解、融合,最终达成最佳的整合效果。

法治整体性对于法治具有重要的影响。具体说来,法治的整体性将影响法治的目标设定,影响法治的历史进程,影响法治的措施设定,影响法治的成果评价。我们在坚持具体法治建设的同时,甚至更要注意法治的整体性,坚持整体法治的观念,这将有助于法治全面地,而不是零碎地逐步发展,使法治更加迅速地得以推进。法治需要对法袍和法槌进行增设,也需要让律师们穿上律师的制服,但是这一定是不够的;我们也需要对实体法进行完善和对程序法进行修订,但是我们必须关注法治内外的各个因素及其对于法治的影响。笔者相信,在注重法治具体性的同时,注意到法治及其建设的整体性,会对我们的法治建设更有裨益。

二、法治结构的整体性

法治自身的内部是一个整体,由各个要素或方面有机联系地结合在一起。我国学者曾经从“法治状态的整合”的角度论述了与法治内在整体性相关的问题。他们认为法治的整合是指法治的一体化,是指法治状态的基本变量互为依存并结合成为整体,它包含静态整合即法治状态的整体特征,又包括动态整合即法治状态的黏合过程。他们提出并初步论证价值整合、适应整合和调节整合三种模式。〔1〕

法治不是一个简单的聚合物,而是由众多要素、环节有机地构成的整体。罗尔斯认为:法治和自由显然具有紧密的联系,法律秩序是一个对理性人提出来的公开规则体系,法治包含着“应当”的准则、类似情况

〔1〕 参见王人博、程燎原:《法治论》,山东人民出版社 1998 年版,第 228 页。

类似处理的准则、法无明文规定不为罪的准则、自然正义的准则。[1] 张文显教授认为,法治的要素为社会应主要由法律来治理;社会整合应通过法律实施和实现;立法政策和法律必须经由民主程序制定;法律必须建立在尊重和保障人权的基础上;法律必须具有极大的权威性;法律必须具有稳定性;法律必须有连续性和一致性;法律必须以公正地调整各种利益关系,平等地保护和促进一切正当利益为价值目标;法律应能有效地制约国家权力,防止国家权力的失控与异变;法律应力求社会价值的衡平与互补。[2] 我国学者一般都认为,法治包括立法、执法、守法和法律监督四个环节。[3] 王人博、程燎原认为法治包含四个变量,即观念模式、制度框架、组织结构以及法律秩序。[4] 在笔者看来,法治至少包括法治观念、法治原则、法治制度、法治组织和法治过程几个方面。[5] 法治的观念、原则、制度、组织和过程,是一个整体。他们相对独立,彼此结合,有机联系,共同构成法治的整体。如果我们忽略了观念重塑、原则确立、制度建构、组织改造和发展过程的任何一个方面或环节,整个法治都无法协调发展。

我们要把法治的每一个要素或者方面作为构成整体的单元来加以考虑。如果打一个不甚恰当的比方,我们是否可以说法治就好比一个水桶。法治的各个要素或方面,也就是构成法治这个“水桶”的“木板”,如果任何一块“木板”短了,都将影响整个法治的容量。

且莫说法治的发展,就是法治初步建立起来了,没有精心的维护,没有整体的完好状态,法治也同样会遭到破坏。古人早就说过“千里之

---

〔1〕 参见[美]罗尔斯:《正义论》,何怀宏等译,中国社会科学出版社 1988 年版,第 225~229 页。

〔2〕 参见张文显:《法学基本范畴研究》,中国政法大学出版社 1993 年版,第 290~298 页。

〔3〕 这是中国法学界对于法治的基本认识之一,大多数教科书和论著都持这一见解。

〔4〕 参见王人博、程燎原:《法治论》,山东人民出版社 1998 年版,第 189 页。

〔5〕 参见卓泽渊:《法的价值论》,法律出版社 1999 年版,第 255 页。

堤溃于蚁蛇”。千里之堤,溃于蚁蛇之洞的史实实在不胜枚举。蚁蛇之洞,不可谓不小,但是仅仅是一个个蚁蛇就足以毁掉作为整体的大堤。我们没有任何理由轻视法治的具体环节。我们应当强调具体,但是这是在整体视野中的具体,我们不能在“具体”的口号下忽视了“整体”,不能忽视那个由若干个具体构成的整体。就法治来说,我们的法律如果制定得不好或者制定的是恶法,显然我们无法实现法治。即使我们的法律制定得很好,但是得不到很好的执行,或者在执行中发生了严重的偏差,制定得很好的法律又有何用处?如果法律的遵守出了问题,情形也不会好,法治也不会得以实现。就法治的要素来说,法治的观念、原则、制度、组织和过程任何一个因素出现障碍,都会阻碍法治的发展或者使法治根本就无法建构。

法治的理论、制度与实践是法治整体的三个环节或方面。法治的理论是先导,它确定着法治的指导思想,主导着法治的发展方向。法治的制度是法治理论的文本化、规范化,它是法治理论转化为法治实践的桥梁和中介。法治的实践是将有关法治理论和制度予以现实化的客观路径与实际过程。法治理论、法治制度和法治实践三者的统一、协调是法治整体顺利发展的必要保障。在这三个要素的每一个单元中,又有自己内部的整体性问题。在法治理论内部,有各个部分的协调和发展问题。在法律制度内部还有实体制度与程序制度的整体性问题、公法与私法的整体性问题、宪法与各个部门法律之间的整体性问题等。在法治实践中,立法、执法、守法、法律监督之间有彼此协调等整体性问题。

法治建设中的城市与农村的整体性。中国社会的城乡二元结构也决定和影响着中国法治建设的二元状态。中国城市与乡村的差异,已经是不争的事实。农村与城市在经济发展、政治结构、文化意识、社会生活等各个方面都有重大的差别。这种差别就决定和制约了农村法治发展与城市法治的不同步性,也决定了在法治实际情形上的差别。但是中国的农村和城市又是一个整体,我们在农村和城市同时推进的法治建设是一个整体。城市和农村之间的种种流动因素,都使两个相对独立的单元之间彼此沟通和连接,相互影响,甚至在一定程度上整合。城市法治发展往往成为农村法治发展的先导,标示着农村法治发展的方向。

三、法治联系的整体性

法治不但自己内部是一个整体,法治与其外在的环境也应当具有多重的统一性质。这种与外在环境的整体性或统一性,也许我们也可以称为相关性或联系性。它包括法治与秩序、政治、经济、思想文化意识、道德现状、国际法治环境等各个因素之间的相互联系、相互整合或多重组合与连接。它们之间的关系情形决定着法治的成败与进程。

法治总是与一定的秩序状态相联系的,与一定秩序具有关联性。我们至少可以说,一国的法治建设首先是与国内的秩序环境相关的。没有秩序就没有法治,可以说是历史的经验总结。任何处于动乱与战争中的国家,都无法很好地进行法治建设。一国的法治建设与其所处的国际环境也是相关的。一个遭受别国侵略,或不断与其他国家产生和解决纷争的国家,要进行法治建设,总是特别艰难,甚至是不可能的。法治对于秩序的要求,是基础性和根本性的。一定秩序的存在是法治的前提,适合法治的秩序的构建是法治的目标。

法治总是与一国的政治环境紧密联系,与政治具有关联性。政治与法律关系的紧密,是不言而喻的。诺内特和塞尔兹尼克将法分为压制型、自治型和回应型三种模式,其划分的重要依据就是法与政治之间的关系状态。他们认为,压制型的法以法律与政治的紧密结合以及官方自由裁量权的蔓延为特征,法律是实现国家统治的工具。自治型的法则强调法律与政治的分离、政治意志与法律裁判的分离，法律被置于政治之上，但是法律仍然与法治国家密切一致。回应型的法赋予国家制度自我修正的精神，使法在保持相对独立性的同时，与国家形成稳定良好的共存关系。[1] 综观其整个理论，都始终肯定着法与政治之间的密切联系。法与政治不可分离，法治与政治也同样是不可分离的。首先，法治要依赖民主政治。人类的民主总是人类理性的产物。以理性为基础的法治建设必然要求以民主的政治构架为其条件。民主政治的先决存在是法治建立与存在的依据。历史和现实都反复说明，在专制政治之下，进行法治建设无异于水中捞月、镜中看花，毫无成功的希望与可能。即使不是专制政治，在不民主的政治之下，法治也同样不可能顺利建设和建立。其次，清明政治与开明政治是法治的起点。清明的政治和开明的政治，未必是民主的政治。一个社会如果没有民主的政治，至少也要有清明的政治和开明的政治。因为法治的萌生必须有适当的政治环境作为背景。也许有人会说，法治是对专制政治的反动，是在反对专制政治的过程中成长起来的。笔者同意这个看法。但是这个见解与笔者的主张并不矛盾。反对专制政治的最低要求应该包含着清明政治与开明政治的要求。而民主政治则是反对专制政治并进而追求的更高的政治目标。其实任何民主政治，在总体上都应当是清明的和开明的，只是清明与开明的政治未必是民主的罢了。

法治总是受一国经济状况制约，与经济具有内在的联系。法治首先要受经济体制的影响。法治是否一定要依赖市场经济体制，不同的学者也许会有不同的认识。但是就现代法治来说，我们完全有理由肯定地说，法治与市场经济体制是联系在一起的，法治以市场经济体制作

---

[1] 参见[美]诺内特、[美]塞尔兹尼克：《转变中的法律与社会：迈向回应型法》，季卫东、张志铭译，中国政法大学出版社 1994 年版。

为自己的客观基础。实践表明,在中国社会实行不恰当的计划经济时,民主难以存在,法治也难以建立。如果我们进一步分析法治与经济的关系,则会发现,法治的建立在根本上要依赖生产力的发展程度,它对于经济关系与经济制度的依赖也许更为直接。经济基础决定上层建筑的理论,在经济与法治关系上的具体运用是必要而可行的。其次,法治也要受商品经济发展的制约。在经济落后,人们没有剩余,没有商品交换,或者商品交换没有发展到一定程度的时候,法律产生不了,法治更实现不了。

法治总是与一国的思想文化,尤其是与一定的法律文化联系在一起,与思想文化尤其是与其中的法律文化具有极大的联系。思想文化的形成过程是渐进的,是具有历史性的社会现实或社会存在。它既具有主观的性质也具有客观的内容。在中国,专制主义或家族主义的思想、文化和意识总是法治建设的障碍。这里所言及的专制主义和家族主义并不是分离的。在中国的传统社会中二者曾经达到了高度的统一,甚至水乳交融地结合在一起,形成中国传统思想文化意识的两条相互交织的主线。历史发展到今天,中国社会虽然经历了种种洗礼。专制主义与家族主义深深地铭刻在意识的深处,体现在社会的各个方面,时时发挥作用。与整个思想文化直接联系又直接制约着法治发展的是法律文化。法律文化是整个社会文化的构成部分,又是一个相对独立的整体。“在法律文化运动过程中所形成的富有个性的具体的法律制度及其体系乃至学说、心理等等之间,不可能是处于互不相关、绝对排斥的状态,必定会构成一种‘总体’。”[1]“由‘法律文化’立场引出的一

[1] 公丕祥主编:《法律文化的冲突与融合——中国近现代法制与西方法律文化的关联考察》,中国广播电视出版社1993年版,第6页。

个结论是，对法律的文化诠释必定要超越各种孤立的和机械的法律观。”〔1〕作为整体的法律文化对于整个法治发展必然具有制约作用，并构成法治发展的重要条件和基础。

法治与一国的道德状态是联系在一起的，道德是法律重要的社会基础之一，又与法律相互联系。法律与道德是有明显的区别而不容混淆的两种社会规范，但二者之间又是紧密联系、不可分离的。法治需要社会良好的道德来辅助且与之并存。道德鼓励人们守法时，法律更可能得到最好的实施。如果道德对法律是抵触的，甚至鼓励人们去违背法律，法律就无法在社会中得到很好的实施和实现。特别是在民事裁判之中，在相关法律语焉不详或有所疏漏的时候，法官根据道德准则作出法律裁判的例证并不少见。〔2〕有学者认为：“在法律适用的过程中，司法官员有时引用道德原则作为自己判决的理由。这已经成为一条公理。无论是在法治社会中，还是在非法治社会中，道德原则都可以成为法官判决的依据。”〔3〕美国法学家庞德甚至认为，“法律是道德的一部分，亦是维持社会秩序不可少的一部分”。德国法学家耶利内克则认为，“法律是最低限度的伦理规范”〔4〕。国内法治建设与国际法治环境紧密联系。在国际化背景下的任何国家的法治建设，越来越不仅局限于一国范围内。国际经济的一体化和全球化，对各国之间法律的融通提出了新的要求。法律领域是否存在或者是否将会出现全球化的问题，也引起了包括中国法学家在内的法学家们的普遍关注。无论是赞成或是反对法律的全球化的学者，他们都不会否认一国法治建设要受

---

〔1〕 梁治平编：《法律的文化解释》，生活·读书·新知三联书店1994年版，第5页。

〔2〕 参见张文显：《当代法学思潮》，辽宁人民出版社1988年版，第248页；李步云主编：《法理学》，经济科学出版社2000年版，第499~501页。

〔3〕 李步云主编：《法理学》，经济科学出版社2000年版，第499页。

〔4〕 范忠信：《中国法律传统的基本精神》，山东人民出版社2001年版，第152~153页。

到世界上其他国家的影响的事实。从国际意义上讲,其他国家的法治情形、国际社会的法治情形都会对一国的法治产生影响,尤其会对每一个正在建设法治的国家产生影响。

有学者在总结中国法律传统时指出,“东亚大陆特殊的自然和人文地理环境、小农经济的生产方式、宗法性社会组织形态三大因素,共同构成了中国传统法律文化形成与存续的基本条件,即它的‘气候’和‘土壤’”[1]。是否仅仅限于这三个因素,还可以进一步研究。但是中国法律文化传统是多种因素共同作用的结果这一点却是毋庸置疑的。笔者曾经在自己的著作中提出法治国家得以建立的社会条件是经济的市场化、政治的民主化和意识的理性化。[2] 这几个方面本身就是一个整体,它们分别而又共同地与法治相联系,形成又一个层级的整体。法治的环境的秩序、政治、经济、思想文化意识、道德和国际法治环境,必须是相互大体匹配,总体协调的。他们共同或分别与法治建设之间,应当能够协调,并促进法治。否则,法治就会因与整体环境的不协调,或与各个环境因素之间的不协调,而受到阻碍。

总之,法治是与各种社会因素联系着的。它的发展必然要受各种社会因素的影响。“法律者,社会力也。故法规者,随社会之变迁,时间之经过,同时必变其形态;社会者,为一有机体,其组织无须臾静止,不仅为社会原子之各个人身体,因新陈代谢,常变更其组织,而社会自身,亦因其组成员之生产、死亡、移住常变更其组织。社会之组织自体,既如此变动不息,则为社会力之一状态之法律,以时间的观察之,亦常在变动的状态无疑也;惟为法规而表现之社会力,概观民众行为而表现适当其行为之通则者,故普通不因其概观圈内之微动,使法规外形受显著

〔1〕 范忠信:《中国法律传统的基本精神》,山东人民出版社2001年版,第59页。
〔2〕 卓泽渊:《法治国家论》,中国方正出版社2001年版,第101页。

之影响。然法律者,原为社会力显著之一状态,故无不随社会状态之推移而独归静止之理。纵使法规形体一时不呈变迁之迹,其实质必随社会之变迁而与之俱变,经时既久,与社会实状,必相为一致。”[1]

四、法治发展的整体性

法治发展过程具有整体性。从法治发展的时序性质、渐进性质、阶段性质、量变性质都可以得出法治发展是一个整体的结论。

法治发展的时序性质的整体意义。法治的发展与时间具有重要的关系。如前所引,“法律者,社会力也。故法规者,随社会之变迁,时间之经过,同时必变其形态”[2]。“社会之组织自体,既如此变动不息,则为社会力之一状态之法律,以时间的观察之,亦常在变动的状态无疑也。”[3]法治既是一个发展过程的时序整体,也是一个时间递进的时序整体。在时序上最典型的是法治的过去、现在与未来的整体性。法治发展的现实、历史与未来状态是一个整体。从时序来看,过去、现在、未来是依次连接的三个时间区间。其实他们也是一个由时序所构成的统一整体。现在与过去有分别,但是现在是由过去所决定的,现在不过是过去的继续。面对过去所存在的一切,现在实际上已经被过去所预设。过去的各种因素已经给现在留下了一个发展趋势的潜在构架。如果没有突变或偶然的原因,现在就会在过去的轨道上继续滑行或前行。而未来不过是现实的发展,也完全可以说未来被现实所预设和决定。

法治的发展过程是一个渐进的过程,而这个过程本身就是一个整

---

〔1〕[日]穗积陈重:《法律进化论》,黄尊三等译,中国政法大学出版社 1997 年版,第 1~2 页。

〔2〕[日]穗积陈重:《法律进化论》,黄尊三等译,中国政法大学出版社 1997 年版,第 1 页。

〔3〕[日]穗积陈重:《法律进化论》,黄尊三等译,中国政法大学出版社 1997 年版,第 1 页。

体。法治的从无到有,从局部到整体的发展,必须和必然有个陆续发展的过程。这个过程,尽管不是我们人为所能完全控制的,但是它有着自身发展的逻辑。

法治的发展是分阶段递进的过程。法治发展的阶段有许许多多的划分。有学者认为,法治的发展可以分为法治国家建设阶段和法治社会建设阶段,"当代中国法治的新走向:由法作为国家单向控制社会的工具,转到法成为国家与社会双重与双向控制的工具;由逐步实现法治国家,到最终形成法治社会"〔1〕。笔者曾经认为,法治建设的阶段划分可以认为,"提倡依法办事—主张依法治国—实现理想法治";"法治形成阶段——法治国家建设时期"和"法治完善阶段——法治社会建设时期"〔2〕。其实我们还可以进行更多的阶段划分。这些阶段表明了法治发展的渐进性。对于渐进的法治,其每一个阶段都是法治所不可缺少的。法治发展的每一个阶段都是一个相对独立的整体,若干个阶段共同构成一个更大的整体。

法治的发展是一个量变的过程。从没有法治到开始建设法治,是一个质变;从法治建设到法治形成也是一个质变。概言之,从非法治到法治,就是一个质变的过程。在法治的这个过程中又有一些标志性质的突变和巨变,但是任何突变与巨变,都是以不断发展的量变为基础和前提的。没有量的积累就没有质的飞跃。量变的过程是一个整体,量变与质变共同形成法治的发展变化的过程。这个发展的全过程,也是一个整体。

五、法治的整体优化

整体与部分之间既存在整体大于部分之和的可能性,也存在整体

〔1〕 郭道晖:《法的时代精神》,湖南人民出版社1997年版,第505页。

〔2〕 卓泽渊:《法治国家论》,法律出版社2003年版,第304~309页。

小于部分之和的可能性。从整体观的视角来看,我们所谋求的无疑是整体大于部分之和,即整体的优化,而不是整体小于部分之和的整体恶化。

法治是由众多要素与方面,以及多个发展阶段所构成的统一整体。法治这一整体必然有一个何以整体优化的问题。法治作为一个整体,要实现整体优化的目标,必须注意到以下几个要点:

一是构成法治的各个要素、方面和过程应当是优化的。没有部分的优化就没有整体的优化;没有法治构成要素和发展过程的优化,就不可能有法治整体的优化。无论是认为法治由立法、执法、守法和法律监督等环节和方面构成,还是认为法治由观念、理论、制度、实践等几个环节和方面构成,又或者认为由其他若干环节或方面所构成,那么,法治的每一个环节都必须是优化的,才能确保整个法治的优化。如果认为法治发展是一个过程,这个过程的每一个阶段都应当是优化的。只有每一个阶段都是优化的,我们才可以说整个法治的发展过程是优化的。各个要素的优化并不是指孤立的个别性的优化,它是以法治整体优化要求作为外在条件和基础的。在任何一个环节或方面的优化中必须也必然以整体的优化要求作为首要的条件。

二是法治各个要素与方面之间的机制应当是优化的。优化的法治,不仅是各个要素要优化,而且各个要素之间的结合也应当是优化的。若干要素要构成一个整体,就必须有一种和谐的机制将它们连接起来。这种机制就是它们之间的有机联系的固有、规律性、动态的结构过程与结构状态。法治各个要素之间的联系、制约、互动构成了法治的内在机制。这种机制的优化对于法治的运作具有特别重要的意义,它在实际上决定着法治的情形,当然也就决定着法治的好坏优劣。

三是法治的优化是一种整体状态的优化。首先,这种整体优化是构成要素与结构机制的统一。对法治各个要素的建设目标和要求的设定,都必须从整体出发。具体的法治建设也必须从整体法治优化的大前提出发,具体构建每一个法治的要素、方面或环节。各个要素的优化状态必须是能够达成整体优化的状态,而不是孤立的一个要素的优劣。法治要素之间的结构机制也应当是优化的。它们的内在联系是法治整体优化的极为重要的方面。各要素与机制的全面的优化才构成法治的整体优化的全部内容。其次,法治的整体优化追求的是优化的整体结果,即追求的是"整体大于部分之和",而不是简单的部分相加,或"整体小于部分之和"。"整体小于部分之和"的情形是有可能出现的。它是"系统处于无序状态和结构不合理的表现。如果一个集体内部组合不好,整体功能发挥不出来,整体就会小于部分之和"[1]。

六、结语

法治是一个整体,法治具有内在的、相关的以及发展的三重整体性。法治的整体状态是由法治内在各个部分——包括要素和方面所构成的。至于法治的整体性,无论是从法治自身的内在结构或是法治的对外联系上,我们都可以清楚地认识到。法治的整体性质包括法治的各个部分(各个要素与方面)共同构成了法治的整体这一属性,还包括法治的外在联系和外在相关性质。法治内在结构的整体性是法治整体性的最基本、最重要的方面。

对法治的整体性认识应当具有这样的基本理念:第一,构成法治的各个部分,是一个整体,他们相对独立又相互作用,在冲突、协调、消解、吸收、融合中形成一个法治的结构性质的统一整体。这个整体中的要素、方面以及他们的组合方式与机制直接影响着法治的整体功能与效用。因此,我们必须重视法治的每一个要素、方面和过程。

---

[1] 谢龙主编:《现代哲学观念》,北京大学出版社 1990 年版,第 346 页。

第二,法治与相关的各个方面相联结,与政治、经济、文化、道德、习惯、宗教等相互作用,并构成一个个相关性意义的统一整体。法治属于更大范围和意义上的部分而与其他社会存在具有相关性和一定层面的整体性质。

第三,法治是一个发展的过程。法治具有时序性质、渐进性质、阶段性质,以及量变与质变相统一的性质。其中最为典型者乃法治是一个由过去、现在和未来的时序状态所构成的时序性质的统一整体。这是法治发展意义上的整体属性。

第四,法治是一个静态与动态相结合的开放的整体。从法治的内在结构看,它倾向于静态;从法治的发展整体性质来看,它倾向于动态;从法治与其他社会因素的关联性质上看,法治似乎同时具有大体相当的静态与动态的双重属性。法治作为一个整体,从内在结构、外在关联和发展过程上讲,都是一个开放的体系。

第五,由法治内在部分构成的法治整体,其性质比各个部分的性质更为丰富,而且具有只属于作为法治整体才具有的新性质。

第六,我们应当从整体法治的视角和要求出发来建设法治的每一个部分,来认识和评价法治建设中的每一个部分。法治要素与机制的优化,是法治整体优化的要求。法治整体优化谋求的是法治的整体大于其各个部分之和。

我们所追求的法治是整体意义上的法治。

【附记:本文曾发表于《现代法学》2003 年第 2 期】

6. 法治结构模式的再认识

法治的结构模式是指法治各个要素、各个层次相互关系的确定性状态，是各个要素、各个层次固化的结构关系。法治结构模式是对法治的总括，理想的法治结构模式既是未来法治的理想预设，也是法治建设的奋斗目标。为什么在法治的建设中，我们还要提出并研究法治的要素结构，是因为在漫长的法治建设中，我们难免出现目标的失落与内容的偏颇。因此，深化对法治结构模式的研究，是在法治建设过程中始终把握法治目标与内容的需要。法学界对法治的研究很多，但是对其结构模式的关注甚少，尤其是在法治的持续推进中，人们往往会不自觉地忽略法治的结构模式。在此也只是抛砖引玉地力图引发人们对此问题的关注。

一、认识法治结构模式的意义

认识法治模式是启动法治建设的需要，深化认识法治结构模式则对于继续推进法治建设具有重要的意义。

首先,认识法治结构模式有利于人们把握法治的整体性,防止法治建设畸形发展。法治是一种整体的社会现象与社会状态,尤其是理想的法治一旦形成,即具有相应的固定状态,并持续存在,因此必然有其相对确定的结构模式。它包含着法治的不同要素之间、层次之间彼此连接、联系、互动的关系,表现为法治的要素联系、层次结构所组成的整体状态。无论是要素结构模式还是层次结构模式,都是表明的法治的整体状态。法治是各个元素的综合体及其结果状态的总称,包含着各个元素的作用、联系、结构、互动等。

其次,认识法治的结构模式有助于人们在法治建设中确保法治的全面性,防止将法治建设片面化。法治的结构模式可以使我们明晰法治的全面性,避免将法治片面化。法治的要素是多个的,层次是多面的。在法治建设的过程中,尽管不同的要素或层次也许有不同的法治目标与要求,但是任何一个要素或层次都是不可忽略,必不可缺少的。法治要素与层次的整体性,对法治建设提出了全面性的要求,也就必然要反对法治建设中的片面行为。

最后,认识法治结构模式有利于人们尊重法治的过程性,防止将法治建设简单化为政治运动。明晰法治的过程性,避免将法治运动化。期望法治各个要素的齐头并进是应该的,但是实际上是难以做到的。法治发展的过程中不同要素当然会有先有后,不可避免地会渐次发展。法治的各个层次的发展形成也有一个不断进步的过程。这种过程性也就决定了法治的长期性。法治的长期发展就要求我们避免将法治的发展作为习惯上的政治运动来认识和推进。运动方式有利于法治的快速推进,但也存在将法治建设运动化,而难以恒久坚持的问题。

对于法治的结构模式,可以进行多角度的描述,但是最基本的应该是法治的要素结构模式和层次结构模式。

二、法治的要素结构模式

法治的结构模式体现着法治的要素联系，是法治要素有机联系而构成的统一整体。理想的法治要素结构呈现出内在协调、外在统一的结构特征。

法治是由立法、执法、司法、守法、法律监督等要素构成的。这些要素是为法学界甚至为社会大众所熟知的。但是有以下的两点，我们必须予以充分注意。一是这些要素之间的有机联系和协调关系，直接影响着每个要素的外部环境与效能发挥。就这些要素之间的联系来说，立法作为执法、司法、守法、法律监督的前提，对于执法、司法、守法、法律监督有着前置条件的意义；执法、司法、守法与法律监督的状况影响着立法的效果；执法、司法、守法相互作用、相互制约、相互影响，互为环境。二是各个要素的情形及相互关系形成了法治的整体。法治的要素结构模式包含着要素彼此之间的联系，也包含着各个要素与整体之间的关系，决定着法治的整体状态。

法治也是由主体要素、客体要素等构成的。主体之间的关系或联系、相互作用与影响制约着法治。主体与客体之间的结构关系也是法治的要素之间的关系。首先，从主体角度看，法治主体是法治最基本的元素。社会活动主体是多元性的，法治的主体也是多元的。作为法治主体的，人们常常称为自然人、法人，有国家公务人员、国家机关、企业、事业组织、公民等。大体上可以划分为自然人、法人和非法人社会组织三大不同类别。每一类主体都有自己的独特性，因此他们对于法律的意义是不同的，在认识上当然地不可简单等同。不同类别的主体有着不同的特性与特征，在法治之中，有着不同的参与和活动方式。法律对他们主体地位的确认与设定都是不同的。他们也会具有不同的功能与作用。其次，从客体看，法律调整对象是法治结构模式中的必要元素。

法律是对特定社会关系、行为和事件进行调整的规范体系。作为法治客体的要素的为特定的社会关系。法律是调整社会关系的,但是法律只调整应该由法律调整的那部分社会关系。法律调整社会关系的范围是有限的,对于被法律调整的社会关系,人们称之为法律关系。从立法的意义上可以说,法律关系是由法律调整所形成的,它是法律调整的结果。但是,我们必须清楚的是,如果一个社会关系不属于法律关系的范畴,已经制定的法律便不予以调整,它就不是法律调整的对象。法律行为和法律事件都是具有法律意义的。前者是指特定的人或组织,在一定意志支配之下的动与不动的外部状态;后者则是指不以人的意志为转移的具有法律意义的客观情况。

法治还是由政党、立法机关、行政机关、司法机关与社会组织等要素及其活动等构成的。所有的现代法治都包含着这些基本元素,中国法治的结构状态也不例外。在中国,法治要素也许包括着政党依法执政、立法民主科学、司法公平正义与社会普遍守法四个。其中,最重要者是政党、社会两个要素。首先,就政党要素而言,政党的依法执政,在中国现实中也就是中国共产党的依法执政。中国共产党能否依法执政,在什么程度上依法执政,在政治意义上决定着法治的成败。这是中国法治建设面临的重大问题与关键环节。其次,就社会因素而言。强调法治的社会因素,就必须明确社会是由各个成员与组织构成的。社会构成因素的法治化转化,对于法治具有根本的影响。要使法治的社会要素得以建立,就必须使法治成为各个社会成员与社会组织内在的性质与要求。

三、法治的层次结构模式

法治的结构模式还包括法治的层次结构。法治结构是有层次的。从不同角度来考察,可以发现和认识到法治的不同层次。

法治有形式法治和实质法治的层次的差异。所谓形式法治,也就是法律之治,其强调的是形式意义上的法律至上,表现为有法必依。所谓实质法治也就是良法之治,其强调的是实质意义上的法律至上,表现为良法必依。法治的这种分别只是一种理论上的概括,其实形式法治也并不是没有价值内涵,并不是不追求崇高价值目标,而仅仅是它的突出特征是法律之治,体现为有法必依。同理,实质法治并不是要抛弃形式法治,它是对形式法治的深化和升华。法治发展之初也许只是形式意义的法治,但是随着法治的发展,法治之终必须是实质法治。值得我们特别注意的是,目标是实质法治,但并不意味着在实现实质法治的时候就要抛弃形式法治。在实质法治实现的时候,形式法治的精神依然被保留着,并成为实质法治的最基本要求和最基础的状态,成为实质法治的构成部分。一定要摒弃实质法治是对形式法治的否定的观点。实质发展是形式法治质的飞跃的表现与成果,是形式法治的升华,但是它并不是对形式法治的简单否定。在实质法治实现的时候,形式法治就蕴含其中。

法治包括观念层次、原则层次、制度层次、组织层次、实践层次和现实层次,分别表现为法治观念、法治原则、法治制度、法治组织、法治实践和法治现实六个方面的法治化状态。六个层次的法治状态各具特色。我们所说的法治意识、法治理念、法治精神都属于法治观念的范畴。法治观念属于法治的认识层次,是关于法治的总的思想认知。加强法治观念的培养,加速法治观念的全面确立,是法治建设重大的思想文化工程。法治原则是在法治观念引导下,人们将法治指导思想加以提升、锤炼、精练而形成的,并得到社会普遍认同的确定性概括。法治制度是法治实实在在的客观需求。没有相应制度的建立与完善,法治就没有制度载体。法治实践是将法治观念、原则和制度加以具体化的过程。它是法治建设的关键层次。只有在实践之中形成了法治,法治才是社会的和现实的。如果说法治实践是法治的动态过程,法治实现则是法治发展的静态结果。由于法治发展具有无限延展性的特点,法治的实现始终只是相对静态的,它将随着实践的发展而不断完善。法治的这种层次结构与解析,有利于人们将法治看作观念、原则、制度、组织、实践与现实的统一整体。只有在各个层次全面实现法治,整体的法治才可能得以建立或者实现。

【附记:本文曾发表于《法学论坛》2007 年第 5 期】

7. 法治文化建设

法治文化建设是我们面临的重要任务，它对法治具有重要的意义，是法治得以建立的意识基础与基本要求。建设法治文化是建设法治国家的必需。只有在良好的法治文化基础上，法治建设才可能具有深厚的文化基础与持久的文化支撑。

一、法治文化的内涵和意义

法治文化是有利于法治建设和发展的制度、理论、意识和观念等的总称，属于法律文化的范畴，是法律文化的构成部分与重要内容，是理性而现代的法律文化。

法治文化包括一个社会关于法治的法律制度、法律理论、法律心理等。法治文化中首要而基本的是适应法治要求的法律制度。就法律制度的总体而言，并非都适合法治或者符合法治要求的，但是作为法治文化构成部分的法律制度必须是以法治作为其内核与目标的。在法治文化之中，相关的法律制度总是最基础、最稳定的部分。制度是文化的外化，也是文化的构成部分,法律制度当然不例外。法律制度代表了特定时代人们对法律认识的主流状态。法治时代的法律制度总是那个时代法治文化的典型代表与独特表现。法律制度是特定时代,特定政治权力郑重拟制的重要文件,其文化寓意极为典型与充分,是众多制度中最具有代表性的部分。除了法律制度之外,法律理论同样是法律文化的构成部分,而且是必不可少的部分。作为法治的基础和表现的法治理论,是每个时代人们对于法治认识的最理性表达。法律的理论学说是法学理论家们的贡献,是他们对法律进行理论研究的产物,是他们的思想成果。法律理论对法律制度的发展具有先导意义,是一个时代法律发展的认识前提。法律心理是特定时代,社会大众或者特定人群关于法律的内在意识。法律心理与法律理论都属于法律意识的范畴。换句话说,法律意识包括法律理论和法律心理。法律心理包括人们对于法律的各种心理态度,包括拥护或者反对、肯定或者否定、热爱或者敌视等。法律制度、法律理论、法律心理都是特定时代法律文化的内容也是其重要的表现,法治文化也同样体现在这几个方面。

法治文化是法律文化的构成部分。法治文化是现代社会文化的重要组成部分,是现代法律文化的重要内容。法律文化的定义纷繁,有些学者认为法律文化泛指一些有关法律的现象,包括公众对法律制度的了解、态度和认识;也有学者认为法律文化是指一定社会中人们所持有的关于法和法律制度的思想、价值、态度和观点;还有学者认为法律文化包括人们对法律、法律机构和法律官员以及法律专业人士等的认识、价值观念、态度和信仰等。其实,法律文化就是关于法律的制度、认识、态度等的总称,是指与法和法律现象有关的制度、理论、心理和传统学说的总体。法律文化的外延比法治文化更为广泛,法治建设必然要求建立起相应的法治文化。法治文化是法律文化在现代社会中重要的表现形态。法律文化萌生于法律产生之时,是法律产生、发展的必要条件、认识基础和推动力量。古代社会的法律文化,并不包括现代法治文化这一部分。古代社会关于法治的认知,也只是现代法治文化的思想根源与文化基础,而不是现代法治文化本身。法律文化发展到近现代,才萌生、发展最终形成了法治文化,成为法律文化在现代社会的基本内容与重要标志。

法治文化是理性而现代的法律文化。如果说法律文化有理性与非理性的差异,那么法治文化就应是理性的法律文化。人类社会自发形成的只能是人治,并不会是法治。法治是人类在理性的指导下自觉努力的产物,是人类在理性指导下的社会实践。法治的建立必须有理性的法治文化作为支撑。人们只有在理性的法治文化的基础上才可能建立起法治的大厦。在法律文化不正常或者畸形的情况下,将法律文化理性化为法治化的法律文化,是非常必要和重要的。法治文化是现代社会的产物。它是为适应人类现代法治的创设、形成和发展而产生的。随着社会的法治发展,人们逐步形成了现代法治观念与意识,使法治文化的内涵和内容不断丰富发展,以至于形成了现代洋洋大观的法治文化,成为现代法治的坚实基础和文化根基。

法治文化对于立法具有重要的作用。立法是一个时代法治发展的重要方面,也是一个时代文化发展的重要标志。在缺乏文化基础的社会中,是不可能制定出先进的法律制度的。在没有法治文化的社会里,不可能制定出符合法治要求的法律制度。如果立法是以法治为目标的,它就必须以法治文化为基础。立法者,如果被理解为法律的起草者,也许是法律的行家里手;如果被严格理解为立法机关的代表们,显然,他们中的大多数,甚至绝大多数都不是法律专家。法治文化在立法过程中的作用是不容轻视的。无论立法者是法律专家或者非法律专家,他们都会受到法治文化的支配。法治文化,对于他们来说都会在无形无影之中,以超文字,甚至超语言的意识状态对立法发挥着主导作用。无论立法者是谁,立法者的法治文化观念都会伴随着立法者,与他们一道,如影随形,并深达灵魂,藏于内心,发乎立法过程之中,体现在立法结果里。法律不过是形形色色立法者法律文化状态的外化。它依赖立法者的法律文化水平,当然也受制于立法者的法律文化水平。立法发展的程度只能是低于或者等于立法者的法律文化水平的。因此,要提高立法水平就必须提升立法者的法律文化水平。

法治文化对于法律适用的作用是巨大的。法律适用对于法律的意义是不言而喻的。没有法律适用,再好的法律都不可能产生出应有的社会效用,既不可能达成法律追求的目标,也无法实现法律自身的价值。法律适用是执法或者司法官员运用法律处理相关事务,将法律适用于具体的人或案件的活动。任何法律适用都是由具有一定法律文化的官员来进行的。法治文化对于官员执行法律的活动具有极为重大的作用。官员执行法律的活动离不开他们对于法律的文化认知,并以他们的法治文化作基础。在处理法律事务时,他们至少是把对法律的文化认知和对于法律的制度认知作为工具使用的。就处理法律事务的具体实践来说,官员的法治文化甚至还有优先于制度稽考的作用。在处理某个法律事务时,官员常常并不区别哪些是来自文化的认识,哪些是来自制度的认识。他们往往都是按照他们既有的法治文化认知来处理事务的。只是在内心无法确信或者需要确切的法律条文引证时,才会仔细查考法律的已有规定等。法律文化在官员适用法律时发挥出内在影响力,左右着法律适用的过程与结果。

法治文化是人们守法的社会意识基础。法治文化是人们在法治社会中的行为根据之一,也是人们守法的心理基础。法律是人们行为的准则,是人们必须遵守的规范,法治文化在一定程度上发挥着促进法律实现的作用。在助推法治实现上,甚至比法律制度来得更为自然,更为基础。在法律制度与法治文化二者之间,一般的人们都会出自本能地,更经常地以自身的法治文化作为行为根据，而不是以法律的制度性规定作为行为的根据。特别是一般的没有经过法律专业培训的大众，他们对法律的理解更多的是文化意义上的。他们作出行为时，也很少会去考证法律的制度性规定，往往都是凭借自己对于法律的理解，实际上是基于自身的法治文化而作出。法治文化对于社会公众的守法具有隐性的影响力。其影响的性质与方式是隐性的，但并不意味着其作用是细微的或者可有可无的，恰恰相反，其影响正是巨大的、直接的、在有意无意之中的。

二、建设法治文化的目的

法治文化是可以建设也应当建设的。虽然人们将法治区分为演进型和构建型两个大类。其实，真正的法治都不是天然生成的。任何国家的法治发展，即便是那些演进型的法治，其发展也同样需要人们积极地推进，都离不开人们主观能动性的发挥。任何法治都不会从天而降，绝对天然形成的法治都是不存在的。规范和制约公权力的法治建设是一个漫长的历史过程，在它的进程中，建设法治文化就是一个基础性、长期性的工作。要使这项工作能够持之以恒地进行，对于其目的的认识就特别必要，它是坚持法治文化建设的内在动力和认识基础。

建设法治文化的一个重要目的，就是为法治建设提供文化基础。法治建设是具体的社会实践，是重大的社会工程，法治国家的建立对于各国的发展都具有极为重要的意义。法治建设不是一种无意识的盲动，也不是人类行为的偶然结果，它是特定国家发展进步的划时代标志。法治是人类智慧的产物，是人类社会管理的经验总结，是人类进步的理性成果。法治或者法治国家建设成败的影响是巨大的。它涉及社会的方方面面。法治是一个重大的社会实践，它必须要有坚实的思想文化基础。法治文化最前沿和坚实的部分就是一系列法治理论。法治理论是人们对于法治的理性的认识,它熔铸了人类有史以来的关于法治的文化精华,是法律文化的时代精髓。法治文化理论部分包含着众多思想家的贡献,也包含着对法治实践的科学总结。法治文化中理论建设的好坏制约着人们对法治认识的科学程度,决定着实践的成败。我国目前进行的法治建设,是社会主义建设的构成部分,社会主义法治理论是中国特色社会主义理论体系的重要内容。必要而充分的思想文化包括理论建设是法治实践的先决条件和重要保障。

建设法治文化的重要目的在于建立一套完备的法律制度。法律制度无疑是法治文化中最具有代表性的部分,是法治文化的集中表现,是法治文化中最定型的载体。尽管人类的法律始终处于不完备之中,任何完备都只具有相对的意义,但是法律制度完备一直是人类的梦想,也一直是人类法律进步的重要动力。法律制度处于法治文化的核心,进行法治文化建设的重中之重和首要之举,就是要建立起满足法治建设需要的制度体系。制度建设是法治的首要环节。如果说“有法可依,有法必依,执法必严,违法必究”是法治的基本要求,其中的“有法可依”就是对法律制度的描述。法治总是以一定的甚至相当完备的法律制度作为前提条件和首要环节的。在粗疏简略的法律制度基础上,不可能建立起现代法治。法律制度的畸形与失误必将影响法治建设的进程和法治发展的情形。

建设法治文化的又一个重要目的,在于建构崇尚法治的社会意识。法治的建立不仅仅是制度的完备,也不仅仅是某种制度的切实施行。法治必须依赖深刻的社会意识基础,依赖人们对于法律的笃信,依赖人们的法治信念与信心。法律的确不是上帝的神圣赐予,它是人类自己为自己制作的行为准则。但是它所具有的极大权威性和强制性,使其具有了任何人都不可侵犯与违反的性质。人们对于法律的敬畏,是法律被遵从的意识基础之一。法律如果可以被游戏和儿戏,就失去了其神圣的地位和至上的权威。建设法治,必须为其奠定尊崇法治的社会文化意识。一个社会能否建立起法治,一个先决的条件就是这个社会有无尊崇法治的心理,是否培养起了追求法治的信念。有了这种心理和信念,社会大众才能自觉地维护自己的合法权益,自觉地同各种违法犯罪做斗争,自觉地举报违法犯罪。有了这种心理和信念,行政官员才会自觉地依法行政,自觉接受法律的约束和监督。有了这种心理和信念,司法官员才会把法律视为自己的生命,而有为法律献身与牺牲的精神。建立不起尊崇法治的法治文化,法治就没有希望。

建设法治文化的目的,还在于为法治建构守法观念。对于法治来说,守法是至关重要的。在良好的法治状态之中,法律并不主要是依靠暴力来强制实施的,它更多依赖人们的自觉遵守与服从。不管多么好的法律,也不管执法者如何暴力与血腥,只要社会公众都不自觉遵守,它的存在必然岌岌可危。也许有人会反对"法不责众"的说法,但这个违法之"众"真正大到绝大多数社会成员的程度,法不仅无法"责众",它本身的存在都会成为问题。这样的法律一定会因社会公众的反对而被推翻或废止。守法在任何时代都是极为重要的。任何法律如果没有社会的自觉遵守或者没有多数成员的自觉遵守,都不可能产生应有的社会效果。法治总是以普遍的守法作为基础的。没有普遍的守法,必无普遍的法治。培养守法意识,达成守法目标,是法治文化的重要作用,也是建设法治文化的直接目的之一。建设法治文化的重要目的之一,就是让全体社会成员学会如何守法,养成自觉守法的社会意识。我国的普法可以说是对全民法治文化的一种培养,有利于全民法律意识的普遍提高。实践证明,普法的社会效果是极其显著的。许多公民正是在一次又一次的普法培训中,学习了法律制度,增强了法律观念,成为法治的推动力量。

建设法治文化的重要目的更在于在全社会树立法治精神。法治精神是深藏人们内心,并作为人们行为根据的自觉意识;是鼓励人们坚守法治的精神支柱和内在动力。对于法律知识的学习是重要的,它是执法与守法的前提。对于法治的理性认识也是十分重要的,没有这种深刻的认识,法治就缺乏理性的支持。但是相对于法治精神来说,它们都是等而次之的,因为法治精神的确立可以给其主体以最深刻、最稳固的心理支撑,它可以使法治获得的不仅仅是知悉、认识和理解,而是一种深层次的心理认同和内在渴求。法治精神是崇信法治、遵从法治、维护法治的心理根据,对于法治社会的建立,将具有极为重大的作用。

三、建设法治文化的措施

开展法治宣传教育,提高公民的法律意识,在现代就是要建设法治文化。法治文化不同于法制文化,它关注的是法治原则与法治精神的实现,而不仅仅是法律的贯彻实施或者公民的普遍守法。一般的法制教育不过是劝导人们守法的教育,它并不必然地要求人们规范和约束权力。在法治文化中,人们有约束权力的意识。因为任何公权力在根本上都是来自人民的。人民民主就必然要求对所有的公权力予以有效的规制,以确保权力对于人民的忠诚。保证权力的正当行使——不当行使就是违法;保障权力的充分行使——不行使就是渎职,也同样是违法。运用法律约束权力的目的在于使权力永远具有忠于人民的本质,始终为人民服务。如果认为权力是约束公共权力的国器,那么权利就是人民及其主要元素公民和法人的法宝。在法治文化之中,人们除了具有良好的权力观念外,还具有积极的权利意识,也具有正常的义务观念。为权利而奋斗不应仅是个别人的行为,而应是社会普遍的行动。权利的充分实现为社会增添了活力与动力,使社会更具有张扬而开放的美德。

国家主导、民众推进是建设法治文化的基本模式。在没有法治传统的国度进行法治教育,必须由政府主导。没有政府有计划的培养行动,法治文化建设的速度就会减缓,就会遇到更大的障碍或者阻力。在建设法治文化上,政府主导会比其他任何方式都更为有效。因为,现实社会并不是一个法治文化的真空,其间已经有了形形色色的法治文化。现在我们所说的法治文化建设,内含着对既有法治文化的更新。要彻底清除旧法治文化的消极影响,确实非一般主体所能为,非国家先导而不可言他。国家拥有独特的公共权力,其本身就具有改变或影响社会成员思想意识和行为方式的力量,当然也具有在一定程度上改变人们法治文化认识与社会法治文化状况的能力。在所有的权力中,国家权力是最大的,在权力的影响力上也肯定以国家权力的影响力为最。运用国家权力来更新法治文化,只要方法得当,显然是最有效的捷径。

民众的推进在法治文化的建设上始终是最重要的。法治文化是社会整体的文化,是普遍存在的文化,是要依赖大多数社会成员认同并共同拥有的文化,法治文化最深刻的社会基础是民众。法治文化的建立形成最根本的是民众法治意识的建立形成。离开全体人民谈法治文化建设,就完全是不切实际的幻想。不论是从法治文化建设的艰巨性还是从其基础与主体的视角,都可以得出相同的结论,即必须动员民众,依赖民众的广泛参与和积极推进,法治文化才可能得以建立。中国近代以来法治的经验或者教训都可以得出这一结论。没有民众的广泛参与,法治文化建设难以进行,法治永远只是设想,不会成为现实。人民群众是法治的推动力量,也是法治文化建设最普遍、最广泛的主体,他们的参与具有根本性和决定性的意义。人民群众缺位,法治文化就不可能得以顺利建设。法治文化建设要尊重人民群众的创造精神,发挥人民群众的主体作用和主力作用。如果说人民群众是法治建设的决定者,那么他们更是法治文化建设成败的决定者。

国家主导、民众推进的法治文化建设要求党政机关和法律机构主导法治教育。中国的法治文化建设与法治建设的进路是一致的。这种教育中,一是执政党必须发挥积极的领导作用。执政党必须依法执政,做守法的模范,身体力行地推进法治宣传教育,为全社会法治文化建设服务。二是各级人民政府必须严格依法行政,率先守法,成为守法的楷模。人民政府的守法状态直接关系着行政权力的运行状态,尤其是人民的权利能否获得有效的法律保障。法治政府必须是依法办事的和自觉守法的政府。三是法律机构必须严格依法办事,司法必须公正。法律机构适用法律,办理案件的情形,对法治文化具有极为重大的影响。冤假错案的发生必然会动摇人们的法治信念,法治文化不仅不能被很好地建设,甚至可能遭受严重的破坏。

法治文化建设是一个复杂的系统工程。要高度重视并全面开展法治文化建设工作,首先,我们就要动员各种力量投入到法治文化建设中来。各个机关、事业单位、各级各类学校、企业组织,以及其他社会组织都应当关注和参与法治文化建设,形成推进法治文化建设的合力。政府各个部门,教育、文化、宣传机构要通力合作,协调行动,共同营造出法治文化建设的良好氛围,并切实推进法治文化建设。其次,我们要充分发挥人民群众的积极性与创造性,在实践中创造出多种多样的法治文化宣传、教育、传播的方式方法。要开展直接和间接的法律宣传教育,运用广播、电影、电视、文学、艺术等各种形式、各种途径来推进法治文化建设。最后,我们要重视文化、法律文化的整体性,将法治文化放到文化建设、法律文化建设的整体中加以推进。文化是一种整体性的社会现象,各种文化和文化的各个方面相互交织,相互影响。我们要把法治文化建设融入整个文化建设和法律文化建设之中。法治的元素要浸润和体现在文化的各个方面。要使法治在文化的各个方面都以其独特方式得以自觉地表达与表现,最终形成一种文化的法治自觉。这样的法治文化才能真正深入人心,固化为人们的思维方式、行为方式、行为模式乃至思维与行为的习惯。

法治文化的建设是一个渐进的历史过程。法治文化的形成是一个社会过程,它在主体上是不特定的各种各类社会成员;它在过程上是一个渐进的历史过程。法治文化主体上的广泛性和时间上的渐进性都决定了在其建设上的艰巨性。要动员全体社会成员,持之以恒,常抓不懈,经过一个时期的不断努力,就可以逐步形成法治文化,使法治成为绝大多数公民的行为方式与模式,成为一种社会状态、社会秩序。若能如此,中国法治建设就能得以建立。法治文化建设是一个艰难的过程,但是其一旦建立就可以使法治获得最有力的支持和最恒久的生命力。中国法治建设必将因法治文化的建设而获得无限的动力与活力,取得应有的成功。

【附记:本文为笔者撰写的“第 20 讲　法治文化专题”的文稿,载《领导干部学法用法读本》,法律出版社 2011 年版】

8. 弘扬法治精神与树立宪法信仰

法治精神是在法治建设中逐步形成,并为法治主体乃至全体社会成员不断内化而成的思想意识。社会主义法治精神是全面推进依法治国,建设法治国家的心理基础与精神动力。宪法信仰是法治精神中的核心要素,也是重要内容。宪法信仰虽然有别于法治精神,但是没有宪法信仰也就没有法治精神。弘扬法治精神与树立宪法信仰,是社会法治建设必须高度关注并不懈努力的两个联系紧密的重要方面。

一、弘扬法治精神

法治发展是若干主体从不同角度与方面共同推进的结果。法治精神对于法治主体来说,则是他们内在的心理基础与精神动力。法治精神对法治发展发挥着极为重要的推进作用,并且是法治得以维系的精神动力。

(一)法治精神在法治建设中的作用

首先,法治精神是法治发展中主体自觉的动力。

法治发展,对于一个国家和社会而言,是一次耗时长久的社会旅程,是一个异常漫长的历史过程。对于一个渐进的演进型法治发展来说,其过程甚至需要数百年之久。英国的法治发展就是其中典型例证。从17世纪的资产阶级光荣革命以来,英国的法治就在历史的演进中不断生长,逐步发展。像法国、美国,其现代法治也有两百多年的历史。即便是构建型法治的发展,至少也需要一两百年的推进。当今世界的社会主义国家都是采用建构型方式努力推进法治的。中国的法治建设如果从清末起算,到现在也已经是百年之久了,社会主义法治从1949年以来也有几十年之久了,现在依然在追求的道路上艰难行进。在法治发展的漫漫长路中,是什么激励着世世代代一路前行,法治精神无疑是其中最为重要的精神力量。法治精神是激励主体自觉、支撑主体持之以恒的内在动力。它使各个主体在法治发展中的活动成为一种自觉。

其次,法治精神是法治发展中凝聚力量的核心。法治的建设者包括所有的拥有巨大权力的国家机关、无数社会成员、遍及全社会的各种社会组织。他们要同心协力,形成推动法治发展的合力,法治才可能得到较快的推进。他们靠什么来凝结,法治精神就是其间最为重要的精神力量。法治精神是连接各类社会主体为法治而努力的黏合剂、凝结点。在法治精神的带动下,各个主体都秉持共同的理念,朝着一致的方向,为着同一的目标而各显其能。没有法治精神,各个主体都各行其是,必然毁坏法治的整体性,破坏整个法治。强调要坚持依法治国、依法执政、依法行政共同推进,也就是要作为治国主体的人民,作为执政主体的中国共产党,作为行政主体的国务院和各级人民政府,形成合力,共同推进法治建设。将这三大主体连接起来,协力推动的力量有多重、多种,其中一定有着极为重要的精神力量。这个精神力量就是法治精神。

最后,法治精神是法治发展中战胜困难的法宝。法治发展不会是一帆风顺的,在其发展中一定会遇到各种阻力,遭遇各种障碍,甚至会遭遇各种挫折。影响和阻碍法治发展的因素是多元的,也是巨大的。它们可能是历史的、现实的,体制的、机制的,政治的、经济的、文化的,等等,面对这些阻力和障碍,各个主体用什么来凝神聚气,克服困难,回答就是必须要有法治精神。改革开放30多年来,中国法治一路走来,是什么在支撑中华民族的法治追求。是现实需要,更是法治精神。没有法治精神这个法宝,法治一旦受阻就可能一蹶不振。正是有法治精神的存在,人类在法治上才能一往无前、百折不挠,甚至越挫越奋。中国的法治发展为此做出了最好的历史注脚,也将成为后来者可以借鉴的成功范例。

(二)如何在全社会培育法治精神

法治精神如此重要,何以才能培养法治精神,这是法治建设中的超级难题。其努力的方面是很多的,我们可以从以下几个方面来加以考虑。

第一,用法治化的制度来奠定法治基础。法治必须坚定不移地推动,最基本的保证是制度。法治最首要的前提就是法治化的制度。没有这种制度,是无法真正启动和推动法治建设的。法治总是在人治基础上启动的。人类靠什么来启动法治,又靠什么来消除人治传统的影响,克服传统思维与观念?建设法治大厦必须以法治制度作为根基。所以推动法治都是首先从制度入手的,用法治化的制度来为法治开辟道路,奠定基础。这样的法治才可能拥有坚实的制度平台,这样的法治才不会坍塌。

第二,坚决反对非法治的各种人治。法治与人治是人类治国理政的两种方式。二者是根本对立,不可兼容的。只要有人治存在,法治就不可能得以建立或者推行。因此,实行法治就必须反对人治。但是人治并不是单一的现象，它也是一个极其复杂的治国理政的手段。它也有不同的表现形式。在历史上它有时表现为英雄人物、伟大领袖的个人之治，有时表现为个别暴君、独裁者的极权专制；有时表现为少数人的集体之治，有时还表现为某种权威之下的规则之治；有时表现为充满专横的暴政之治，有时表现为充满仁爱的仁政之治；有时表现为礼治，有时表现为德治。不一而足，这些都必须被彻底摒弃，法治才可能得以建立。

第三，无论遇到什么困难都能坚守法治。法治的发展中可能遇到各种障碍，而且可能是一个克服了又有新的困难出现，直至法治的最终建成。法治精神是在不断战胜困难中形成和发展的。必须无所畏惧，不断克服困难乃至克服一切困难，法治才能得以形成，才能不断发展。否则法治就必然止步于相应的困难面前，要么无法形成，要么无法被坚持。考验法治建设者的正是他们如何应对各种挑战，如何百折不挠地坚守。

第四，用司法审判来维系法治精神。法治精神必须靠司法来维系。司法的状况是法治的“晴雨表”，也是检验法治的“试金石”。各种案件能否被依法审理和裁判，是法治精神存废的标志。为此就必须有相对独立、强大、权威、不受非法干预的司法机关。它通过司法审判，几乎能纠正所有违反法治的错误，随时校正法治持续发展的方向。这种司法机关是在独立公正权威的司法体制与机制下存在的。现有的司法要保障法治精神的存续，还有相当大的困难。因此，必须努力推动司法体制的改革，确保司法能够成为法治精神的载体、保障、体现。

第五，用道德滋养法治精神。道德的力量是伟大的，道德的存在方式是多样的。道德蕴含在社会的各个方面，浸润在社会文化的各个层面与环节，并以思想意识的方式发挥出深远的影响力。道德在社会生活的各个方面普遍存在，具有深刻而广泛的影响。道德浸润在法治的方方面面，对法治精神的养成具有特别重大的作用。必须运用道德来推进法治精神的培育。

二、树立宪法信仰

信仰是人们对于某种事物包括精神存在，所予以的极度尊重、崇尚、信服乃至作为其行为信念、准则与目标的状态。树立宪法信仰是树立法律信仰、法治信仰的首要内容。诚如卢梭所言："一切法律之中最重要的法律既不是铭刻在大理石上，也不是铭刻在铜表上，而是铭刻在公民们的内心里，它形成了国家的真正的宪法。"宪法信仰就是要使纸面的宪法成为人们心中的宪法，成为人们信守的宪法。我们倡导宪法信仰的目的在于使人们尊重宪法、尊崇宪法、敬仰宪法，使人民因为宪法而获得权利的保障，而获得幸福的生活。

（一）宪法信仰是法治信仰的重要内容

法律信仰有广义与狭义之分。从广义上讲，宪法信仰属于法律信仰的范畴，是广义的法律信仰的构成部分。在广义的法律信仰里，宪法是龙头，是火车头，宪法信仰牵引带动着整个法律信仰。它虽然是法律信仰之一部分，但是如果没有宪法信仰便没有法律信仰。宪法信仰又与狭义的法律信仰相并列，具有自己的特殊性。宪法内容、地位、效力的特殊性决定了宪法信仰对于法律信仰的意义。

当然在法律信仰之上的是法治信仰。法治信仰是对法治的尊崇与信奉，是在一般法律信仰之上的更高理性的部分。没有对于法治的信仰，宪法信仰也不可能建立。在法治信仰中，宪法信仰无疑是其中最为重要的构成部分。法治首先是约束公权的，而宪法几乎全部的内容都是调整公权及其相关关系的。法治关于约束公权的根本点决定了宪法信仰在法治信仰中的特殊地位。任何一个法治国家，在具有法治信仰的同时,都必须具有极为重要的宪法信仰。既然要有法治信仰,当然就必须要有宪法信仰,因为宪法是法上之法,是根本大法。没有法治信仰顶端的宪法信仰,整个法治信仰都不可能建立。

宪法是法律体系顶端的明珠,是法律体系最为重要的构成部分。对于法治的信仰,当然包括对于整个法律体系的尊崇。对于整个法律体系的尊崇又必然以对宪法的尊崇为首要。因为宪法以外的一切法律法规,在逻辑上都还存在因违反宪法而被撤销的可能性。一切与宪法抵触的法律法规都将归于无效。正是因此,宪法的地位是神圣的,是不可违反的,是一切法律法规都必须予以尊崇的。没有比宪法更高的法律。在我国,比宪法更高的只有人民意志,它是直接从人民意志中衍生而出的最为神圣和权威的规则体系。

有人不赞成法治信仰,当然也不赞同宪法信仰。其理由往往是,人们无法知道这个法或者这个宪法是良法还是恶法。这个理由表面上看来十分有道理。法有善良与邪恶之分,对于恶法当然不能信仰。其实它是根本就没有道理的。我们当然地要反对恶法,当然地不会也不能信仰恶法。人类社会千百年来的法律,在总体上都还是良法作主导的,否则我们就无法看到人类社会的进步。至于偶然的恶法,是我们要努力消除的对象,但是这绝不能成为我们信仰法律的障碍。正如我们说"要坚信人是要吃饭的",但是可能会有人反对我们这样说,理由是"无法知道这饭里有无有毒物质"。显然这个道理是不能成立的。含有毒物质的饭,的确有,但那只是个案,根本不是多数,更不是全部。所以我们要以某些饭含有毒物质就否定所有的米饭,显然是错误的。我们要因此就不吃饭,那更是荒唐的。再说,我们一般所持的宪法信仰当然是针对良法性质的宪法。只要是没有特别场合和特殊情形,只能也必须作出这样的理解。绝不能因为偶然的恶法性质的宪法存在,就丧失或者拒绝普遍的宪法信仰,若是,就必然流于荒谬。

（二）宪法信仰是民主与法治的时代要求

之所以说宪法信仰在这个时代特别重要，是因为我们正处于一个走向民主与法治的时代。在走向民主和法治的过程中，必须建构法治信仰，包括宪法信仰，并以此来推动宪法实施，确保民主与法治的实现。

宪法本身就是民主的要求。宪法产生于资本主义，是资产阶级革命胜利的成果，是资本主义民主的根据，也是其民主得以维系和发展的制度基础。直至现在，如果没有资本主义宪法也就不可能有资本主义法治化的民主。社会主义民主是对资本主义民主的超越。资本主义民主要依靠其宪法来作为前提、根据、保障，社会主义民主也必然如此。社会主义民主不是走向资本主义民主的反面，而是要以其优越性超越资本主义民主。社会主义民主更加真实，社会主义宪法必然更加体现人民民主的深刻内涵。一切法律法规都是宪法之下的规则，宪法直接来自人民。它是人民意志的最直接的产物，也是人民意志的最忠实的记录。在人民尚未修改它之前，它就是人民的意志。人民修改了它，它也不过是人民意志新的代表、记录。以宪法保障民主更能实现人民当家作主。

宪法本身就是法治的要求。如同民主一样，资本主义的法治也是资产阶级革命的产物，而且与资本主义宪法相伴随行。资本主义宪法作为资本主义法治的先导，引导与统率着整个资本主义法治。离开了资本主义宪法就谈不上资本主义法治。资本主义法治中宪法的至上地位和统帅作用就决定了资本主义宪法信仰对于其法治的意义。在社会主义国家，宪法的地位也是十分崇高的，甚至比资本主义宪法具有更崇高的道德基础和现实效力。因为其真正的归属是更为广大的人民群众，是全体人民。其比资产阶级、资本主义的宪法的社会基础、群众基础更加深厚。社会主义法治的建立必须以其宪法的切实施行作为前提。在建构社会主义法治信仰的时候,必须首先重视对于宪法信仰的建设。

(三)何以树立宪法信仰

明确宪法信仰的意义是重要的,而树立宪法信仰是至为重要的。树立宪法信仰是一个历史的过程。在这个过程中,需要不懈努力,不断地强化宪法的意义,并切实地施行宪法。要树立宪法信仰,必须从以下几个方面入手。

1. 使宪法成为公认的法律。宪法必须在人民和社会中获得公认,必须赢得社会成员的普遍认可。宪法只有成为了普遍的法律,才具有了社会的公共权威性,才能赢得全社会的尊重并被全社会所遵循。宪法具有普遍的意义,为公众所认可是特别重要的。不被公众认可的宪法是不可能被信仰的。社会诸多的责难与怀疑,必然会减损宪法所应有的权威与人们对其应有的信仰。社会的公认,是宪法成为信仰对象的前提。宪法要成为人们的信仰,就必须充分体现最大多数人的意志,赢得最大多数人的认同与支持。这是宪法的民意基础、群众基础、社会基础。这就对宪法的制定和修正提出了最高的要求,即必须是人民意志的体现。宪法是一个国家最高的法律,因此,如果让人民参与立宪、修宪,如何保障人民的立宪权和修宪权,是法学研究和法治实践都必须关注的根本问题。如果法律应当是人民意志的体现,那么宪法更必须是人民意志的体现。

2. 使宪法成为权利的法律。宪法是人民权利的记录,是人民权利的保障。这一点必须成为现实,才能真正赢得人民的尊重。人民是最广泛的社会主体,谁能赢得人民,就赢得了权威。必须用宪法来记载和保障人民的权利。只有使宪法成为人民权利的保障,才能真正地赢得人民的支持和拥护。这也是宪法能否成为人民信仰的决定性因素。人民的权利因宪法而得到保障,宪法就可以得到人民的信赖,如果有人违反,人民就可能奋起维护宪法。否则,宪法就会失去自己的群众基础,为人民所抛弃,成为人民的弃儿,根本就不可能被人民所信赖,更不可能成为人民的信仰。宪法的权利保障属性,必须在宪法条文中得到体现,必须在宪法实施中得到实现。宪法不能保护权利,或者只是虚假的权利承诺,就必然为人民所反对所怨恨,当然就不可能赢得人民的信任,更不会成为人们的信仰。

3. 使宪法成为民主的法律。宪法是民主的产物,必须始终是民主的保障。如果宪法不能保障民主,宪法的生命就必然会结束。就一般的宪法制度而言,它应该是由人民或者人民的代表来拟制、制定的。其内容必然体现人民的意志,确认和保护着人民的各项民主权利。其中包括一系列民主范畴的政治自由与权利,如言论自由、出版自由、结社集会自由,以及选举权、被选举权、人身权、人格权、财产权等。广大人民维护宪法,说到底维护的是人民的利益和意志,维护的是人民当家作主的权力。如果宪法成为专制的工具,宪法不为人民民主服务,就必然为人民所抛弃。宪法的民主性质与民主追求是宪法能够被人民信仰的重要原因甚至是根本的原因之一。宪法的民主性质要体现在宪法的制定、条款、修订、程序等各个方面。只有属于人民的宪法,体现和保障民主权利的宪法,才会是人民信仰的宪法。

4. 使宪法成为法治的法律。宪法是为了反对封建专制而在资本主义社会产生的。宪法必须为法治服务,必须以法治作为自己最直接的目标。只有使宪法成为公权运行的规则,成为制约公权的武器,宪法才可能成为法治化的法律。同时,也只有使宪法成为法治化的法律,才能制约公权,防止权力的滥用。制约权力、防止权力滥用永远是法治的直接目标。公权的状况与人民权利的状况是彼此消长的。当国家公权膨胀的时候,公民权利必然萎缩;当国家公权受到抑制的时候,公民权利必然有所保障。所以为了人民的权利就必须约束公权。防止公权的膨胀与滥用,是保障人民权利的现实要求。法治正是约束公权、保障人民权利的产物,并以此为使命。因此,只有始终是保障法治的宪法,才是具有权威并为人民所信仰的宪法。

5. 使宪法成为有用的法律。宪法要成为信仰,必须使宪法有用起来。一个软弱的,没有实际效用的宪法,是不可能被信仰的。如何使宪法切实有效一直是我们面对的难题。宪法的司法适用与合宪性审查问题,已经是我们无法回避的现实。维护宪法尊严、保证宪法实施的职责。一切违反宪法的行为都必须予以追究和纠正。我们必须将宪法加以全面贯彻,使宪法真正成为生活中的法律,成为任何机关、组织或者个人都不得违反的法律。只有宪法被实施了,宪法才能享有应有的权威,宪法才可能被信仰。在宪法的司法化与合宪性审查上还需要作出不断的、更多的探索。

三、弘扬法治精神与树立宪法信仰

法治精神中包含着宪法精神,宪法精神在相应主体中凝练固化即升华为信仰。宪法信仰是特定主体内在固化的心理依赖和崇高信念。

(一)宪法信仰是法治精神的核心与凝练

从外延上讲,也许可以说宪法信仰是法治精神集中表达的重要方式。宪法信仰是弘扬法治精神到达一定高度的重要产物,可谓法治精神的核心内容之一。法治精神的实质是约束公权、保障民权的精神,是崇尚法治、保障民主的精神。宪法信仰是这诸多内容的最核心部分。一旦进入信仰的层面,人们就不再怀疑其规范本身的正确性,而是在坚信其正确性的基础上奉行和坚守。当一般的法治精神升华到信仰层面,法治精神就获得了最高的心理认同。具有了法治信仰包括宪法信仰,人们就会在行动上不假思索、坚定不移地遵行。对法律包括宪法的遵守就变得理所当然、义无反顾。

在一定意义上说,宪法信仰引领法治精神。法治精神是对法治的崇尚和内化。宪法信仰是具有法治精神的人们对宪法予以高度确信而获得的精神成果。宪法是对人民民主、国家权力、国家体制、基本制度的集中确认与确立,是对一个国家法治精神的最高表达与体现。宪法信仰是凝练化的法治精神。由于其他法律法规都是宪法的具体化和延伸,因此宪法信仰的确立必然会有助于整个法治精神的确立与弘扬。

(二)树立宪法信仰是弘扬法治精神的内容与标志

法治精神要普遍地得以确立并被普遍地弘扬,法治国家、法治社会才能建立。法治精神的主体是多元的,首先必须是公权力的拥有者,其次必须是全体社会成员中的绝大多数。他们所具有的法治精神的载体,必须首先是国家的政治体制、基本制度与运行机制。国家的政治体制、基本制度、运行机制都是由宪法来设定的,并且依照宪法来实施。从法治精神的主体与载体的两个视角,都可以得出完全同样的结论,即必须首先依赖宪法。宪法信仰的树立,必然对法治精神的普遍化、普及化都具有重要的意义。

(三)将弘扬法治精神与树立宪法信仰结合起来

认识到了弘扬法治精神与树立宪法信仰之间的关系,就要将其运用于具体的法治建设的实践之中。在弘扬法治精神的过程中,必须突出宪法信仰的重大意义,突出宪法信仰的特殊地位;使宪法信仰因法治精神的铸造、传播、坚守而得到树立。在树立宪法信仰的过程中,不可忽视它是法治信仰的构成部分,也是法治精神的具体体现。将宪法在法律信仰、法治信仰中予以准确定位,将其与法治精神连接起来。以宪法信仰带动法治信仰，从而打造全社会的法治精神，锻造出坚韧不拔、确定不移、普遍信守的法治精神。我们要自觉地将弘扬法治精神与树立宪法信仰有机地结合起来。

【附记：本文为《宪法学习读本》之“第9部分 弘扬法治精神 树立宪法信仰”的原稿。该书于2016年由法律出版社出版。】

下篇　法治实践

9. 依法治国方略的内涵与目标

说到依法治国基本方略，我们就会问，什么是法、法治、依法治国？依法治国，建设社会主义法治国家的治国方略是如何确立的？它有着怎样的目标呢？

一、法、法治、依法治国

法是什么？这是一个基本而又重要的问题。"法""法律"是法律社会中经常使用的名词概念。从事法律或法学的学习，必须首先从认识"法"和"法律"开始。

（一）法

"法"在中国古代，被写作"灋"。《说文解字》对其解释为："法，刑也。平之如水，从水；廌，所以触不直者，去之，从去。"可见，在中国古代"法"是与"刑"相等同的。古体"灋"由水、廌、去三部分构成。其中的"水"旁意味着"平之若水"，即像水一样公平；"廌"，独角兽，中国古代传说中的神兽，它能够明断人间的是非曲直。在原始时代，人们发生了纠纷，就由它来裁断。它用其角去触谁,谁就会被认为败诉了,就是没有道理的“不直者”。“去”,据考证,其本义为出走、离开,后引申为去除、驱除等惩罚的意义。综观中国古体“灋”的含义,有裁判人间纠纷、惩办人间邪恶、维护人间公正的三重寓意,体现了中国古人对法律的认知与期待。各种语言中,都有关于法的单词。在绝大多数的单词中,都同时包含着法、公平、正义或者权利等含义,或者与公平正义的含义相关联。

法是人类社会发展的产物。人类在自己的社会生活中不断地探索法律和认识法律。在法律发展的历程之中,人们形成了关于法律的各种认识。随着人类社会的发展,到现代,人们逐步形成了对于法的基本认识,但也存在各种不同的看法。如果从事实层面来看,法的各种定义都应当包括这样的基本内容:法是由国家制定或认可的,以权利义务为主要内容的,由国家强制力保证实施的社会行为规范及其总称,以及包含相应社会行为规范的规范性文件。行为规范也可以被称为行为规则。也许行为规范的表述比行为规则的表述更概括一些,相应地,行为规则的表述也许就更为具体一些。

法的这一定义表明了法是人类的社会行为规范。法是人类的行为规范,表明了人对于法的主体性质。非人类的其他任何动物或者物质都不是法的主体。人在法中具有根本性的主体意义。法所调整的是人的行为。既然法是人的行为规范,人的思想而非行为的领域并不是法所调整的对象和范围。法是社会规范,是人在社会之中的规范。法的社会性质使人类个体的、纯粹私人的、非公共的空间不成为法的调整范围。法只调整人的具有社会性质或意义的行为。作为社会规范的还有道德、习惯、传统、教规、纪律等,法与这些社会规范的区别,在法的基本特征部分还将进一步讨论。

法的这一定义也表明了法是特定社会行为规范的总称。法是一系列特殊规范的总和,是由大量同类规范构成的。法既可以指具体的某一或某些法律规范,也可以指法律规范的总称。在人们没有特指具体哪个法律规范的时候所称的“法”,即统称的是所有的法律规范。人们在社会生活中,经常使用的“依法办事”“依法治国”“有法可依、有法必依、执法必严、违法必究”中的“法”均是在法的总称意义上使用的,它并不表明特定的行为规则。人们抽象地、一般意义上讲的“法”都是这一意义上的,都是泛义的总称性质的法。

法的这一定义也表明法可以指特定的规范性法律文件。严格地说,法律文件原本是法的载体,人们也常常将作为载体的法律文件与其内容混同,皆称为“法”。人们常说“行政处罚法是行政处罚的基本法律”;“婚姻家庭方面的行为,要遵守婚姻法”;“公司法是公司制度的基本法律文件”;等等。这里“行政处罚法”“婚姻法”“公司法”中的“法”都是指的相应法律文件。同理,在一般的表述中,对“某某法”的遵守与执行,其中的“法”所指的是相应的规范性法律文件,而非某一具体的法律规范或者所有的法律。

法的这一定义也表明了法的独特性质,即法由国家制定或认可、以权利义务为主要内容、由国家强制力保障实施等。法的这几个方面的属性使法与其他社会规范区别开来。由此衍生出法所具有的特殊规范性、国家意志性、国家强制性等基本属性。

“法律”则有广义和狭义的概念分别。广义上的法律,也就是法的含义,或者可以换句话说,法即广义上的法律。在这个意义上“法”与“法律”是完全等同而被相互混用的。人们常说的,“法”就是“法律”,“法律”就是“法”,也就是在这个意义上使用的概念。狭义上的法律则不同于法。狭义上的法律特指拥有国家立法权的国家机关——国家立法机关——依照法定职权和程序制定的行为规范,以及相应规范性法律文件的总称。据此推论,在我国目前,全国人民代表大会及其常委会、国务院及其各部委、省级地方人民代表大会及其常委会、省级地方人民政府等所制定的法律、法规、规章,都属于广义的法律的范畴,都可以统称为法。狭义的法律,则仅仅是指我国全国人民代表大会及其常委会制定的行为规范,以及相应的规范性法律文件。

(二)法治

法治是指以民主为基础和目标,以权力制约为重点的社会管理模式、社会秩序状态和社会生活方式。法治与人治和专制相对立,与民主密不可分。法治是近代才得以建立的。它甚至是以人治及其对人治的克服作为前提的,是资产阶级革命及其取得胜利的成果,是资本主义社会的产物。

民主是法治的基础和目标。民主是法治的基础,没有民主作为基础,法治就难免成为集权与专制。民主是法治的目标,没有民主,法治就会失去其归属。法治最终是为民主服务的。

法治的关键是对权力的制约。法治要求权力必须依法行使,必须受到有效的监督。只有实现了权力的依法行使与有效监督,法治才能成为现实。法治的重点在于对于权力及其制约的制度与机制设计。

人治是指依靠政治领袖个人或者集体的威信与智慧进行社会管理的社会模式。在人治状态之中,权力总是大于法律;领导人个人的威信和意志高于法律。法律成为权力的奴仆。在人治状态之中,并不是绝对地不要法律,而是法律被作为为权力服务的工具。当权力需要利用法律的时候,法律就被强调;当权力视法律为障碍的时候,法律就被抛弃。在人治状态之中,权力可以利用法律,权力也可以随意地亵渎和践踏法律。

说到法治必然联想到法制。法制是法治的基础。法制首先强调的是关于法律的制度建设,它为法治确立制度前提,奠定制度基础。法治是与法制相伴随的,是建立在完备的法律制度的基础之上的。因此,法制是法治的基础,法治是法制的深化。法律制度制定及其被切实实现是法制的目的。法治建立了,法制才能获得最好的立法环境和实施机制、实现条件。如果认为民主是法制的终极目的,法治就是法制发展的直接目标。只有奠定法制的基础,进而实现法治的目标,才能实现依法治国,建立法治国家。

（三）依法治国的内涵

依法治国是指依照法律治理国家的原则和方法。在我国目前说来,“依法治国,就是广大人民群众在党的领导下,依照宪法和法律规定,通过各种途径和形式管理国家事务,管理经济文化事业,管理社会事务,保证国家各项工作都依法进行,逐步实现社会主义民主的制度化、法律化,使这种制度和法律不因领导人的改变而改变,不因领导人看法和注意力的改变而改变”。依法治国是实现法治的路径,它与法治是根本一致的。虽然依法治国并不等于法治,但它是通向法治的必由之路。有时,甚至可以认为,依法治国实际是法治的另一表述,二者之间是一体两面的关系。现在依法治国已经成为我国治国的基本方略,其内涵丰富而深刻。为了对依法治国的基本方略有一个更为清晰的认识,有必要对依法治国作进一步的思考。

1. 人民是依法治国的根本主体

依法治国的主体可能因为具体的政治关系、法律关系的不同而有所差异。如何认识依法治国的根本主体则是推进依法治国所必须回答的前提性问题。在社会主义国家,依法治国的主体在根本上,必须也只能是人民。人民是国家和社会的主人,治理国家当然是他们的事情。首先,这是由社会主义国家的性质决定的。社会主义国家是人民民主专政的国家。正如我国《宪法》所规定的,中华人民共和国的一切权力属于人民。国家的一切权力都属于人民,治理国家的权力当然也属于人民。其次,这是由社会主义民主的本质决定的。社会主义民主本质上就是人民当家作主。既然是由人民当家作主,当然就只能由人民依法治国。最后,这是由人民的地位所决定的。在社会主义国家,人民成为了国家和社会的主人。人民的主人翁地位就表明了人民群众在治理国家上的地位和作用。

依法治国的根本主体是人民,人民就有权通过各种途径和形式来管理国家和社会事务。对于人民治理国家的途径和形式就必须予以足够的法律保障,使人民能够通过这些途径和形式来实现自己的主体权力和权利。如果对于人民治理国家和社会的途径和形式限制过多,就必然会限制人民民主,使人民民主形同虚设,人民的依法治国就会在实际上被取消。人民管理国家和社会的途径和形式不仅应是多种多样的,而且这些多种多样的途径和形式还应当是切实可行的,这是由社会主义国家依法治国的本质所决定的。依法治国在本质上是人民当家作主的体现,是人民民主的要求。

2. 依法治国的内容是管理国家和社会

对国家权力必须依法而治。依法治国首先体现为人民群众的依法治权。公共事务是一个统称,在现代社会中,首要的公共事务就是国家事务,其次是经济文化事业,最后是社会事务。就国家事务来说,大到国家的宏观政治决策,小到国家的社会日常管理,都离不开人民的主人作用的发挥。没有人民民主就没有国家事务的民主化管理。依法治国,在根本上就是要保证国家各项工作依法进行,逐步实现社会主义民主的制度化、法律化。这些都是从国家的大政方针与宏观决策的意义上讲的。在现实的社会生活中,还有许许多多的经济文化事业,它们同样是重要的公共事务,对于这些事务,人民同样具有当家作主的权力和权利。在社会事务方面,人民也同样具有主人的权力和权利。人民可以通过自己的参政议政以及监督政治,来实现自己的民主权力和权利。

我国宪法就规定了公民有选举权和被选举权,有建议、申诉、控告的权利等,这些权利的拥有和行使就是人民对于公共事务的管理权的实现。

3. 依法治国的根据是宪法和法律

依法治国的根据是宪法和法律,而不能是其他的任何事物。就法律制度的意义而言,依法治国首先就是要依照宪法来治理国家。宪法是一个国家的根本大法,是治国安邦的总章程。在依法治国中必须首先强调对于宪法的尊重和服从。依法治国必须首先体现为依宪治国。依宪治国是依法治国的首要和关键环节。其次,依法治国还必须遵守和服从其他法律制度。法制是一个整体,如果其中的某一个方面或者某一个制度甚至某一个规范被违反,都将涉及整个法制的效力,都会损害整个法制和法治的权威。所以,依法治国必须遵守宪法,必须在严格遵守宪法的前提下,强调对于其他所有法律的遵守。依法治国的根据是以宪法为统帅的整个法律制度,而不是其中某一部分或者某一方面。

4. 依法治国的最终目的是实现人民民主和保障人民利益

依法治国有多重目标,包括人民民主、社会稳定、经济发展等。但是依法治国的最终的目的是实现人民民主和保障人民利益。依法治国,就是要通过保证国家各项工作依法进行,逐步实现社会主义民主的制度化、法律化,使这种制度不因领导人的改变而改变,不因领导人的注意力的改变而改变。这一目标的设定,在具有专制文化传统的中国,具有特别重要的意义。过度崇尚权力、忽视民主的历史倾向,必须被修正。在依法治国的历程中,我们必须深刻理解人民民主和人民利益才是法治的归属,才是依法治国的归属。依法治国的一切努力在政治上的目标就在于实现人民民主和保障人民利益。

二、依法治国的社会目标

我国在依法治国上取得了许多重大成就，我们应当依照怎样的目标推进中国的依法治国伟大事业？

（一）民主完善

民主是依法治国必备的政治基础，完善的民主是依法治国的重要标志。依法治国是以完善的民主作为基础和目标的。民主完善最首要的内容是完善政治民主，最直接的内容是完善立法民主。

政治民主和社会民主是民主的两个最基本的方面。如果说社会民主是政治民主的基础，那么政治民主就是社会民主的前提和保障。在整个民主中，政治民主具有特别重要的意义。政治民主与依法治国是互为表里、相互包容的。从一定意义上讲，民主政治也是依法治国的构成部分和重要表征。政治民主的内容由法律来制度化、定型化，以便于实际操作和运作。政治民主的保障由法律来提供，法律不仅对破坏民主的行为进行打击，而且也要对政治民主的运行进行引导和规范，防止政治民主出现偏差。政治民主的根本内容就是人民主权。人民主权思想对于依法治国理论的建立具有先决的意义，对于依法治国具有指导性的意义。只有在确定的人民主权思想之下，依法治国才不会出现偏差，依法治国才是民主治国、人民治国，国家才是真正的法治国家。

立法民主是民主在立法上的体现，是依法治国的第一位的工作，也是依法治国目标在立法上的首要要求，是依法治国必不可少的重要方面。历史发展已经清楚地说明，现代的依法治国要求立法、执法、守法、法律监督的全面法治化。而所有这些都是以立法的民主化作为首要条件的。立法民主为依法治国奠定制度基础。通过民主立法创制的法律制度将内含法治状态的制度框架或理论格局。从一定意义上讲，依法治国的立法是立法者对一国法治状况的制度化预想,是一幅具有国家权威性的法治蓝图。执法、守法、法律监督无非是各尽其能地将其现实化而已。民主的立法被良好地实现了,这样的国家才可能是依法治国的国家。民主的立法无法实现,依法治国就成为泡影;如果根本就没有民主的立法,依法治国就毫无希望与可能。立法民主中既包括立法的目的民主、立法的内容民主,也包括立法的程序民主。立法目的的民主与否,直接关系立法的民主与否。一个为专制、集权目的而制定的法律是绝无民主可言的。无论这个法律的名称、形式多么民主,其结果必然是反民主的。其内容在有时也会表现得民主甚至很民主,但它往往都是在一方面赋予民主,在另一方面剥夺民主;在此处确认民主,在彼处否定民主;在总则中赋予民主,在分则中剥夺民主;在字面上确认民主,在行动中否定民主。仅有的些许"民主"实际上是不民主。有了立法目的的民主,立法的民主才可能成为现实。立法内容的民主是立法民主的核心内容。立法民主在根本上还是就其内容而言的。立法内容的民主是在民主的立法目的指导之下的。没有立法内容的民主,立法的民主就会成为空谈。同时立法内容的民主是以立法程序的民主作为保障的。没有立法程序的民主就没有立法内容的民主。立法程序的民主实际上是立法民主的条件和保障。

民主建设在中国具有特别的意义,完善的民主在中国的建立更加艰难。中国古代是大一统的君主集权国家。君主集权在中国具有独特而悠久的历史。这种传统具有深刻的社会根据。"中华农业社会由千百个彼此雷同,极端分散而又少有商品交换关系的村落和城镇组成。但是,对外抗御游牧人的侵袭,对内维持社会安定又是这个农业社会的全民性需要,这就有建立统一的、权威巨大的帝国的必要。然而,农业型的自然经济决定了,不能指望以商品交换形成的纽带来维系国家的大一统,只能依靠政治上和思想上的君主集权主义将国家大一统变为现实。”[1]“中华农业社会需要并养育了一个君主集权政体，而这种君主集权政体一经形成，又成为超乎社会之上的异己力量，它剥夺了人民群众的一切权利，将军、政、财、文及思想大权全部集中到朝廷以至皇帝个人手中。”[2]韩非提出“事在四方，要在中央，圣人执要，四方来效”[3]。以韩非等为代表的法家“认为国君拥有无上威权，对臣民畜养以供驱使；而臣民对君则必须唯命是从。臣民不具备独立人格，视、听、言、动皆以君之旨意转移”[4]。中国历史上的多数学派和思想家都拥有不同程度的尊君思想，甚至有一大批绝对尊君论者。这在整个世界历史上也是少见的。在这样的国度推进民主受到的习惯与传统的阻力将比任何其他国家更甚，中国的民主建设任重道远，而依法治国又必须以完善的民主作为前提和目标。民主完善是依法治国的法治国家与其他非法治国家的重要区别。

（二）人权保障

人权是人所应当享有的权利，是以人的自然属性为基础、社会属性为本质的，人被当作人来对待的属于人的权利。人权的权利范围与保护程度是一个国家进步与文明程度的重要表现，是不同类型国家的重要差别。国家的进步过程，其实也是人权内容不断丰富、发展的过程。国家由非法治国家向法治国家的转换，也是人权内容与保护的一次飞跃。人权保障状况是区别法治国家与非法治国家的现代标志。

并非任何时候任何人都能实实在在地享有人权。侵犯人权的事件在任何时代都从未绝迹，保障人权几乎是所有国家都必须担负的社会

---

[1] 冯天瑜等：《中华文化史》，上海人民出版社1990年版，第179页。

[2] 冯天瑜等：《中华文化史》，上海人民出版社1990年版，第181页。

[3] 《韩非子·扬权》。

[4] 冯天瑜等：《中华文化史》，上海人民出版社1990年版，第180页。

责任。在历史和现实中,许多国家都宣称要保障人权,少有国家宣称要侵犯人权。但实际的法律实践中,有的国家以法律制度来保护人权,有的国家则以法律制度来剥夺人权。保护人权者多为现代民主国家,剥夺人权者多为历史上的奴隶制国家、封建制国家和现代的一些非民主和法治的国家。在所有国家中,依法治国的法治国家是人权最有保障的国家,它本身就是以国家对公民人权的充分保障作为标志的。

法治国家与非法治国家的区别,不是法治国家中没有侵犯人权的事件发生,而仅是在于:法治国家侵犯人权的事件相对较少;侵犯人权的事件一旦发生,即能获得依法处理——侵权者必然受到应有制裁,受害者必能依法获得应有保护。也就是说,在法治国家中,人权能够获得相对较好的法律保障,而在非法治国家则不能。

人权反对人对于人的奴役,反对不把人当作人对待的暴虐。历史上的不把人当作人对待的社会和法律制度已经受到了人类的批判,但其踪迹并未彻底消除,偶然的侵犯人权的现象还不时地出现在人类社会之中。依法治国有人权意识的培养与人权法律制度的建设的内涵,尤其是人权在社会实际生活中的切实保障与充分实现的内涵。

实现人权的障碍是多方面的,其中有个体的、群体的,甚至特定组织的。人权首先是每一个个体的权利。一个人面对侵犯其人权的其他个体,甚至面对侵犯其人权的一定群体,只要有包括法律在内的足够的救济手段与途径,也是可以获得救济的。如果一个人面对的侵权者为一定的组织,其人权获得保护的可能性必然大大降低。如果一个人面对的人权侵犯者是特殊的组织——国家或其政府,而且是强权的国家或政府,那么人权被侵犯者根本就无法获得任何救济。因为,强权的国家或政府不仅不会保障人权,甚至还会制定侵犯人权的法律来剥夺人权。所以,人权的最大障碍是强大的国家或其政府对于人权的侵犯。对于作为侵权者的国家或政府,个人是无能为力的。要充分保障人权就必须制约人们作为个体最无可奈何的国家强权与政府权力。法治正是以限制国家或政府的专横作为重要目标的。依法治国的一个使命就是使国家及其政府依法而行。法治国家通过法律的途径直接地保障人权,法治国家还通过依法制约国家或政府的强权来保障人权。

(三)权力制约

权力,这里当然是指国家权力,它必须受到法律的制约。德国法学家耶林曾经论证,“伴随历史发展的进程,国家会通过自己制定的法律,不断地限制自己的政治权力和武装力量,不断限制自己的暴力属性”[1]。美国法学家博登海默认为,“法律的进步作用之一乃是约束和限制权力,而不论这种权力是私人权力还是政府权力。在法律统治的地方,权力的自由行使受到了规则的阻碍,这些规则迫使掌权者按一定的行为方式行事”[2]。

权力的根据并不在于权力的本身。权力的根据在于民众对权力的赋予以及民众对权力行使的认可。所谓选举、推举,不过是权力获得的过程而已。由于权力获得的过程不可能让所有的人都参与,甚至绝大多数人都无法直接参与,因此,怎么保证权力的赋予是正当的,就成为了一个十分困难的问题,于是就有一个对权力赋予过程的监督问题。人民将权力之一部分让渡于公共管理者的过程,站在民众的角度,是权力的赋予,站在管理者的角度,就是权力的获得。赋予与获得是权力移转过程的两个侧面。如果权力赋予与权力获得的过程没有制约,就无法保障这一过程是正当的,就无法保障权力赋予者和权力获得者在这

〔1〕 吕世伦主编:《现代西方法学流派》,中国大百科全书出版社2000年版,第296页。

〔2〕 [美]E.博登海默:《法理学:法律哲学与法律方法》,邓正来译,中国政法大学出版社1999年版,第358页。

一过程中的行为并未违反公众的意愿,甚至一定是公众意志的反映。至于权力行使,更不可能由每一个人来完成。它必须由公众依靠一定的程序认可的人代为行使,那么这些由公众认可而行使管理社会权力的人,其行为是否是为公众利益的,如何保证他们永远为公众的利益而工作,这就使对权力获得者的监督或制约显得必不可少。

任何国家权力无不是以民众的权力让渡与公众认可作为前提的。如果一个权力是由民众让渡,并为公众所认可的,我们即说该权力的获得与行使是正当的,否则该权力存在的合理性就有问题,该权力的任何行使都无法具有合理性。何以保证权力的让渡过程是正当的,就成为一个极为重要的问题。权力让渡的程序是权力让渡正当性的保证。这个程序应当是由人民设计,并用法律记载的。而且关键之处还在于这种程序被严格执行和遵守。权力一旦被让渡,再进一步的问题,就是何以保证被让渡出去的权力不被滥用。人民对于自己让渡出去的权力并不会不闻不问,而是还会时时关注,防止权力滥用的情形发生。人民用什么来制约自己让渡出去的权力,怎么制约自己让渡出去的权力就是一个重要而必须解决的问题。

制约权力正是在以上的意义上被提出的。受到制约的权力并不是直接执掌在人民手中的权力,而是被人民让渡出去的权力。如果把人民直接拥有的权力称为第一层次的权力,也可以把人民让渡出去的需要加以制约的权力理解为第二层次的权力。后面所谈及的制约权力都指的是第二层次意义上的权力。制约权力,在逻辑上主要应当是制约权力的行使。然而仅仅依靠对权力的行使进行制约也很难达到制约权力的目的,于是制约权力的获得也就进一步为人们所重视。制约权力也就不仅是指对权力行使的制约,而且包括对权力获得的制约。

权力获得与权力行使,总是少数人的事情。而独立存在的每一个个体都是有自己独立思维和相对利益的,他们在总体上都有一种背离集体或公众的倾向。对他们的制约就成为了必要的事情。在制约机制中,最有效的制约手段当然是法律。这是由两个主要的因素决定的。一是任何权力的行使一般地都是以法律作为根据的,并以法律作为权力行使的范式与轨迹;二是在制约权力的规范中唯有法有国家强制力做保证,并具有公认公知的特点。日本法学家川岛武宜在阐释法律的不确定性问题时说,"法律决定关系到我们的权利义务的重要内容,因为它涉及动用政治权力的强制。所以,法律必须明确意味着:依据法律对所发动的政府强制力的制约是明确的,我等国民互相之间谁的、多大程度利益得到确保也是明确的"[1]。有了相关的制约权力的法律,并不意味着权力就已经受到了制约。还需要把制约权力的法律现实化,使制约权力的法律成为社会的实际,这样也就达到了法治的目的,在制约权力的意义上也就实现了法治。法治必须首先治权,而且必须是依法治权。

能否用法律有效而科学地制约权力,是一个社会管理状况的评价标准之一,也是一个社会制度优劣程度的标志,也是特定社会是否存在法治的标志。在我国这个具有长期专制和集权历史与惯性的国度,强调对权力的依法制约具有特别的意义。制约权力在世界各国法治化历程中的意义已经为历史发展所证明,在中国依法治国的征程中,它是我们所不可忽略,必须予以特别关注并为之努力的。

(四)权利实现

法律是权利和义务的载体,也是一定数量权利、义务的总和。无论是强调权利还是强调义务,在逻辑上都具有同等的效果。因为权利的

---

〔1〕 [日]川岛武宜:《现代化与法》,申政武等译,中国政法大学出版社 1994 年版,第 152 页。

实现是以义务的履行作为条件的;义务的履行是以权利的实现作为目标的。权利与义务在数量上的相等,在关系上的对应,决定了在逻辑上只要权利实现了,义务也就履行了;只要义务履行了,权利也就实现了。其实,在实践中,由于权利义务的不同属性和人们对于权利义务的不同心态,情形迥然有别。因为权利对于其主体具有有利、有益的特性,能够调动权利主体享有权利或者实现权利的主动性与积极性。而与之相反的义务,却不具有权利的这种特性。一般说来,只要义务主体不具有高尚的人格和思想品德,就很难自觉地履行义务。在社会还没有进步到所有或者大多数社会成员都具有高尚品德的时候,就必然会存在人们对于义务的排拒,使权利无法实现。既然在逻辑上从权利入手与从义务入手都可能达成权利、义务得以实现的结果,首选权利作为着眼点、入手处当然就最为有效,更能张扬权利,扩展社会生活,使社会生活充满生机与活力。以权利为本位与以义务为本位就会导致完全不同的社会后果。因此,是坚持权利本位还是坚持义务本位是法治国家与非法治国家的重要的区别,以权利为本位是依法治国的重要目标。

要以权利为本位,必须考察权利保障的制约因素。权利的保障来自两个方面的制约:一是权利受义务制约;二是权利受权力的制约。因此,权利本位就要求为权利的实现而履行义务,为权利的实现而制约权力。

坚持权利本位,以权利的实现带动义务的履行。权利与义务是构成法的两大要素。在权利与义务之间,作何种价值选择,是任何法律时代都存在的法的价值判断。在权利与义务的关系上有着一种错误的认识,似乎二者之间只有一种关系,似乎学者们也认为只有一种才是正确的,即只有权利义务一致的理论和口号才是唯一正确的。实际上这是十分偏狭的。从不同的侧面认识权利与义务之间的关系,其结论自然就有所不同。在价值意义上,我们所应提倡的是权利先导。因为权利与义务在总量上是相等的。在理论上,似乎强调义务或者权利都是一样的,都能达到二者实现的目的。然而强调义务和强调权利的实际后果是不同的,因为每个人都有关心自我的本能。权利对于大多数人来说,具有比义务更大的号召力。因此从保障权利出发带动义务的履行,比从义务出发更加有效。权利本位的意义远不限于此,它还有利于社会权利的扩大和良性发展。

坚持权利本位,依法制约权力。这里的“权利”主要是指民众个人或群体的权利;这里的“权力”,是指国家权力。权利与权力有着重大的区别。首先,在终极意义上,权利是权力的基础,权力不是权利的基础。其次,权利要由权力予以保护,权利本身往往难以自保,而权力本身却有充分的自我保护能力。最后,权利本身不具有国家强制性,其保护要依赖权力,而权力本身就具有一定的国家强制性。权力与权利的区别就决定了,权力易于膨胀,而权利难以自保。在权利与权力之间,权利易于受到权力的侵犯。为了保障权利就必须制约权力。

要以权利为本位,必须有权利神圣的意识。这种意识的确立对于权利本位的确立具有至为重要的意义。一些社会成员轻描淡写地认为,权利不过是记录在法律上的符号。如果这样来认识权利,是怎么也产生不了权利神圣的意识的。权利实质上是一个人自由的体现,是一个人人格的体现。侵犯权利的行为是对于自由和人格的侵犯行为。对于权利的侵犯不是一个利害得失的小事,而是事关人格与尊严。如能把权利放到如此状态中去认识,就不会不尊重别人的权利。

三、依法治国的法治目标

(一)法律至上

法律至上是指法律具有至高无上的地位与权威的法治原则,它是法治中最基本的重要原则。法律至上是法学界所熟知的原则和口号，但由于种种原因，人们对它的误解、歧见长期困扰着我们，使我们难以名正言顺地提出和倡导法律至上的原则。

法律至上是资产阶级在其法治建设中提出的重要口号和基本原则之一。其意在强调法律在整个社会规范体系中具有至高无上的地位，其他任何社会规范都不能否定法的效力或与法相冲突。法律至上原则的提出和确立，对于人类的法治建设所具有的意义是不可忽略的。但它的提出显然不是一件容易的事情。法律至上，教规是否至上，权力是否至上，道德是否至上，政策是否至上？法律至上是否否定了经济的作用、政党的作用？法律至上一被提出，就面临着若干挑战。

法律至上并不反对权力，所反对的仅仅是权力至上。由于法律至上是对权力至上的否定，因此，有的人歌颂它，有的人否定它。其实，法律至上并不是对权力的简单否定。从一定意义上讲，法是权力的产物，没有权力，绝无法的产生和存在可言。法学理论和法的实践都说明，没有权力就没有法的产生(包括制定或认可)，也没有法的存在和贯彻实施。权力始终是法得以存在的依据。在法产生和存在的意义上，没有法律至上的问题。法既不可能超越社会物质生活条件、社会发展的历史进程和人类进步的实际状况，也不可能逾越或凌驾于一切权力之上。然而撇开这一意义，法与法律社会的各种具体的权力之间的关系就不再是一个简单的权力高于法的问题。甚至恰恰相反，任何个别权力的获得和行使都应当具有法的依据。法相对于各种个别的权力都应当具有至高无上的权威。法的制定和法的实施也都概莫能外。因为，除一些通过革命而建立的新政权的最初立法外，任何立法都得遵守法的规定，即依法立法；任何国家强制力的取得和行使都得具有法的依据，并依法行使。革命政权最初的立法，虽然不必遵守旧时代既有的法律规定，但是也还得遵守法的规律，遵照立法的原理乃至法的原理，而不能完全随心所欲。如何实现法律至上,面对权力,主要不是一个认识的问题,根本的是一个社会实践的问题。法律至上首先受到的挑战,是权力对于它的挑战。只要权力高居于法律之上,法律就只能是权力的附庸和奴仆,而无任何独立性可言。法律至上一旦受到权力的践踏,法治也就没有希望。所以,我们可以认为,肆无忌惮的权力是法律至上的劲敌。

法律至上并不反对道德,所反对的仅仅是道德至上。有的人认为,法律至上会导致对道德作用的否定,这是对法与道德关系的误解。法律至上与道德的作用并不矛盾,也并不否定道德的作用。仅仅是在道德与法律产生了冲突的时候,我们得依照法律作出相应的行为,而不是去依据与法律相冲突着的道德规范。首先,法与道德是两个相互联系而又相互独立的社会规范体系。它们在并不完全相同的领域发挥着各自的作用,肯定法的作用并不等于否定道德的作用。其次,法律至上并不等于法律万能。只能由道德调整的问题,也不能因法律至上而由法取而代之。最后,任何法都以一定的道德准则作为自己的社会基础并在一定程度上引导道德的发展,法律至上不仅不会否定道德,甚至可能在一定程度上有助于道德的完善和发展,所以切不可将法律至上与道德作用对立起来,以为法律至上会否定道德的意义。

法律至上并不否定经济的作用。有的人认为,法律至上会导致对经济决定作用的忽视或否定。这同样是对法律与经济之间关系的误解。法律至上与经济决定法是两个不同层面的问题。经济决定法,是最基本的法学原理之一,为历史和现实所反复证明。经济决定法是从法的本源意义上讲的。在终极意义上法始终是被经济所决定并为经济服务的。但是离开这一向度,就法对具体的经济关系和经济活动来说,显然就不再是从属的了。一切具体的经济关系和经济活动也都得遵守法的规定,符合法的要求,否则就可能导致违法甚至犯罪行为的发生。

法律至上是在经济决定法的基础上对法的地位的概括和期望,它与经济决定法并不矛盾。在具体的经济关系与经济活动中,法律至上是至为必要的。如果经济活动主体不依照法律的规定来从事自己的经济活动,就不能达到预期的目的。

法律至上并不否定政党的作用。现代民主政治或者法治政治并不是不要政党的政治,而正是充分正当地发挥政党作用的政治。可以说,在现代,政党在社会生活和政治生活中始终会具有重要的作用。我们所要努力的方向,不是不要政党,而是如何使政党更为科学地在国家和社会生活中发挥应有的作用。依照当代宪治的要求,任何政党、武装力量、社会团体或其他社会组织都必须在宪法和法律的范围内活动。在我国,宪法作出了类似的规定,作为执政党的中国共产党也在自己的党章中明确宣布,党的组织和党员都必须在宪法和法律的范围内活动。在我国,法律至上在本质上也与发挥党的作用不矛盾。因为,人民的政党必须也必然以人民的利益为依归,而真正的良法必须和必然是人民意志的反映。法律与政党政策在人民利益上统一了起来,因此坚持体现人民意志的法律至上,与坚持人民政党的领导并不矛盾而且是完全一致的。

(二)法制完备

法制完备是依法治国的必要条件之一。法制是指一国以法律制度为基础的,包括法律组织及其运行机制在内的法的整体。何谓法制完备,笔者以为法制完备首先表现为法律制度的类别齐全、规范系统而无一遗漏。凡是法律制度所应调整的,均应有法律制度调整;凡是由法律制度调整的,均应有恰当的法律制度调整;调整不同领域的法律制度应当相互衔接,有机协调;法律制度在执行、遵守、监督中的任何问题,均能在法律制度中获得解决。法制完备其次表现为有相应的法律机构存在,各种法律机构在组织上无所残缺。立法机构、执法机构、法律监督机构应有尽有。法制完备最后表现为法律与法律之间、法律与法律机构之间、法律机构之间是一个完整的整体,它们能通过一个共振协同机制和反馈调节机制相互协同地运作,并做出适应客观需要的反应,能进行有效的自我修正与调节。

从法律制度角度来看,法制包含着一个国家对于自己法制和法治发展的构想,记录着一个或多个民族对于自己法制与法治发展的期望。依法治国的实际运作总是首先从法律制度的废止与保留、维持与创新开始的。在成文法国家,法制建设是首要的,法律制度的变革意味着法的实施及其后果的相继变革。法治之路开端于建立完备的法制。即使是那些以不成文法为主的国家,也同样会在不成文法意义上通过一个个判例和习惯来达成法制建设的目的,为新的法律理想作铺垫。在中国,法制完备对于依法治国具有特别重要的意义。

首先是因为,中国是一个长期实行成文法并以成文法为主的国家,有着重视法的制度建设的历史传统,要依法治国必须注意到中国的这一历史传统,把法的制度建设摆到应有的位置。中国自古以来都以成文法为主要的法律形式,不成文法即使偶有存在也是补充性的,呈现为整个法制的枝节部分。翻开中国的法律史著作就可以发现,中国春秋战国时代就开始了对于成文法的探索,并使成文法传统逐步得以确立。有学者将春秋战国至秦代称为"国本位·成文法"时代,在"法、律、令、事"等法律形式之中,"法"与"律"是相对稳定的主要的法律形式。在西汉至清代两千年间虽然有"国、家本位·混合法时代"的称谓,但成文法依然是主导的基本法律形式。其间,法律形式为稳定型的成文法典,半稳定型的法令,与非稳定型的判例。其中绵延不绝的还是成文法。汉有《九章律》,魏有《新律》,晋有《晋律》,梁有《梁律》,陈有《陈律》,北齐有《齐律》,后周有《周律》,隋有《隋律》,唐有《唐律》,宋有《宋刑统》,元有《大元通制》,明有《明律》,清有《清律》。[1] 以后的中华民国时期,乃至以后的中国当代社会,都以成文法为主要的法律形式。

其次是因为,法律制度具有稳定性、确定性、明确性的特点,便于人们掌握与运用,可以在一定范围内防止依法治国中的偏差与曲折,加快依法治国的进程,有利于依法治国长期而有效地进行。法治的建设是一个社会演变的阶段性过程,花费的时间少则几十年,多则数百年。对于人类的历史长河来说,不过是一瞬间,但就人的生命来说,实在是太长了,它往往要耗费几代、十几代人的生命。在整个法治化的历程中,如何确保法治被始终如一、坚定不移地坚持,最可靠的不是别的事物,而是法制,是那些记录法治使命、包含法治目标、表明法治进程的法律制度和相应的组织构架与运行机制。法治的发展过程中发生畸变的悲剧在历史上并不乏先例。中国法治,包括法治国家的理想被提出来至少已经有一百年的历史了。但一百年来,经受了很多波折,法治还是在艰难行进。

最后是因为,法律制度、法律组织及其运行机制是法制建设的首要环节,没有法律制度就不可能谈及执法、司法、守法和法的监督等环节。法制和法治中都包含着立法、执法、司法、守法、法的监督,乃至更多的方面,法制还是依法治国的最基本的方面与内容。法制是法治的基础,没有法制就不可能有法治。如果有学者认为,法治可以在一片空白之上建立起来,那就纯粹是一种幻想。法治不论是作为一种法律原则、治国方略、社会状态,还是其他别的什么来看待,都要借助于法律制度,不管这些法律制度是成文法还是判例法,乃至习惯法。法,完备的法的存在是依法治国的一个先决的基本条件。法一旦产生就涉及它的执行与遵守、实施与监督的问题。执法、守法、法律监督是一个在立法之后的

[1] 参见武树臣等:《中国传统法律文化》,北京大学出版社1994年版,第六、七章。

有机整体,各种法律机构的建立和作用的发挥是法治成其为法治的条件。法治是在各种法律机构建立与依照一定机制运行的基础上建立的。为了适应法治的需要,既有的法律机构及其运行机制都必须作出适合于法治或者依法治国要求的变革。

(三)依法行政

行政是国家行使权力的重要方式,是国家对社会进行管理的基本途径。依法行政可以说是运用法律制约权力的重要表现。但是,由于行政权力具有与其他权力不同的性质,也由于依法行政与制约权力的视角差异,因此,在强调制约权力的同时,还有必要对依法行政予以特别的重视。

行政的特点要求行政必须依法。行政具有立法和司法等都不具备的特点。它的工作内容最为丰富,涉及的社会范围最为广泛,与社会民众的联系最为普遍,具有连续性、主动性、及时性与灵活性等特点。在行政权最小的国家,相对于其他国家权力而言,行政的权力也同样会是十分重大的。在所有的国家权力中唯有行政由于其独特地位与特点而难以被羁縻。一旦放松管束行政就可能肆行无忌,任意横行。以制约权力作为重要标志的法治,在制约权力的过程中制约行政权力的任务是最为艰巨的。行政能否依法进行,直接关系着一个国家能否实现法治。任何法治国家都以依法行政作为自己最基本的特征与非法治国家相区别,依法行政是依法治国的重要标志。

依法行政是行政的自觉与自主的法治化成果。制约权力是从权力之外对保障权力正常行使的要求,侧重于对权力的外在约束。依法行政既是着眼于行政权力本身而对行政权力所提出的要求,也是行政自律的法治化反映。与一般的制约权力相比较,依法行政更侧重于发挥行政权力的主动性与自觉性。依法行政不应当仅是外在的要求,而更应当是行政的内在自省。行政之所以应当依法进行，是因为行政本身就是法治的主导力量之一。一国的法治如果不是由该国在渐进的发展中自然而逐步生成的，就必须由一国的国家主导推进。法治发展的国家主导中，政府必然担负着重要责任。政府在其中必须运用权力，而运用权力的结果，听其自然，必然是强化权力，权力的膨胀与扩充完全可能在无意识中进行，因此，在推进法治过程中的政府的法治化自律就成为了十分必要的重要措施。

依法行政一是要保证国家行政权力的依法实现，使国家行政管理的职能被正确行使；二是要防止非法行政，保护公民的合法权益。依法行政是行政机关和行政官员对国家、社会、公民负责的统一。国家利益、社会利益、公民利益并不都是一致的，行政机关和行政官员只有以法律作为自己行政的根据，才能在国家利益和社会利益中寻找到一个最佳的结合点。只有依法才能使行政符合其本意。

强调依法行政的目的，不是要降低行政的作用与效能，而是为了防止行政权力的滥用，保障社会权利，保障公民的个人权利。依法行政有着限制权力的意味，但并不是不要行政权力或者不要行政权力的正当行使。如果滥用行政权力，直接受到损害的首先是个人权利，其次是社会权利。个人权利包括个人人权，既应当是经常存在不可须臾缺失的，也应当是不可侵犯的。与行政权力相对存在的个人权利极易受到非法行政的侵犯，强调依法行政，在一定意义上有利于保障个人权利。与行政权力同时存在的还有社会权利。社会作为一个整体是国家的基础，也是行政权力的基础，但是社会权利面对行政权力依然是软弱的，极易受伤害的。强调依法行政，在一定程度上就可以为社会权利提供一个保护的屏障。

依法行政是指行政行为应当具有法律上的根据。行政行为的内容、形式、程序都应当依照法律的规定或要求进行。因为“通过法规或行政规则而预先规定实施行政目的的方式方法,将该机构的典型运作方式公之于众,在许多情形中也都是可能的”[1]。凡是在法律上没有根据的行政行为就是违法行政行为,就应当承担法律上的责任。这与法律对公民行为的要求是截然不同的。公民的行为不必要求具有法律上的根据,他只要不违反法律的规定,即不受法律的追究与制裁。但作为国家机关之一的行政机关的行政行为则不同,它必须要有法律的根据,否则就是违法行政。在实际生活中,人们往往混淆了法律的不同要求,甚至把法律的不同要求完全倒置,这是根本错误的,也根本就不是法治的要求,甚至走到了法治要求的反面。

非法行政对法治具有最大的破坏性。这是因为:(1)行政机构力量特别强大,对法治存在威胁。任何社会组织都不具有如行政机构一样强大的力量,行政机构无疑是最有力、最庞大的社会组织。维护法治,对于强者的约束最为紧要。(2)行政违法发生在行政活动中,可以假行政权力的运作以行之,难以监督。行政机构对于法治的破坏往往都是在行使行政权力的过程中进行的,具有极大的隐蔽性,外在监督特别难以操作。可见,行政违法行为比一般违法行为的破坏力、危害性都更大,要推行法治,首先就得要求政府依法行政。

依法行政要求行政官员具有必要的行政能力和法律素质。行政官员是社会需求数量最为庞大的官员子系统。他们的行政能力与法律素质的普遍低下与彼此之间的参差不齐,是依法行政的极大障碍。这种状况是与我国行政官员的来源密不可分的。我国行政官员,有的是从社会招干选用的,有的是由高等院校毕业分配的,有的是由企事业单位调入的;等等。行政官员的行政能力和法律素质不均等。为了确保依

---

〔1〕 [美]E.博登海默:《法理学:法律哲学与法律方法》,邓正来译,中国政法大学出版社1999年版,第370页。

法行政,就必须改革行政机关。

进行制约行政权力滥用的立法是确保依法行政的首要任务。达成制约目标的相关立法,有的是为防止行政权力滥用而制定的单行的专门行政立法,如《行政复议法》和《行政诉讼法》等;更多的则是在赋予行政权力的同时又制约行政权力的一般行政立法,如《行政处罚法》和《治安管理处罚法》等。在法治状态中,每一部赋予行政权力的立法都同时也是制约行政权力、要求依法行政的立法。赋予行政权力与推行依法行政是行政立法一体两面的功用。

确保依法行政的最具有活力的手段是赋予并确保人民控告政府的权利,全面而切实地推行行政诉讼。行政诉讼的立法与执法,不仅要赋予人民可以控告行政机构违法的权利,而且还要让权利受到侵犯的人民确实享有获得法律保护与救济的可能。如果说机械的法律规定还有某种惰性,为自己的权利而抗争的民众则是最具有内在动力的依法行政的主张者和推动者。“不论赋予该机构的非限制性的自由裁量权有多大,一般来讲,一旦这种自由裁量权被肆意滥用,受这种行为侵损的个人就应当具有某种方式以求助于公正的法庭。”[1]法院、法庭、法官就应当特别珍视自己所享有的对于行政诉讼的裁决权,力图通过自己的审判行为给个人权利和社会权利以保护和救济,促进和确保依法行政的实现,最终确保法律的实现、社会的民主和国家的法治。

依法行政的目标中包括保证行政权力的正当行使,促进法治的实现,保证人们享有充分的社会经济生活条件等多个方面。前两者在前面已经有所论述。对于第三者还需要加以特别的明晰。参加 1959 年国际法学家会议的法学家们就已经意识到了这一点,在他们的《德里宣

〔1〕[美]E. 博登海默:《法理学:法律哲学与法律方法》,邓正来译,中国政法大学出版社 1999 年版,第 370 页。

言》中就宣布,“法治原则不仅要求对制止行政权的滥用提供法律保障,而且要使政府能有效地维护法律秩序,借以保证人们具有充分的社会和经济的生活条件,即要为个人谋福利”[1]。

(四)司法公正

公正是法律重要的价值目标与价值追求。从理想的法律运作来看,我们可以毫无疑问地说,一切法律与司法都是在追求公正而已。社会赋予司法最神圣的职责就是实现公正,或者与公正达成同一。司法至少在表面上都总以公正作为自己的理想。在依法治国建设中,司法公正具有更重要的意义。

首先,司法公正是司法的最本质要求。司法为什么要公正?这是与司法产生的背景密切相关的。司法是在社会某种纠纷产生之后,个人或者社会无法凭自己的力量进行公正裁断的时候,而能发挥裁断作用的特殊社会机制。一般地说,一个纠纷发生了,如果当事人能够通过自己的努力达成何谓公正的认知,司法就多余了。司法就是要公正地解决一定的社会矛盾及其相应的涉法冲突。它是国家这一公共权力因冲突着的各方无法自主地解决纠纷,而为其设定的由国家专门机关予以裁决的纠纷解决机制。冲突着的双方都存在利益的差异或分歧。如果依其任何一方单方面的意愿裁决,都可能导致裁决的不公正。司法是居中的裁判者。不论如何主张司法官员在裁判过程中的主导性与主动性,都无法否认司法是以评判纠纷中的是非曲直作为自己使命的,司法被制造时就被赋予了公正这一生命内涵。如果裁决不公正,首先就不可能平息纠纷,甚至可能使矛盾更加激烈,司法的目的就不可能得以实现,也就违反了司法应有的本质。

---

[1] 龚祥瑞:《比较宪法与行政法》,法律出版社1985年版,第82页。

其次,司法公正是司法赢得公信力的根本依据。司法的公信力也许首先源于国家的授权或者说人民的最初授权。司法权力是国家权力的构成部分,它的直接来源是国家的权力分配与赋予;它的最终来源则是人民,这一是从国家权力来自人民的意义上讲的,二是从司法机关的官员由人民代表大会产生的意义上讲的。司法除了通过国家从人民那里获得对于纠纷的裁决权外,它还从社会获得民众的信赖,以获取更大的公信力。司法需要具有的足够的社会权威性就不是国家所能赋予的,它必须来自人民。司法机关的设立,在历史缘起上也许就是人民愿意将纠纷交其裁决的结果,当然包含着人民对其的信赖。这也是人民愿意通过国家赋予法院裁决权的根据。司法机关的继续存在,也离不开人民的继续信赖和支持。司法机关能否始终赢得群众,获得人民支持的根本,就在于其是否坚持了司法公正的原则。可以说司法公正是司法机关赢得人民的最基本、最主要的所在。如果司法一次一次地让民众在公正这一本质追求上失望,民众就会在一切可能逃避的情形下逃避司法,而求助于非司法的其他方式,乃至私了。如果私了是一种合法的和解或者调解,倒无可厚非,并值得提倡,它的确节省了司法的成本。但是许多私了都并不是合法的和解或者调解,而是一方使用非法协议甚至暴力方式来平息纷争,或进行复仇。产生了纠纷不寻求司法予以公断,而是自行私了,一个根本的原因就在于民众不信赖司法,不信赖司法的公正。这种不信赖可能是当事人对于司法的误解所致,也可能是司法本身的不公正所造成的。在现实社会中,我们应该从私了案件中反思司法不公的问题,应该从私了案件中提出对于司法公正的要求。

最后,司法公正是提高司法效率的必然要求。现代社会的快速发展给司法工作提出了大幅度提高裁决效率的要求。司法公正的实现是否要以损害司法效率为代价呢?相反,提高司法效率是否意味着一定要放弃或者牺牲司法公正呢？笔者不认为是这样。笔者以为，在所有提高司法效率的灵丹妙药中只有司法公正才是唯一的治病良方，也就是说只有司法公正才能提高司法效率。因为只有司法公正能简省诉讼程序。案件通过一审终结，当事人就获得了公正的裁判，当事人就不会提起上诉。如果一审不公正，或者大量的当事人认为不公正，就必然会导致二审程序的进行。如果二审还不公正，甚至还会引发再审程序。也许有人会责备当事人的公正观念或公正判断有问题。不否认，有的当事人确实属于执迷不悟者，始终以为真理与正确只在自己一方，过于自以为是。但是，我们也应该想到，上诉率过高，很可能就是我们的审判出现了问题，有可能就是因为我们的司法不公正。如果二审与再审案件能减少一半，我们将在怎样的意义上提高司法效率与效益，是不难想象的。我们是该认真思考了。司法不公，既不利于司法机关工作的顺利进行，更不利于人民群众正常的社会生活。

司法公正是一个随着时代而不断发展的概念，其内涵与外延在不同的时代或不同的历史时期有所差异，因此司法机关的司法公正认识也应随历史发展而进步。现代中国正处于一个伟大的变革年代，除旧布新成为时代的进行曲，只有随着时代进步的司法公正才可能适应社会的发展要求。

然而公正却并非随处可见，轻易可得。司法公正一直受到来自两个方面的检验：一是司法是否合于法律制度的公正；二是司法是否合于社会意识的公正。前者我们可以称为“合于法律制度的公正”，后者我们可以称为“合于社会意识的公正”。

司法的“合于法律制度的公正”，是司法公正的首要方面。公正之“正”不是“私正”，少数人或者个别人所认为的“正”绝非“公正”之本意。司法公正的前提是“立法公正”。立法公正就是指立法要能体现社会民众的意愿，就是要能体现绝大多数人的意志。多数人的意志的载体——法律制度也就包含了多数人的公正观念和公正要求。在这个前提成立的情况下，司法公正首先所强调的就是司法合法。在这里，"合法"即合于多数人之"正"——法律制度。这种"正"具有"公"的确定性，是司法公正的最客观的衡量尺度。

司法的"合于社会意识的公正"，是司法公正的主要内容。"正"不仅是法律制度意义上的，而且也是一定的社会意识意义上的。公正的司法要能获得公众的认可，就必须使大众信服。司法如果不具有这种力量，其社会影响是很难如愿以偿的。当然，这里的"众"有一个"量"的问题；众人之"正"有一个正确与否的问题。法律制度的公正与社会意识的公正经常是一致的，但是二者之间也可能产生差别与冲突。社会意识中的公正观念，是很难把握的，但它又是客观存在的。而且一旦违反了它，违反者就会遭致社会的反对或否定。司法也同样如此。不论司法的公正在法律制度上的状况如何，如果它遭到人们观念上的反对或否定，那么它在实施上就难以如愿以偿。这种违反社会公正观念的司法不论在理论或制度上是否正确都会受到社会的抵触和反对。极端时，人们甚至会故意挑衅法，以表示自己对自己所认定的公正准则的忠诚和维护。

【附记：本文原题为"依法治国方略的确立与基本内涵"，是《公务员学法用法读本》中的第一章，由笔者撰稿。该书于2010年10月由法律出版社出版】

10. 论法治国家

一、法与国家的关系解析

对法治国家进行理论研究，必须首先理清法与国家之间的相互关系。“人们已经在国家法律现实的条件下生活了几千年，他们成为特定国家的公民(或臣民)，服从于国家权力，使自己的行为与法律规定和要求相协调。当然，很久以前他们就开始思考关于国家与法产生的原因和方式，并创立了许多完全不同的理论，对这些问题进行了不同的回答。”〔1〕法与国家之间的关系一直是政治学、社会学、法学等众多社会科学所探讨的重要课题。法学界对于法与国家的关系的研究一向是积极而热情的。苏联的法学家们在苏维埃法学创建之初即把法与国家紧紧地结合在一起，其法学理论学科的名称就是“国家与法的理论”或者“国家与法权理论”。在苏联解体后，俄罗斯等国的法学界依然保留了苏联在这一问题上的学术传统，近年又推出了一些命名为“国家与法”的学术著作和教科

---

〔1〕［俄］B. B. 拉扎列夫主编：《法与国家的一般理论》，王哲等译，法律出版社 1999 年版，第 47 页。

书。俄罗斯自然科学研究院院士 B. B. 拉扎列夫就组织一批俄罗斯著名学者,编写了《法与国家的一般理论》,被俄罗斯国家高等教育委员会推荐为大学教材。在西方资本主义国家的法学界,法与国家也被联系起来研究。原籍奥地利后加入美国国籍的著名法学家凯尔森就于 1945 年出版了他的代表作《法与国家的一般理论》。第一编为"法论",第二编即为"国家论"。对于法与国家之间的关系理论,学术界已经积累了大量的学术成果。"法要依赖国家"与"国家要依赖法"等理论命题得到了普遍的认同,然而也存在各种不同的见解。在这里,笔者谨从法与国家的一元论与二元论、法与国家的优先问题着眼,从法学角度进行一些思考,以明确一些最基本的法与国家关系的观念。

(一)法与国家的一元论与二元论

在我国社会科学学术界的各种理论学说中,法与国家,几乎无可争论地被当作两个各自独立而相互联系的事物。法与国家自然而然地被视作二元存在物。对此,很少有疑问者。其实,放眼世界学术领域,法与国家是一元的还是二元的,并无一致的看法。甚至有人十分明确地批评法与国家的二元论是一种神话,是错误的,进而主张法与国家关系的一元论。也有学者认为将国家与法混为一谈的一元论是没有意义的。

一元论的观点认为,"法律与国家是同一个事物,国家只不过是从另一个角度看待法律秩序,即规范境内居民行为的集中化的法律秩序,或者说是由立法者、法官、行政官员和其他作为国家机器组成部分行动的人所执行的法律规则、法令的总和"[1]。在一元论的主张者中,凯尔

---

〔1〕 [英]戴维·M. 沃克:《牛津法律大辞典》,北京社会与科技发展研究所译,光明日报出版社 1989 年版,第 523 页。

森就是一个典型的代表。凯尔森在其《法与国家的一般理论》中写道：

“有时人们以国家具有或就是‘权力’(power)为理由，将它说成是一个政治组织。国家被描绘为在法律背后的权力，实施法律的权力。”[1]“法律和国家的二元论是我们认识对象的一个多余的重复或双重化；是我们先加以人格化然后又加以实体化的那种倾向的一个结果。我们在对自然的万物有灵论的解释里找到了这种倾向的一个典型例证，即原始人的这种观念，认为自然是有灵的，认为在每个东西的背后都有这个东西的一个灵魂、一个精神、一个神、一株树的背后有一个森林女神；一条河的背后有一个宁芙女神；月亮的背后有一个月神；太阳的背后有一个日神。这样一来，我们想象在法律的背后有它的被实体化了的人格化，即国家、法律之神。法律和国家的二元论是一种万物有灵论的迷信。”[2]与之相应地，“国家的权力是由实在法组织起来的权力，是法律的权力；也就是实在法的实效”[3]。“一个‘国家的机关’，就等于一个‘法律的机关’。”[4]

凯尔森的认识有着他自己的论据。在他看来，国家与法是同一个规范性秩序，“既然我们没有理由假定有两个不同的规范性秩序——国家的秩序与国家的法律秩序，那么我们就必须承认我们称为‘国家’那个共同体就是‘它的’法律秩序”[5]。“从甚至连社会学家也将国家的

---

[1] [奥]凯尔森：《法与国家的一般理论》，沈宗灵译，中国大百科全书出版社1996年版，第213页。

[2] [奥]凯尔森：《法与国家的一般理论》，沈宗灵译，中国大百科全书出版社1996年版，第214页。引文中“一个神”后似乎不应是顿号，可能是译者笔误或排印错误。

[3] [奥]凯尔森：《法与国家的一般理论》，沈宗灵译，中国大百科全书出版社1996年版，第214页。

[4] [奥]凯尔森：《法与国家的一般理论》，沈宗灵译，中国大百科全书出版社1996年版，第216页。

[5] [奥]凯尔森：《法与国家的一般理论》，沈宗灵译，中国大百科全书出版社1996年版，第205页。

特征说成是一个‘政治上’有组织的社会这一事实来看,国家和法律秩序的同一性也是显然的。既然社会(作为一个单位)是由组织构成的,那么将国家界说为‘政治组织’就更加正确。组织就是秩序。但这一秩序的‘政治的’性质是在哪一点上呢?就在于它是一个强制性秩序这一事实。国家之所以是一个政治组织,是因为它是一个调整如何使用强力的秩序,是因为它垄断了对强力的使用。然而,正如我们所已了解的,这是法律的主要性质之一。国家是一个政治上有组织的社会,是因为它是一个由强制性秩序构成的共同体,而这个强制性秩序便是法律。"[1]

粗略看来,凯尔森的见解是失之偏颇的,笔者也不赞成这种一元论。他把法与国家的关系简单归结为一个"东西"与这个东西后面的"神"的关系,进而将"法与国家二元论"比作"万物有灵论"加以批评,而证明其一元论的科学性。笔者认为这个证明过程本身就有问题。法与国家之间远不是月亮与月亮神、太阳与太阳神之间的关系。法与国家是同时产生、相互联系、协同发展、共存互动的两种社会上层建筑。法与国家的区别是客观存在的,因此,将法与国家混为一谈显然是不科学的。但这并不意味着凯尔森的一元论毫无意义。他所坚持的法与国家的一元论,强调了法与国家的同一性,对于倡导法治是很有意义的。因为法与国家或者国家与法既然是同一的,国家当然就必须服从法律,实行法治。在国家实行法治的问题上就没有任何障碍了。国家与法之间的统一就不会成为问题。也就是说,法与国家的一元论主张并非全无道理,至少在肯定法与国家之间的同步形成与内在联系上是有意义的,在寻求法与国家的同一性从而为法治寻找根据的目标期求上是无可厚非的。当然我们也应当注意到法与国家一元论主张的危险性。当

---

[1] [奥]凯尔森:《法与国家的一般理论》,沈宗灵译,中国大百科全书出版社1996年版,第213页。

人们把法与国家视为一元的时候,客观的用国家代替法的危险也就存在了。在这种一元论之下,法就失去了存在的可能,而为国家所否定,法治就根本没有生长的空间与可能。

法与国家关系的二元论主张者,人多势众,尽管他们不一定以二元论主张者自居,但其二元论的主张都十分清晰。苏联乃至现在俄罗斯的法学家们,以及中国的法学家们多持二元论的观点。俄罗斯的一些法学家声称,研究那些从国家与法产生方式和实质的不可知性出发的观点,以及那些将国家与社会混为一谈的理论是没有意义的。[1] 他们一再论述的是法与国家的独立性,这种独立性中包括法相对于国家的独立性和国家相对于法的独立性。在前述 B. B. 拉扎列夫主编的教科书《法与国家的一般理论》中,专门设置了国家与法的相对独立性一章,论述了国家与法各自以及相互的独立性问题。

我国的任何一部法学理论著作都肯定了法与国家之间的紧密联系,论证了法与国家之间的相互关系,但没有一部著作将法与国家视为同一事物。它们都在强调二者之间的相互作用时强化了二者各自的独立性。也就是说,我国所有法学理论著作实际上都不主张国家与法的一元论,都是法与国家的二元论的主张者。

法与国家的二元论主张显然是比较科学的,它本身并无什么错误可言。但是从二元论延伸产生的问题就远非如此简单。二元论的观点,从逻辑上讲,它可能导致将法与国家相分离的错误,导致过分强调法的地位与作用或过分强调国家的地位与作用的问题,出现国家优先的二元论或法律优先的二元论。

---

〔1〕 参见[俄]B. B. 拉扎列夫主编:《法与国家的一般理论》,王哲等译,法律出版社 1999 年版,第 47 页。

(二)法与国家的优先问题

法与国家关系的一元论主张者既已把二者视为一元,一般地说,显然不再有谁优先于谁的问题。其实并非如此。法与国家的一元论中有把国家归结到法的法律优先的一元论,或将法归结到国家上去的国家优先的一元论。凯尔森主张的是法律优先的一元论。凯尔森的一元论中包含着法律优先的观点。他认为:"我们从纯粹法学观点出发来研究国家时,情况就显得比较简单了。那时国家只是作为一个法律现象,作为一个法人即一个社团来加以考虑。因而它的性质在原则上取决于我们以前对社团所下的定义。唯一剩下的问题是国家如何不同于其他社团。其区别一定在于构成国家社团的那个规范性秩序。国家是由国内的(不同于国际的)法律秩序创造的共同体。国家作为法人是这一共同体的国内法律秩序的人格化。从法学观点来看,国家问题因而就是国内法律秩序的问题。"〔1〕在凯尔森的眼中,国家是一种法律现象,国家理论也是法律理论的一个部门。"作为实在法经验体现的规范体系具有什么特殊性质,以及它们是怎样分界和怎样相互联系的。这就是国家作为法律现象所提出的问题,同时也是作为法律理论的一个部门的国家理论负有任务要解决的问题。"〔2〕

法与国家谁优先的问题,更存在于二元论之中。在二元论主张者中一直有着法与国家之间谁优先的争论,根据学术界的不同认识,笔者将其称为国家优先论、法律优先论和法与国家互从论。

关于国家优先论。俄罗斯学者在其著作中总结道:"对于法与国家

〔1〕[奥]凯尔森:《法与国家的一般理论》,沈宗灵译,中国大百科全书出版社1996年版,第203页。

〔2〕[奥]凯尔森:《法与国家的一般理论》,沈宗灵译,中国大百科全书出版社1996年版,第204页。

的相互关系问题,学术界在传统上有两种不同的观点。第一种观点是基于国家优先于法的论点,依据这一观点,法被视为国家活动的产物和国家的结果。这一观点在我国的法学著作中流传甚广。举例来说,法被认为从属于国家。倾向于把法看作国家附属物的政治实践成为这一观点的事实条件,而将法视为由国家制定的规范总和的形式教条主义则成为其理论前提。"〔1〕英国学者也注意到了国家优先论,并且还倾向于国家优先论,法律制度和法律体系是国家的构成要素之一。它规定各种法律机构的权力和职责,确认其存在,维持社会秩序,提供维护公民之间利益和解决冲突的准则。法律制度的这种作用正是国家的基本职能之一。〔2〕"在一国境内发生效力的法律制度和法律体系通常主要是由国家制定的,同时立法机关不断地对之进行修改和变更。而对于效力较低的一般法律的修改和变更,则通过行政机关授权立法以及司法机关的司法解释和判例等途径。由此可见,国家是法律规则和原则的直接的实际的渊源。"〔3〕中国学术界对于法与国家关系的认识普遍地既有互从论的观点,也有国家优先论的观点。先来看看国家优先论的表现,我国几乎所有的法学教科书在定义法或法律时,与国家相关的表述都是,"法或法律是国家制定认可的,表现为国家意志的,并由国家强制力保证实施的行为规则的总和"。这种对于法的认识贯穿了所有法学著作的始终,似乎成为了我国法学界对于法与国家关系的一个基本的共同认知。

关于法律优先论。俄罗斯学者说,法律优先论的观点"则是按自然

---

〔1〕[俄]B. B. 拉扎列夫主编:《法与国家的一般理论》,王哲等译,法律出版社 1999 年版,第 75 页。

〔2〕参见[英]戴维·M. 沃克:《牛津法律大辞典》,北京社会与科技发展研究所译,光明日报出版社 1989 年版,第 522 页。

〔3〕[英]戴维·M. 沃克:《牛津法律大辞典》,北京社会与科技发展研究所译,光明日报出版社 1989 年版,第 522 页。

法观念确立的。这一被称为自然法学派的拥护者从社会契约中得出国家概念,他们从国家受制于法的观点出发,主张来自自然法的不可违背性和建立在自然法基础之上的个人主体公共权力的不可转让性。从这一观点的立场来看,法与国家相比具有绝对的优先地位。法产生于国家形成之前,它早于国家,任何国家和政权都不是法的最初来源"[1]。《牛津法律大辞典》也注意到了这种观点的客观存在:"一种观点认为法律高于国家,国家从其产生之日起即受到法律约束。这种观点接近于自然法学派的观点。自然法学派认为,国家虽然可以制定实在法,但它必须受自然法的约束。一些现代思想家否定国家创造法律的观点,认为法律的渊源另有所在,例如公众权利的主观意识、社会休戚相关的事实等。"[2]

关于法与国家互从论。对于法与国家相互从属的理论,没有人给它命名过,为了论述的方便,我们不妨将一元论和二元论之外的第三种观点称为"法与国家互从论"。有著作认为这种介于一元论与二元论之间的互从论观点,作为"第三种观点,它可以在某种程度上综合上述观点拥护者的看法,并且同时避免对法与国家相互关系评价的偏激性"[3]。"依第三种观点,法与国家之间的关系并不具有如此一致的因果关系(国家产生法或者从法产生国家)。这一关系显然更加复杂,并且带有双向的相互从属性:国家与法彼此不能单独存在,即它们之间存

---

〔1〕[俄]B. B. 拉扎列夫主编:《法与国家的一般理论》,王哲等译,法律出版社 1999 年版,第 75 页。

〔2〕[英]戴维·M. 沃克:《牛津法律大辞典》,北京社会与科技发展研究所译,光明日报出版社 1989 年版,第 523 页。

〔3〕[俄]B. B. 拉扎列夫主编:《法与国家的一般理论》,王哲等译,法律出版社 1999 年版,第 75 页。

在职能性关系。"[1]我国的法学著作在具有国家优先论的表象之外，还具有法与国家互从论的特征。我国的每一部法学著作都在肯定法对于国家的依赖的同时，也会四平八稳地论述国家对于法的依赖，或者强调二元并存中的国家优先，或者强调法与国家的二元互从。是选择国家优先还是二元互从，学者似乎并不特别在意。

就国家优先论来说，笔者认为它是一个非常传统的理论。苏联和目前一部分俄罗斯学者、中国的部分法学家都持有类似的观点。这种观点充分强调了国家的意义。在强调国家至上，忽视或否定法律作用的时代是很有响应者的。它对于法要从属于国家的片面强调显然是失之偏颇的。持有类似观点的学者，甚至以主张国家比法先产生来证明国家要优先于法，这是没有根据的。恰恰是这种片面强调国家意义的理论，为专制者无视法律、否定法律奠定了认识基础和理论基础。它本身的不科学性和它所产生的恶劣后果都要求我们必须将其抛弃。国家优先的二元论一旦出现，将国家置于法之上，过分夸大法对国家的依赖，可能使法律的地位被低贬，形成法治倡导与发展上的障碍，甚至导致更为严重的否定法治的后果。我们所面临的现实问题正是，在法与国家二元论之下的国家优先论，因国家而蔑视法律的问题。在这种国家优先论的二元论中，法在实际上被视为了国家的附庸而被否定，从而使法失去了对国家进行约束与规制的能力，也使法治失去了基本的立足点。面对过于强势的国家，法丧失了自身对于公共权力的独立性与约束力，历史上的教训实在太多，我们需要牢牢记取。

就法律优先论来说，与前者是同样传统的理论，西方以自然法学为代表的法学家们多持有类似的观点。持有类似观点的学者常常以法比

[1] [俄]B. B. 拉扎列夫主编：《法与国家的一般理论》，王哲等译，法律出版社 1999 年版，第 76 页。

国家先产生作为论据。这一观点对于强调法,推行法治,有着不可置疑的优势,它“是在政治实践中确立法的统治地位思想的哲学纲领”〔1〕。这一观点的主张者常常以自然法先于国家、法比国家先产生作为论据,笔者以为这是不妥当的。将此予以修正后,我们应当主张法律优先的法与国家的二元论。因为法律的优先将有助于克服国家及其控制者的专制与专横,为法治奠定必要的社会基础。法总是比国家权力掌控者的意志更具有确定性和稳定性。只要法是民主的法,法能够约束国家,它就在本质上是人民对于国家的约束。民主有了保障,人民权利也就更不可能受到权力的随意侵犯,法治也获得了发展的基础。

法与国家互从论是在前两者基础上提出的比较中庸,而为目前许多学术著作和教科书实际采用的观点。这种观点可以避免在法与国家关系上的片面认识,使我们更清楚地把握法与国家相互之间的影响与互动,更清楚地把握法对国家的作用与国家对法的作用。这种表面上的公允,也有实际上的问题。法与国家并存而相互作用,看似客观,其实其忽略了法与国家的不同性质所决定的应然关系配置,会导致主张者意想不到的后果发生。

其实,法与国家是在人类历史发展的过程中渐渐形成的,二者之间没有谁先产生谁后产生的问题。法与国家的产生是一个漫长的历史过程,其间各自萌芽的因素是相互促进、彼此互动、互为因果的。一定要去确定某一时刻国家产生了或者某一时刻法产生了,既不可能也没有必要。如果不任意地改变法与国家的概念,就可以肯定地说,法与国家自始至终都会紧紧相伴,不离须臾。但由于二者的特性不同,法是一种普遍而公开的行为规则,国家是一种具有强力的又不能不为特定的少

〔1〕[俄]B. B. 拉扎列夫主编:《法与国家的一般理论》,王哲等译,法律出版社 1999 年版,第 75 页。

数人管理或运作的公共组织,因此,在法与国家共存的历史期间,运用法律规制国家,将是永恒的课题。否则,组成国家的民众的意志就无法受到尊重,利益就无法得到保障。狄骥主张国家必须合法,而且国家的目的也在于实现法。他说,“国家建立在强力的基础上,但这种强力当其行使得合法时才是合法的”[1];“国家追求的目的有三项:(1)维持本身的存在;(2)执行法律;(3)促进文化,即发展公共福利、精神与道德的文明。……我们如果深入事物的实质,则国家指定的这三个目的可以归结为实现法的唯一目的”[2]。笔者赞成并主张法律优先论的法与国家二元论,只是笔者的理由不是基于自然法,也不是基于法比国家先产生,而是基于法与国家的不同性质,基于保障人民权利的价值期求的目标,基于追求法治与建设法治国家的理想。

二、法治国家的理论辨识

(一)法治国家的概念

法治国家,也称为法治国。有人还称之为法律国家或法律国。在德文中为 Rechtsstaat,在英文中则为 legal state、a rule of law nation,或者 law-based state。法治国家的概念起源于德国,对世界产生了广泛而深刻的影响。有学者认为,“‘依法而治的国家’(a rule of law nation),被称为‘法治国’,却是不折不扣的德文用语(Rechtsstaat)”[3]。也有学者认为,“‘法治国’至少在其起源之初,纯粹是个德国的概念”。

---

〔1〕 [法]莱翁·狄骥:《宪法论:法律规则和国家问题》(第1卷),钱克新译,商务印书馆1959年版,第482页。

〔2〕 [法]莱翁·狄骥:《宪法论:法律规则和国家问题》(第1卷),钱克新译,商务印书馆1959年版,第483页。

〔3〕 陈新民:《国家的法治主义——英国的法治(The Rule of Law)与德国法治国家(Der Rechtsstaat)之概念》,载《台大法学论丛》第28卷,第48页。

在泛义上的法治国家还可以作形式上的法治国家和实质上的法治国家的划分。日本佃中和夫等所著的《现代法治国家》[1]等著作就论述了法治国家的这种分类。该书认为,形式上的法治国家是依据实定法实现国家的所有目的的国家,即依据法律推行国家事务的国家,确保了“依法律行政”和“依法律裁判”的国家。制定法律的机关(立法机关)的权能,优越于行政权和司法权并拘束行政机关和司法机关。关于人民的权利、自由的规定,必须以法律的形式进行,行政机关对人民的权利、自由的规制,必须以法律为根据,同时只要以法律的形式,便可以对人民的权利、自由予以制约。形式上的法治国家并不以保障人民的权利、自由为目的,相反,它还通过法律对人民的权利、自由进行限制。实质上的法治国家是指依法拘束和限制权力,保障和确保人或国民的自由和权利的国家。保障人或者国民的自由和权利,才是法治的内容和目的。“法治”中的“法”是指超越法律或实定法的更高层级的“法”或者“理性法”。因此,这种法不仅拘束行政机关和司法机关,而且也拘束立法机关。这种实质上的法治国家,类似于英国的“Rule of Law”,意味着抑制专断的权力,在宪法之下给予个人权利最大限度的保障。[2]我们作为目标追求的法治国家显然是实质上的法治国家,而不是形式上的法治国家。因此,在我们对法治国家进行制度和体制设计时,就应充分考虑我们的法治理想,而不能假法治之名行非法治之实。形式上的法治国家比完全不讲法治的国家要进步,但是它还不是严格意义上的法治国家,或者说在严格的意义上它仍然是非法治国家。我们所要建设的显然是实质上的法治国家。

---

〔1〕 参见[日]佃中和夫、[德]T. Wurtenberger 编著:《现代法治国家》,日本晃洋书房 1994 年版。

〔2〕 参见杨建顺:《“法治行政”在日本》,载浙江大学法律系、浙江省法制研究所主编:《法治研究》(1998 年卷),杭州大学出版社 1998 年版,第 149 页。

论及法治国家的概念,必然涉及法治国家概念与法治概念之间的关系问题。有许多学者都认为,法治国家的含义并不等同于法治,甚至还远离法治,与法治根本对立。美国学者伯尔曼在论述教会法时说,“教会是一个 Rechtsstaat(法治国),一个以法律为基础的国家。与此同时,对于教会权威所进行的限制,尤其是来自世俗政治体制的限制,以及教会内部尤其是教会政府的特殊结构对于教皇权威的限制,培育出了某种超过法治国意义上依法而治的东西,这些东西更接近后来英国人所称的‘法的统治’(‘the rule of law’)”〔1〕。伯尔曼的这一论述至少表明了在他看来,法治国不是法治,只有“超过法治国意义上依法而治的东西”才更接近英国人所称的法的统治,即法治。

关于法治与法治国区别的观点,笔者不敢随意苟同,更不同意将上述法治国家或法治国的含义,赋予现在我们所使用的法治国家或法治国的概念。其实,欧陆法学家早已都将英美的“法治”纳入了“法治国”或“法治国家”的概念之内,我们还有什么理由要把欧陆法学家都已经抛弃了的第二次世界大战结束前的“法治国”或“法治国家”概念重新找出来,与新的符合法治精神的“法治国”或“法治国家”进行什么比较呢?就是上述分析与理解毫无错误,笔者也依然主张今天的法治国家或法治国应当注入法治的内涵,并将其与法治协同起来。

但是这并不意味着我们可以对以上的分析与理解无动于衷。其实,这些观点是很值得重视的,它至少警示我们:不当的“法治国家”或“法治国”并不等于法治,也并不必然导致法治的结果;“法治国家”或“依法治国”完全可能被畸形化,走向法治的反面。这需要我们保持警醒。

---

〔1〕[美]哈罗德·J.伯尔曼:《法律与革命——西方法律传统的形成》,高鸿钧、张志铭、夏勇译,中国大百科全书出版社1993年版,第259页。

历史发展到现代,法治国家或法治国已经是被普遍认可的政治、法律概念。有的法学家也认为“法治国乃基于法律之治,因此法治国无异等于‘法律国’”[1]。许多法学家,乃至社会大众都清楚地认识到“国家应该创设法律体系,并且依此法律之规定来治理国家,已是每个民主国家的立国原则。国家这个‘依法而治’的‘属性’也被认为是最进步,且合乎理性的国家形态”[2]。但是人们“并不存在,也未曾有过对法治国家的普遍认同的理解”[3]。

在笔者看来,法治国家或法治国,是指国家法治化的状态或者法治化的国家,是法治在国家领域内和国家意义上的现实化。法治包含法治国家和法治社会在内,法治国家与法治社会是法治发展的相互连接的两个阶段,它们都是法治的构成部分。

在笔者看来,依法治国,指的是依照法律治理国家,是法治的重要方面和主要内容。法律至上是依法治国的行动口号和价值准则,法律高于作为整体的人民之外的一切权力和权力拥有者,法律至高无上。

与依法治国最经常地被交错使用的是“以法治国”。治理国家的方式方法是多样的,可以“以人治国”“以礼治国”,也可以“以法治国”或“依法治国”。“以人治国”中的“人”是指掌握国家政权的人。以人治国,即依靠国家领导者的智慧和才能来治理国家。“以礼治国”中的“礼”系中国古代的“周礼”或以周礼为渊源而形成起来的礼的规则体系。以礼治国,是中国古代特有的运用和依照“周礼”来治理国家的方式。“以人治国”“以礼治国”并不是截然分离或者相互排斥的,它们有

---

[1] 陈新民:《国家的法治主义——英国的法治(The Rule of Law)与德国法治国家(Der Rechtsstaat)之概念》,载《台大法学论丛》第28卷,第105页。

[2] 陈新民:《国家的法治主义——英国的法治(The Rule of Law)与德国法治国家(Der Rechtsstaat)之概念》,载《台大法学论丛》第28卷,第48页。

[3] [俄]B. B. 拉扎列夫主编:《法与国家的一般理论》,王哲等译,法律出版社1999年版,第346页。

时甚至是相容相伴的,中国古代社会其实正是它们的综合。我以为古代的中国社会的管理模式与体制就是人治、礼治的统一。

“以法治国”中的“以”可以作“运用”讲,也可以作“依照”讲,是指运用和依照法律来治理国家。“以法治国”的外延广于“依法治国”,即它既包括依法治国,又不仅限于依法治国。其广于依法治国的含义也就导致了其不同于依法治国而有可能走向歧途。以法治国中“运用法律治理国家”的治国方式,古往今来都有。只是在不同的时代,其实质有所区别,主体有所差异罢了。古代,在没有近代民主的情况下,是君主们以法治国。古代专制统治下的以法治国,并不是近现代法治。近代民主产生以来,以法治国的主体在应然上被修正为人民,应是人民以法治国。近现代民主基础上的以法治国,也就具有法治的含义。因此,不能说以法治国就是古代的或者封建的。它既有在字面上等同于近现代法治的意味,也有在广义上区别于近现代法治而包含专制下的“法治”的方面。

依法治国是法治国家的行动与过程,法治国家是依法治国的目标与结果。任何法治国家的建立都必须依赖依法治国。依法治国首先制约的是治国者,治理国家的主体最根本的是人民大众,最直接的是国家。人民大众的依法治国是指人民大众也得服从自己所制定的法律。人民可以改变法律,但是,在法律没有依照法定程序被改变之前,人民大众也有依法办事的义务。治国的主体,如果是国家,国家在任何意义上都应当服从法律,坚持依法办事以实现依法治国。只有这样,法治国家才可能通过依法治国而得以建立。

(二)法治国家的状态

法治国家将以怎样一种状态存在,也是法学家甚至社会大众所关注的问题。俄罗斯的法学家认为,“不管法治国家的解释如何不同,还是可以找出这一政治法律模式的某些共同特点和外形轮廓,因为法治国家的形成和最终建立是与下列因素密切相关的:人权和自由的最大保障,个人对国家和国家对个人的责任,法律威望的提高,所有国家机关、社会组织、团体和公民对法律的严格遵守,护法机关的有效工作”[1]。作为法治国家,在其政治制度、权力结构、经济体制、文化制度和社会控制的各个方面都应当有其独特状况。

法治国家是政治制度为民主制度的国家。政治制度内容十分丰富,它包括国家的管理形式、结构形式、选举制度和公民的政治权利等的制度状况。它的表现也是多方面的,但是它们或者是民主的,或者是专制的。所有的法治国家的政治制度都必须是民主的,而绝非专制的。专制政治制度之下,只有专制、人治,而不可能有法治或者法治国家。

法治国家是权力结构为分工制约关系的国家。国家权力是一个复杂的整体,涉及和体现在社会生活的各个方面。国家权力不可能由某一个人或者某一个机关来具体行使,必须分别权力的性质,由不同的机构来行使不同的权力。由于权力拥有者的认识差异和利益差别,不同的权力拥有者就会有不完全相同的权力行使方式和状况,而且多数权力拥有者都难以避免地具有扩张权力的倾向。任何权力的扩张或膨胀,不是导致对其他权力的侵犯,就是导致对人民权利的剥夺。而其他权力和人民权利这两个方面都是必须予以保护的。因此,对于权力的制约就成为了保障国家权力正当行使与人民权利依法保护的基本要求。

法治国家是经济体制为市场经济体制的国家。经济体制有自然经

---

[1] [俄]B. B. 拉扎列夫主编:《法与国家的一般理论》,王哲等译,法律出版社 1999 年版,第 346 页。

济、产品经济和市场经济之分。在自然经济条件下,人们经济活动和社会生活的范围相对较为狭窄,少量的商品流通与交换,并不需要太多的法律,法律制度是否完备对社会经济发展的影响并不巨大。在产品经济中,计划成为经济活动的根据,经济关系只需行政调整,法律的调整成为多余,显然不会具有法制或者法治的要求。只有在市场经济的条件下,经济活动的主体繁多,经济活动的行为纷繁复杂,经济活动的范围也特别广泛,没有法律确立统一的市场规则,市场和经济都会陷入混乱之中,因此市场经济就必然会提出完备法制、实行法治的要求,市场经济为法制经济和法治经济之说,正是在这个意义上成立的。将市场经济视为法治国家基础的,并不仅限于中国的法学家们,其他国家的法学家也认为,只有在市场经济中具备多种成分时才可能形成法治国家[1]。

法治国家是文化意识具有较高理性程度的国家。法制和法治都是人类理性发展的产物。它以人类对自身与社会的科学认识为基础。法治国家目标同样是人类经过漫长社会实践的经验总结的成果。法治国家正如法制和法治一样是相对最好的国家状态,但并不是绝对的、毫无缺陷的国家状态。于是对于法治国家相对最好与客观局限的认识,对于法治国家模式的正确选择,都离不开必要的理性作为基础。否则人类对法治国家的追求与维护,就会演变为一种缺乏思想的盲动。法治国家的文化意识中应充满着理性或者理智或者科学。在非理性的文化意识基础上创立不了法治和法治国家,假如创立了,也不可能得以保持和发展。

法治国家是依靠法律进行社会控制的国家。社会控制是国家担负

---

[1] [俄]B. B. 拉扎列夫主编:《法与国家的一般理论》,王哲等译,法律出版社 1999 年版,第 356 页。

的重要责任。社会控制的手段是多元的。道德、教规、习俗、纪律、政策都可以被作为社会控制的措施。在若干社会控制措施中,法律是最为可靠的、最为重要的措施。凡是不以法律,而是以其他任何社会规范作为社会控制的主要措施的国家都不是法治国家。法制和法治是法治国家行为的自觉根据、评价准则和活动方式。

(三)法治国家与非法治国家

国家的存在形式是多元的,从不同的角度,可以对国家的状况作不同的分类与概括。根据国家的治国方式方法和法律在社会生活中的地位与作用,可以把国家划分为法治国家和非法治国家。

法治国家与非法治国家并不是国家类型的简单划分,它们在历史上有着先后之分和优劣之别。就人类社会的一般发展来看,人类的国家首先是非法治的国家,然后才发展进步为法治国家。严格地说,在自然经济条件下是产生不了法治国家的。法治国家必须以商品经济或者市场经济作为其经济基础。商品经济或者市场经济的形成有一个历史的过程,因此,法治国家不是人类一进入国家状态就出现的,它是人类国家形式发展到较为进步阶段的产物。法治国家远比非法治国家优越和进步,并且是以非法治国家作为其历史准备的。在世界上,所有的国家在形成之初都是非法治国家,经过非法治国家的发展才逐步建立起法治国家。

所有的法治国家都以法律作为治理国家的根本措施、战略策略、方式方法。法治国家与非法治国家划分的重要标准之一就是特定国家是否以法律作为治理国家的基本手段和根本措施,也即法律在特定国家中的地位和作用如何。凡是以法律作为治国的方式方法的,凡是法律具有至高无上的地位和作用的国家,就是法治国家;反之,就是非法治国家。通观历史发展,法治国家都是由非法治国家发展而来的。非法治国家是法治国家建立的历史前提,法治国家是非法治国家的发展目标。非法治国家所提出的法治国家目标,应当说是其进步发展的反映,是其走向法治的具体社会实践。

为了澄清法治国家与非法治国家之间的关系,我们可以进一步解析法治国家与人治国家、专制国家、警察国家之间的差异。

法治国家与人治国家相对立。“人治国家”中的“人”并不是指民众意义上的“人”,而是拥有国家权力的人。人治国家实际上是在没有法律约束下的“权治国家”。谁拥有国家权力或者公共权力,谁就主宰国家和没有权力的民众。在法治国家中,一切人都必须服从法律。在人治国家中一切人都只服从于拥有权力的人,服从于拥有权力的人的意志。人治国家中有专制的人治国家也有非专制的人治国家。专制的人治国家即专制国家。法治国家与非专制的人治国家相对立,更与专制的人治国家相对立。

法治国家与专制国家相对立。这种对立至少表现在两个方面。一是民主与否的问题。法治国家是以民主作为基础和目标的。甚至可以说,民主是法治的灵魂,是法治国家的基本精神。没有民主必然没有法治,也必然没有法治国家。而在专制国家,必然是没有民主的,有的是君主或者独裁,至多也是少数人的专横。其重要的特征之一就是非法。非法既表现为不需要法律,也表现为无视法律。也就是说,它根本就无需法律;即使有法律存在,也是或取或舍概由个人或少数人擅断。二是公权力是否受到法的制约问题。在专制国家,公权力不受任何法或法律约束。在法治国家则恰恰相反,任何公权力都必须受到法律的约束。任何权力的行使都必须以法律为依据。没有法律依据的权力行使,都将被视为非法,都为法治所反对,都应当承担相应的法律责任。从根本上说,专制国家是反法治的国家,法治国家是反专制的国家。任何专制国家都必然是人治的国家,个人或者少数人的权力超越法律,远处于法律之上。专制国家是最坏的人治国家。

法治国家与警察国家既相对立又相联系。警察国家是国家公权力具有至高无上地位的国家。以政府权力为代表的整个权力极少受到法律的拘束。它也许比绝对的专制国家要好一些,但离法治国家的要求还相当遥远,而根本不可能与法治国家同日而语。在警察国家里,国家被迷信为绝对真理的拥有者,享有绝对权威,不可怀疑,不犯错误,不承担责任。警察国家依然是非法治的国家。有西方学者这样概括二者之间的区别:"在警察国家时代,国家公权力只服膺民法及受到民事审判的拘束,而法治国则更进一步,所有公权力都要受到法律的拘束。"〔1〕我国台湾地区有学者认为,"警察国是国家由专制国发展到法治国的过渡阶段"〔2〕。法治国家在根本不同于非法治国家的同时,又与宪治国家相联系和区别。宪治国家是法治国家的必要准备,或者历史前提,法治国家必须首先是宪治国家。何谓"宪治",有学者这样解释:宪治是国家依据一部充分体现现代文明的宪法进行治理,以实现一系列民主原则与制度为主要内容,以厉行法治为基本保证,以充分实现最广泛的人权为目的的一种政治制度。根据这一定义,宪治这一概念包含三个基本要素:民主、法治、人权。民主是宪治的基础,法治是宪治的重要条件,人权保障是宪治的目的。〔3〕这是对于现代宪治的较为全面的诠释。可以简单地说,宪治国家,是国家权力或公权力首先接受宪法和法律的约束,服从宪法和法律的国家。公权力没有在警察国家的那种专权。法首先成为了国家的行为准则。宪治国家是法治国家得以形成的

〔1〕 陈新民:《国家的法治主义——英国的法治(The Rule of Law)与德国法治国家(Der Rechtsstaat)之概念》,载《台大法学论丛》第28卷,第68页。

〔2〕 陈新民:《国家的法治主义——英国的法治(The Rule of Law)与德国法治国家(Der Rechtsstaat)之概念》,载《台大法学论丛》第28卷,第68页。

〔3〕 参见李步云:《走向法治》,湖南人民出版社1998年版,第2页。其中的"宪治"一词为编辑时修改。

前提。国家不依法办事,法治就必然会遭到破坏。德国著名法学家麦耶在一百年前就认为,法治国是已完成的宪治国。[1] 法治国家是以宪治国家作为基础发展起来的,所以法治国家的建设必须把宪治摆到极为重要的位置加以特别的重视。在法治国家的法律至上,首先就是宪法至上。宪法首先就是保障人民权利、制约国家权力的重要工具。宪治的一个重要目标就是防止权力的滥用,保证权力的正当行使。

三、法治国家建设的实践

(一)西方法治国家建设的实践

在古希腊,法治国家的实践已经开始。梭伦改革开启了古希腊的法治国家建设的大门,发展到伯利克里斯时代,雅典民主制度发展到了相当高的程度,雅典政制成为雅典法治的基石,法治得到了相当大的发展,在后世,就有学者将雅典称为"法治国"。"阿道尔夫·门泽尔认为,伯利克里斯时期的雅典,个人自由所受到的限制少于大多数现代法治国。阿道尔夫·J. 默克尔指出,近代法治国的一个重要标志——一切国家机关,即使是最高级的国家机关,也受到法律的约束——在雅典的宪法中虽然没有原则的规定,但它是通过实践中的法院保护予以保证的。此外,维拉莫维茨在其名著《论雅典国家的壮观》中同样谈到了雅典人的国家具有法治国的特点,文格尔在《欧洲古代的宪法和行政》一书中也有类似的话。"[2] 古希腊的法治实践是以其法治思想作为先导和支持的。柏拉图就指出,"在法律服从于其他某种权威,而它自己一

---

〔1〕 参见陈新民:《国家的法治主义——英国的法治(The Rule of Law)与德国法治国家(Der Rechtsstaat)之概念》,载《台大法学论丛》第 28 卷,第 98~99 页。其中的"宪治"一词为编辑时修改。

〔2〕 张中秋:《中西法律文化比较研究》,南京大学出版社 1991 年版,第 298 页。

无所有的地方，我看，这个国家的崩溃已为时不远了。但如果法律是政府的主人并且政府是它的奴仆，那么形势就充满了希望，人们能够享受众神赐给城市的一切好处”〔1〕。亚里士多德通过对150个城邦国家进行比对研究后认为，共和政体是最为理想的政体。其之所以最为理想，就是因为它实行的是法治，而不是一人之治。因为法律是一种完全没有感情的中道的权衡。他说，“凡是不凭感情因素治事的统治者总比感情用事的人们较为优良。法律恰正是全没有感情的；人类的本性（灵魂）使谁都难免有感情”〔2〕。他认为，“让一个人来统治，这就在政治中混入了兽性的因素”〔3〕，“法律是最优良的统治者”〔4〕。亚里士多德对法治作出了自己的解释，认为“法治应当包含两重意义：已成立的法律获得普遍的服从，而大家所服从的法律又应该本身是制定得良好的法律”。

古罗马承袭了古希腊的法治精神，创造了自己的法治理论，并着手进行了自己的法治实践。“罗马人的法治观，导源于希腊文明——不仅是制度（宪法）文明，而且是思想文明，包括柏拉图、亚里士多德及其斯多葛学说（自然法观念）构成了连接希腊法文化和罗马法文化的桥梁。尽管罗马人不善于思辨，却精于行动。除了西塞罗和罗马法学家以外，罗马人主要是通过实践方式来接受和阐扬希腊法文明的。因此，在西塞罗的著作中，在罗马法学家的理论中，在辉煌的罗马法以及在罗马人的日常观念、情感中，都反映了罗马人对法治的探究、思考和态度。或许，罗马人的制度、行动能够成为他们高耸的纪念碑。”〔5〕古罗马庞大

〔1〕［古希腊］柏拉图：《法律篇》，张智仁、何勤华译，上海人民出版社2001年版，第123页。

〔2〕［古希腊］亚里士多德：《政治学》，吴寿彭译，商务印书馆1965年版，第163页。

〔3〕［古希腊］亚里士多德：《政治学》，吴寿彭译，商务印书馆1965年版，第171页。

〔4〕［古希腊］亚里士多德：《政治学》，吴寿彭译，商务印书馆1965年版，第171页。

〔5〕王人博、程燎原：《法治论》，山东人民出版社1998年版，第14~15页。

的法律体系、广泛的法律实践中,都蕴含着深刻的法治精神。即使是古罗马进入了帝国时期,法治的影响也还十分强大,并与皇权的横行相抗衡。就连东罗马的查士丁尼大帝也认为,“皇帝的威严光荣不但靠兵器,而且须用法律来巩固,这样,无论在战时或平时,总是可以将国家治理得很好;皇帝不但能在战场上取得胜利,而且能采取法律手段排除违法分子的非法行径,皇帝既是虔诚的法纪伸张者,又是征服敌人的胜利者”〔1〕。

中世纪欧洲,法学笼罩在神学的光环之中。但是自古罗马以来的法治影响并未因此而在历史中彻底消弭。后来的人们往往只看到其时法律对于神的等而次之的一面,忽略了神也要服从“法”并借助法来表达自己的一面。在中世纪最著名的神学家托马斯·阿奎那那里,法被分为了永恒法、自然法、神法和人法四种。法被作为上帝、神的理性的产物和表现。其中除了对于法的否定(次于神)之外,也有对于法的肯定(是人类的最高主宰上帝和神的意志的体现),而且君主也必须服从法律。他说,“按照上帝的判断,一个君主不能不受法律的指导力量的约束,应当自愿地、毫不勉强地满足法律的要求”〔2〕。

真正的法治国家理论是世界近代的产物。在近代以来,资产阶级的学者们对于法治进行了新的探索。英国、德国、法国、美国都有一套自己的法治国家理论。

英国的哈林顿提出了法治共和国的模式构想,洛克从侧重于个人自由权利的角度论证法治,他认为“政府所有的一切权力,既然只是为社会谋幸福,因而不应该是专断的和凭一时高兴的,而是应该根据既定

---

〔1〕 张中秋:《中西法律文化比较研究》,南京大学出版社1991年版,第300页。

〔2〕 [意]托马斯·阿奎那:《阿奎那政治著作选》,马清槐译,商务印书馆1963年版,第123页。

的和公布的法律来行使;这样,一方面使人民可以知道他们的责任并在法律范围内得到安全和保障,另一方面,也使统治者被限制在他们的适当范围之内,不致为他们所拥有的权力所诱惑,利用他们本来不熟悉的或不愿承认的手段来行使权力,以达到上述目的"[1]。戴雪提出了"法律主治"的法治思想。

德国的法治国家理论尤其具有典型的意义。有法学家在研究德国法治国家概念时论述道,"'依法而治的国家'(a rule of law nation),被称为'法治国',却是不折不扣的德文用语(Rechtsstaat)"[2]。德国的法治国家理论产生于19世纪。"德国在十九世纪是一个人文科学高度发展的时代,法学亦不例外。对国家的研究,如以法律的角度来观察,即产生所谓的'国家学'(Staatslehre)或'一般国家学'(Allgemeine Staat-slehre)。这种将国家的'属性'侧重在与人民的关系或法律关系上讨论,便产生法治国家理论。横亘十九世纪德国法学界讨论法治国家蔚为风潮,其中好几篇脍炙人口的著作,不仅讨论法治国的概念,同时也把法治国当成书名。按法治国家的德文用语为Rechtsstaat,便是将国家(Staat)和法(Recht)结合在一起,以和所谓的强权国家(Machtsstaat)相对应。此用语使人一望可知,系彰显国家应'依法而治'的意义。"[3]

在法国,孟德斯鸠对法治进行了自己的思考,论证了"法律下的自由和权力"的法治。卢梭以社会契约论、人民主权学说为基础确立了自己的法治学说,倡导自由、平等、人民主权、合法政府和法律至上。

美国的潘恩着眼于以人权为轴心的法治观。杰弗逊倡导洲权联邦

---

[1] [英]洛克:《政府论》(下篇),瞿菊农、叶启芳译,商务印书馆1964年版,第86页。

[2] 陈新民:《国家的法治主义——英国的法治(The Rule of Law)与德国法治国家(Der Rechtsstaat)之概念》,载《台大法学论丛》第28卷,第48页。

[3] 陈新民:《国家的法治主义——英国的法治(The Rule of Law)与德国法治国家(Der Rechtsstaat)之概念》,载《台大法学论丛》第28卷,第87页。

主义模式的法治学说，汉密尔顿则倡导国家联邦主义模式的法治学说……在资产阶级法治学说的指导下，他们开始了资产阶级的法治国家建设。

由古希腊缘起、古罗马发展，并由中世纪传承，乃至近代经资产阶级更新的法治，走过了一条漫长的历史道路，形成了自己的社会环境、文化背景、思想观念和理论学说。

（二）中国法治国家目标的提出

中国的法治国家是社会主义的法治国家。社会主义法治国家的首先提出，源自第一个社会主义国家苏联。在20世纪的20年代，苏联法学家马林茨基就提出，“苏维埃共和国是在法律制度条件下进行自己活动的法治国家”[1]。在中国，法治国家的提出，却经历了与西方，甚至与苏联都不完全相同的历史过程。

中国古代，并无西方意义上的法治学说或法治实践。所有的仅仅是将法作为手段或工具的“以法治国”含义的法治。以法治国的法治并不等于近现代法治的含义。西方意义上的法治，尤其是西方资产阶级所主张的法治，在中国是近代才从西方引入的。梁启超等人就是引入西方法治理念的第一批中国思想家。他在《中国法理学发达史》（1904年）一文中就多次使用了“今世之法治国”的用语，并认为，“法治主义是今日救时唯一之主义”。他在《管子传》一文中专门论证了管子的法治主义，并说“今世立宪之国家，学者称为法治国。法治国者，谓以法为治之国也。夫世界将来之政治，其有能更微于今日之立宪政治者与否，吾不敢知。藉曰有之，而要不能舍法以为治，则吾所敢断言也”。1997年党的十五大提出了依法治国，建设社会主义法治国家。1999年3月

〔1〕 王人博、程燎原：《法治论》，山东人民出版社1998年版，第414页。

全国人民代表大会又对 1982 年《宪法》进行了修改,将法治与法治国家予以了宪法确认,法治的目标意义更加突出。

在由非法治国家向法治国家发展的进程中,法治国家就是一定阶段国家发展的社会目标。在市场经济、政治民主的发展中,中国提出了建立社会主义法治国家的目标。这一目标的确立具有不可低估的重大意义,体现在众多的社会方面。

法治国家目标的确立有利于人权保障。法治国家是严格保障人权的国家。法治的创立在很大程度上有着保障人权的目标设定。法治国家都会把人权保障放到极为重要的位置来加以考虑。保障人权既是法治国家的目标也是法治国家的特征。我们确立了法治国家的目标就可以而且也必须把人权保障作为重要的社会理想和社会责任加以特别的重视。

法治国家目标的确立有利于市场经济的建立。市场经济的主体需要法律确定其地位,保障其权利;市场经济的各种活动需要法律来规范,各种矛盾需要法律来解决;市场经济体制的确立需要法律来确认;市场经济的正常发展需要法律保驾护航,离不开法律作用的充分发挥。没有法律和法治,就没有市场经济。市场经济是法治经济。最良好的法律和法治,只能是法治国家的法律和法治。总之,确立了法治国家的目标,有利于全社会名正言顺地开展法制和法治建设,为市场经济的发展提供更好的法治环境。

法治国家目标的确立有利于政治民主的进步。政治民主总是与法治密不可分的。首先,法治是政治民主的依据,政治民主总是由法治来保障的。没有法治,政治民主就缺乏依据,缺乏保障,进步了的民主也可能得而复失。其次,法治是政治民主的规范。政治民主并不是政治活动主体的随心所欲,它必须遵循一定的规范,按照必要的轨迹进行。确立政治民主规范和轨迹的最确定、最权威的规则只能是法律。最后,法治是政治民主的推动力、促进器。法律上的民主是政治民主的制度预设,是政治民主的先导。法治国家目标的确立为政治民主中的法治建设开辟了道路、确立了目标,在法治国家建设中的政治民主建设必将取得更大的成绩。

法治国家目标的确立有利于精神文明的发展。精神文明是法治发展的基础,法治发展是精神文明的先导和保障。法治以明确肯定的方式引导精神文明的发展方向,以国家权威性和国家强制力保障精神文明的健康发展。法治国家目标的确立,有利于运用法律良化社会风尚,弘扬传统美德,开创社会新风;有利于发展科学技术和文化教育事业,总之,有利于运用法律来推进和保护精神文明建设的发展。

法治国家目标的确立为法治建设确立了明确的奋斗目标。法治的发展必须有明确的目标,有了明确的奋斗目标,法治建设才能取得更大进步。法治的目标是多元多层次的。建设法治国家只是其目标之一。建设法治国家是最直接、最明确的目标。有了这一目标,法治建设必将获得更大的发展。法治国家目标对于法治建设具有指导方针的意义。

(三)法治国家的未来目标——法治社会

法治国家与法治社会是法治发展的两个相对独立,而又相互连接、前后相继的两个阶段、两个层次。中国早就有学者提出,“现今中国的紧迫任务,还只能是加强国家法制,首先建立法治国家,并经过长期努力,形成法治社会”〔1〕。

法治国家是否等同于法治社会?认清这一问题,首先必须明确的是“国家”是否等同于“社会”。对于国家与社会的分别,我们应当有一个清楚的认识。国家并不等于社会。西方学者普遍将国家与社会区别

〔1〕 郭道晖:《法的时代精神》,湖南人民出版社1997年版,第506页。

开来,德国法学家耶林就认为,“同国家相比社会处于更高的地位,国家所进行的活动仅仅是为了维护秩序,而秩序是社会的目的所决定的。国家只是社会组织的一种。作为国家基本手段的法律同样也不是唯一的有决定性的规范,像人们在社会接触中的仪式、礼节之类的伦理性规范也极其重要。国家从属于社会,国家是随着社会的产生、存在而产生和存在的,国家必须为社会的利益服务”〔1〕。“国家”与“社会”两个语词,不论在外文或是在中文之中,含义都是有区别而不会含混的。在我国社会科学中,对于国家与社会的理解,其分别也是显而易见的。“国家”在我国的权威性著作中一直被理解为“阶级统治的政治组织”,“是阶级矛盾不可调和的产物”,“本质是一个阶级对另一个阶级的专政”,“分为剥削阶级国家和无产阶级国家两种类型”,“作为阶级统治的工具,必将随着阶级的消灭而自行消亡”,“当人类进入共产主义高级阶段,国家将为更高级的社会组织所代替”〔2〕。而“社会”其实是人类社会的同义语,在我国权威性著作中被理解为“人们在一定物质资料生产活动基础上形成的相互联系的有机体,包括历史上形成的人们相互交往、共同活动的关系和形式的总和”〔3〕。或者将社会表述为“物质运动的最高形式,人们在特定的物质资料生产基础上相互交往共同活动形成的各种关系的有机系统”〔4〕。

在历史上,由于皇权至上,国家被不当地过度强化,社会被国家所吞食。在人们的心目中,所存在的是至高无上的以皇权作为代表的国家,而毫无社会的地位,甚至没有社会的影迹。国家和社会总是被一体化地理解,被有意无意地等同起来。片面的国家观念与国家实践,在过

〔1〕 吕世伦主编:《现代西方法学流派》,中国大百科全书出版社 2000 年版,第 296 页。
〔2〕《中国大百科全书·哲学》,中国大百科全书出版社 1988 年版,第 273~274 页。
〔3〕《中国大百科全书·哲学》,中国大百科全书出版社 1988 年版,第 770 页。
〔4〕《中国大百科全书·哲学》,中国大百科全书出版社 1988 年版,第 705 页。

去一段时期造成了“国家—社会”一体化的格局，以致人们除国家之外，不知道还存在一个居于国家之上，或作为其基础的、相对独立自主的民间社会。[1] 社会依附于国家，仅仅在国家无法关照的领域，或者在国家权力的缝隙中偶然而间或地存在。在专制国家中，社会是很难真正存在和发展的，国家权力像空气一样无处不在、无时不有，堵塞了人际交流交往的每一个毛孔。在专制国家中，没有真正的社会。国家的过度强势与社会的过度弱势构成了中国封建社会许多问题的症结。人们的生存空间因社会的弱势而狭小，国家则因社会的弱势而更加强化，在一些特定的历史阶段甚至出现了国家越来越强、社会越来越弱的“马太效应”。一般的社会舆论与社会大众不去也不会区别国家与社会，甚至将国家与社会等同起来，看作一回事。

20 世纪上半叶，中国的社会文化中依然没有明显的国家与社会的分别。随着中国的改革开放，人们才逐步意识到将国家与社会等同，或者用国家取代社会，是有害的，而逐步去寻找二者的分野。在中国建立市场经济的历史过程中，人们把社会建设使社会与国家各得其所的问题提了出来。在国家无能为力或不应涉足的领域，必然成为远离国家的社会空间。国家再不是社会的主宰者，而相反地，国家被社会所决定，作为一种社会现象而客观存在。人民将使国家回归其作为社会发展产物的应然地位，使社会成为名副其实的国家的基础和依据。

目前，中国的国家与社会一体化的格局尚未被完全打破，而且依然以制度状态普遍地存在。国家机关、国家工作人员乃至社会民众都在一定程度上保持着历史形成的国家迷信观念，但是人们毕竟已经逐步认识到了国家与社会的区别与差异，并且正在努力循着这种区别与差异，把国家与社会都建设得符合人类发展的需要，以推进人类的全面自

---

〔1〕 郭道晖：《法的时代精神》，湖南人民出版社 1997 年版，第 503 页。

由发展。市场经济的发展无疑是将国家和社会进一步区别开来的强大动力。社会和国家是不同层次意义上的法的基础。从立法上讲,法是直接由国家制定或者认可的,国家是法的最直接的创制者。在最终意义上,法还是由社会所决定的,由社会的物质生活条件与精神生活条件所决定的,是社会的产物。从法的实施上讲,法的适用总是由国家的特定机构——警察、监狱、法庭等运用国家强制力进行的;法的遵守也始终离不开国家强制力作为后盾,由国家提供强大的威慑力量予以保证。但法的实施总是以社会作为舞台的,法的实施过程本身就是人类的社会活动方式与内容之一。法的实施是以社会作为基础的人类关于法的实践活动。国家是法的载体,社会是国家与法的载体,当然更是法的载体。国家与法都是以社会作为基础的。

社会与国家是不同范围意义上的法的空间。法都是在国家的空间内存在的。自从法产生以来,法都没有超出以国家意志作为表现形式的范围,每一部国内法典,都是一定国家在特定历史时期的作品,其“署名”权都归属于国家,即使是那些以个人名义命名的法典,在根本上也不是私人的物品。即便是国际法,也被人们理解为国家与国家之间的用以确定相互权利义务的条约、惯例等行为规则的总和。国家是法得以存在和发展的空间。法更是在社会空间中存在的,它作为社会关系的调整者,作为一种社会规范或社会规则,离开社会就会变得没有任何实际意义。即便是国际法,也被认为是国际社会的产物,是调整国际关系的准则。国际法的实施更是离不开国际社会中各国的积极参与和多数国家的信守。也可以说,国际社会是国际法生存与发展的空间。

法与国家之间的关系备受关注,法与社会之间的关系也应当受到应有的重视。法治的问题,不仅是国家的问题,而且也是社会的问题。因此,法治化不仅是国家的,也是社会的。在将国家与社会区别开来的前提下,我们再来探讨法治国家与法治社会的分别就具有现实的可能。

对于二者之间的区别,法学界尚无学者作出较为详尽的论述。在此笔者仅仅是论述自己对于这一问题的一些粗浅的看法。在笔者看来,法治国家与法治社会的区别主要在于以下的几个方面:

一是在法治发展中存在的历史阶段不同。法治发展是一个历史的过程,在这个历史过程中,法治国家是法治社会的基础,先于法治社会而存在于法治发展的历史中;法治社会是法治国家的延展,是法治国家发展到高级阶段继续进行法治建设而出现的法治状态,是法治发展的高级阶段。但是值得特别注意的是,法治国家和法治社会这两个阶段并不是截然分离的。其实在法治国家的发展形成过程中,法治社会也在逐步生成。法治社会的萌生并不是在法治国家建成之后,而是在法治国家的建设之中。只是法治国家的建成并不等于法治社会的建成。从法治国家建成到法治社会建成还有一个漫长的历史过程和发展过程。基于此,我们也可以说,法治国家是法治社会的准备,法治社会是法治国家的深化。它们形成于法治发展的不同历史时期,共同构成一个国家法治发展的历史过程。

二是法治化的目标不同。在法治国家的建设中,追求实现的法治化目标是"国家法治化"。国家是法治化的对象,国家从只制定法律,到不仅制定法律而且更自觉地接受法的制约、服从法律。在法治国家建设的初期,国家是法律的制定者,真正的法律制定者——人民往往被国家巨大的身影所遮掩。在法治国家逐步形成之后,国家不再是简单的法律制定者,而仅仅是法律制定者——人民的集中意志的代表者。面对人民的意志,国家的意志不再至高无上。甚至在法律上除了人民的意志外,没有什么国家意志。国家不过是一定地域范围内人民的总称,国家仅仅是一种符号和象征,而不是意志的主体。在法治社会建设中,追求的法治化目标是"社会法治化"。国家继续保持其在法治国家阶段所形成的法治品格。社会的全面法治化将成为新的时代任务。法治不仅是约束国家权力的工具,而且是一种社会管理机制、社会活动方式和社会秩序状态,社会以普遍的法治化状态存在和发展。

三是法治发展的主导力量不同。在法治国家的发展中,国家是法治发展的主导力量。国家如果能够自觉地推进法治,服从法治,法治就能得到迅速发展。反之,如果国家还继续保存非法治状态下形成的专横恶习,法治就会受到阻碍。所以,法治国家的推行必须依赖国家的自觉与自律。在法治社会的发展中,社会则成为法治发展的主导力量。法治社会中的国家经受了法治国家建设的洗礼,早已具有了法治的自觉与自律,面对人民自觉地处于次要的、辅助的、服从的地位。由人民大众的交流交往而形成起来的社会,成为了法治发展的决定力量,主导法治的发展。

【附记:本文曾发表于《现代法学》2002 年第 5 期】

11. 法治国家的理论基础

法治国家的理论基础为何,对此问题进行研究,并得出较为科学的认识,对于法治的理论研究和社会实践都具有十分重大的意义。对此,学术理论界并无清楚的认识,个别学者发表了自己的看法,但疏漏与歧见颇多。法治国家的理论基础内容是十分丰富的,很难,甚至无法对其进行毫无遗漏的总结。但在总体上,它主要包括民主治国的理论、权力控制的理论和法治优越的理论。在开始具体的论述之前,需要说明的是,本文在一般论述中所使用的“法治”一词,若无特别的说明,均是指近现代意义上的法治。

一、法治国家的理论基础解读:理性根据论

法治是以民主作为基础的运用法律来进行国家和社会管理的手段、方式和结果的总称。它包括社会制度状况和社会秩序状态,是一种整体化的社会模式。对于一个非法治的国家和社会来说,要实现法治化,本身就是一场深刻的社会革命。这场革命如果没有自己的理论基础,就很难进行,甚至根本就不可能

取得真正的成功。然而,在法治的理论基础问题上却有着种种误解,一直影响着我们关于法治的理论研究和社会实践。

对于法治的理论基础的第一个误解是,以为是否认识到法治的理论基础并不影响法治。可以将其概括为法治理论基础的"可有可无论"。

这种认识是根本错误的。第一,法治的重要意义要求有其理论基础。法治对于任何一个国家都是至关重要的。它直接关系到一个国家、一个民族的政治运作方式、社会组织形式、社会秩序状态。法治与非法治对于一个国家和社会的发展进程、速度都有重要的影响,或者是极大的促进,或者是严重的制约。法治的重要作用要求我们必须认识清楚其理论基础,以使法治的作用得以充分发挥。第二,法治的理论基础对于法治具有重要的意义。法治不是一种偶然的社会实践,它是一种有理性的社会活动,是一种整体性的社会实践。只有具有理论基础的法治才具有深刻的根基。只有认识到了法治的理论基础,我们才可能对于法治具有坚定不移的信心。当我们遇到挫折的时候,才会有克服困难、争取胜利的勇气。只有认识到了法治的理论基础,我们才能说服民众,发挥民众在法治中的主体作用。没有民众的参与,任何法治终将是泡影。第三,人类的法治探索的确为我们的法治奠定了理论基础。人类的法治探索,从泛义上讲,远的已有两千多年的历史,从严格的意义上说,近的也有数百年的历史。在漫漫的社会演进中,许许多多的思想家、政治家、法学家都进行了极为艰苦的理论探索。他们为人类的法治积累了大量的精神财富。如果我们不去寻求法治的理论基础,也就等于自动地放弃了人类历史上积淀下来的有关法治的理论成果,就难免要多犯一些错误,付出完全没有必要的代价。第四,中国的法治尤其需要确定自己的理论基础。对于一个幅员辽阔、人口众多、历史极其悠久的民族来说,从非法治状态走向法治,必然是一个极为复杂的社会工程。在法治建设中,我们不能也不应当犯任何较大的错误。为此,在启动这一社会工程的时候,以及在这一工程建设的过程之中,我们必须寻找到其科学的理论基础,并以此为我们拟订法治化方案、确定法治化进程、实施法治化措施的重要依据。只有这样,这种全社会性质的法治才可能在全社会都认同的基础上进行。也只有这样我们的法治才可能具有更大的科学性,才可能达到真正法治的理想。

对于法治的理论基础的第二个误解是将法治的理论基础和指导思想相混淆,认为法治的理论基础就是法治的指导思想。我们可以将其称为“指导思想论”。这也是不应有的误解,其实,法治的理论基础与法治的指导思想之间有着重要的区别。

指导思想是指在人们从事某种社会活动中,具有指示和教导意义的意识,它具有行动指针和行动导向的性质。理论基础是指人们从事某种社会活动的系统化的知识根基,它具有系统化的知识基础和理论根由的性质。指导思想是人们行动的意识指针,可以使人们方向明确,不犯错误或者少犯错误,顺利地实现既定的目标;理论基础是人们立论的知识依据,可以使人们有坚强的信心,持之以恒,正确地达成自己的目标。指导思想表现为思想观念,理论基础表现为理论学说;指导思想侧重于政治方向,理论基础侧重于科学根据;指导思想具有明确的针对性,理论基础具有普遍的基础性;指导思想是行动的思想指导,理论基础是立论的逻辑起点。二者不可混同。将其混淆就可能在使指导思想不能发挥应有作用的同时,又使理论基础被不恰当地忽略,甚至使人们的社会行为因缺乏理论根据而缺乏信心。关于指导思想与理论基础的差别,此前并未引起人们的足够重视,也未能将其区别。尤其是在法治问题上,法治的指导思想与理论基础不仅未被很好区别,而且还被混同,不利于法治的正常发展和顺利进行。

法治是重大的社会工程和长期的社会过程,既需要正确而明确的指导思想,也需要科学而深刻的理论基础。缺乏其中任何一个方面,都会影响法治的正确进行与顺利进行。混淆二者之间的差别,必将影响法治的顺利进行和深入开展,甚至可能动摇实行法治的信心,或在法治建设中出现不应有的失误。

法治的理论基础是法治的理性根据。也许可以称为"理性根据论"。之所以说法治的理论基础是法治的理性根据,是因为:

第一,法治的理论基础是人类管理国家和社会的智慧结晶。人类社会一出现,即产生了社会管理。即使在原始时代,人类的管理能力和水平都极为低下,但不可否认的是当时也存在或多或少的社会管理。随着社会的发展,社会管理越来越复杂、广泛,社会管理的手段也越来越丰富,逐步产生了道德、风俗、习惯、教规、法律等社会管理规则。至于国家管理不过是社会管理的特殊形式而已,其管理也是社会管理。各种社会管理规则都在国家管理中发挥着重要的作用。尤其是法律更是为国家管理活动所必需。在人类社会管理及其国家管理中,人类曾经进行了,而且至今依然继续进行着复杂的社会实践。其中,有人类成功的经验,也有人类失败的教训。人类就是在不断总结经验和教训的基础上从事自己的社会管理活动的。人类曾经尝试过许许多多社会和国家管理的手段、方式和模式。有人治、德治、礼治,也有法治。通过古今中外无数次的社会实践,人们千百次地发现,只有法治才是最可靠的。为法治理论作出了杰出贡献的人中,许多本身就是政治家,本身就曾用自己的生命去探求过社会管理和国家治理的方式。他们中的许多人最终得出结论:只有法治才是最好的社会和国家管理方式。早在柏拉图之前的必达库斯就提出过"人治不如法治"。亚里士多德又提出并论证了"法治优于人治",并构想了自己关于法治的理想模式。近现代的法学家、政治学家们更多地投身于法治理论的探讨,为法治的创新作出了空前的理论贡献。法治是人类经验教训的总结,法治的理论基础则是人类法治实践的智慧结晶。

第二,法治的理论基础是人类千百年力行法治的科学根据。人类进行法治实践的时间,可以追溯到两千年以前。尽管当时的法治还不是我们近现代法治的含义。但是,完全可以肯定地说,那就是人类关于法治的初步探索和社会实践。在古希腊的梭伦立法以后,雅典城邦"进入'法律'统治,亦即希腊语所称为优鲁米亚时代。……希腊城邦政治制度中的法治传统,遂于此奠定"〔1〕。可以说,在古希腊,法治的理论已经萌芽,并且在优鲁米亚时期初步尝试过法律的统治。柏拉图经过自己的学术思考和人生体验,在晚年把法治国家视为仅次于哲学王国家的第二等好的国家。亚里士多德更是法治的倡导者,从理论上较为全面地探讨了法治。在古罗马,法治就再不是古希腊的情形,法治在更大程度上被作为一种社会实践。"罗马人不是有关法治理论的首创者,他们却首先实践了一种制度,创造了一种形式化的法律体制。"〔2〕古罗马的法学家们不再主要是哲学家,而是法官。古罗马法学家这一身份对于其法治的推行是极为有益的。如果说古希腊对于法治的贡献主要还是法治思想的话,其法治思想就是古罗马法治实践的思想准备,古罗马的法治实践则是整个西方法治发展的历史前奏。在罗马帝国破灭以后,法治一度进入了低潮。经过几个世纪的时代变迁,西方资产阶级学者又以恢复罗马法为口号,开始了新的法治理论探索。随着资产阶级政权的建立,作为反封建武器的法治又以全新的面目回到了政治舞台。以英国、法国、美国为代表的资本主义法治建立起来。各国的法治实践各有特色。中国经历了重重苦难之后,深刻认识到必须走法治之路。中国法治的实践正凯歌行进。人类千百年的法治实践都是在一定科学

---

〔1〕 顾准:《希腊城邦制度——读希腊史笔记》,中国社会科学出版社 1982 年版,第 125 页。
〔2〕 王人博、程燎原:《法治论》,山东人民出版社 1998 年版,第 241 页。

理论基础上的社会实践,中国的法治也不例外。它也必须是在科学理论基础上进行的。尊重法治的理论基础也就是尊重法治的理论根据。

第三,法治的理论基础是人类社会全面走向法治的精神依据。人类是有理性的动物。这种理性使得人类的社会行为也如同人类的劳动一样,是以一定的理性作为指导和根据的。人类的劳动如此,人类的法治实践也是如此。人类进行法治实践必须依赖其意志、理性,必须有其精神的依据。法治的理论基础正是人类关于法治的理性体现,而且是法治的理性中最为严密、科学的部分,它是法治的精神依据。

法治的理论基础,可以在历史与现实中寻找。东西方古代虽然没有近代意义上的法治,但是的确存在以法治国或类似法治的社会实践,而这种社会实践并不是毫无理论根据的。那些理论的确不能成为当代法治的根据,但作为一种文化,不管人们是否承认它是基础,它都以历史文化的基础状态存在着。因此,中国古代的"以法治国"的理论依然是现代中国法治所必须尊重的文化性质的理论基础。其合理的部分理当受到重视。完全放弃这一部分,就是对文化遗产的轻视和无知。法治是近现代的社会现象与社会状态,现实中关于法治的理论,当然是我们所遵从的。法治的理论基础是从古及今发展而来的,切不可完全地无视历史的理论成就。有史以来,人类关于法治的正确理论,或者对于法治有益有用的理论,都是我们现代法治的理论基础。

法治的理论基础有来自中国的,也有来自外国的。法治作为社会管理经验积累的产物,本身就属于全人类的精神财富和制度财富。其中包含人类共同的贡献。法治理论也并不是仅属于某一个国家或民族的。人类的知识没有国界,人类的法治理论也同样是没有国界的,只要它是科学的,对于法治是必需的或者有益的,就应当毫无疑问地把它作为理论基础来对待。

法治的理论基础并不仅是法学家和法学的研究对象,哲学家和哲学、社会学家和社会学、政治学家和政治学、人类学家和人类学等都从不同角度对法治进行过考察和研究。可以从不同的角度对法治的理论基础进行概括和总结。法治也的确是一个可供多学科研究的社会现象,不同学科对于法治的理论贡献都应当被视为法治的理论基础,而不能将法治的理论基础局限于任何一个单独的学科或某几个学科。

二、法治国家的理论基础之一:民主治国论

(一)民主治国优于专制治国

通观历史,治国的方式是多样的,有人治、法治、德治、礼治等。在总体上,无非是民主之治与专制之治而已。在民主和专制之间,唯有民主为最好的治国措施和方略。民主的本意为多数人的统治,多数人的权力或者多数人决定。专制则是指权力为一个人或一小集团所掌握,不受任何其他限制。从治国方式上讲,民主治国与专制治国的差别就在于是多数人治国或是少数人治国。多数人治国即为民主治国,少数人治国即为专制治国。将民主治国与专制治国相比较,民主治国的优越性主要表现为:

民主治国比专制治国更能获得民众的支持。民主治国实为多数人治国。治国的意志是多数人的意志,因而,民主治国更符合多数人的意愿,它必然会赢得多数人的支持,多数人都会基于自身的认识,而对治国的方针和策略表示理解和赞同。在民主的国家中,由于治国者本身就是社会民众或者他们是以民众的意志为其意志的,所以治国者就可以拥有广泛的群众基础。其对国家和社会的管理活动就能够更好地得到社会民众的支持。赢得民众,对任何社会的统治者来说都是必要的,而民主治国正是赢得民众的正确道路与唯一选择。

民主治国比专制治国少犯错误。民主治国与专制治国的差别不是

犯错误或者不犯错误,而是可能多犯错误或者少犯错误。“在许多事例上,群众比任何一人有可能作较好的裁断。又,物多者比较不易腐败。大泽水多则不朽,小池水少则易朽;多数群众也比少数人不易腐败。单独一人就容易因愤懑或其他任何相似的感情而失去平衡,终致损伤了他的判断力;但全体人民总不会同时发怒,同时错断。”[1]民主治国中由于坚持了多数人决定,集中了多数人的智慧,因此,多数人犯错误的可能性就比少数人犯错误的可能性低。民主治国即能在相当大程度上避免专制治国的错误。在失误概率上民主治国所占有的优势,是民主治国比专制治国优越的重要根据。

民主治国比专制治国更易于纠正错误。正如前面所言,民主治国并非不犯错误,而仅仅是少犯错误而已。非但如此,一旦错误发生,民主治国比专制治国更易于纠正错误。因为民主治国中,多数人更容易发现错误,一旦发现错误,错误就有获得纠正的可能。而且在民主治国中,不仅保障多数人的权利而且还保留少数人演变为多数人的途径。只要有人认识到错误,即使他们是少数人,也可以因其认识的正确和时间的延续,而发展成为多数人。一旦少数人成为多数人,原有多数人的决定就会为新的多数人所纠正,错误就可能被及时地纠正。民主治国对于错误的良性校正机制,同样是民主治国比专制治国优越的重要根据。

民主治国比专制治国更有利于保护反对者的利益。民主治国并不是民主的专制。在专制治国下,少数人本身就是不尊重多数人的,如果它尊重多数人就不再是专制治国了。专制者对反对者总是持一种敌对和敌视的态度,甚至会对反对者进行镇压。而民主治国本身是按照多数人的意见办事的,保护少数人并不会影响多数人决定的贯彻;相反,

---

〔1〕[古希腊]亚里士多德:《政治学》,吴寿彭译,商务印书馆1965年版,第163~164页。

保护持不同见解的少数人正是多数人修正自己错误的必需,是使少数人可能成为多数人的必须。真正的民主治国,不仅不会仇视反对者,而且还会保护和尊重反对者。保护少数人是民主政治发展到高度理性的产物,也是民主与专制的重要区别之所在。因此,民主治国中就能容忍甚至保护反对派和反对者,而专制治国中就断无这种可能。

对于民主治国和专制治国的认识,一定要避免那种民主治国在任何方面都好,专制治国任何方面都坏的观念。〔1〕其实,专制治国有它的“好处”。“君主政体比共和政体有一个显著的优点。事务由单独的一个人指挥、执行起来,较为迅速。”〔2〕“民主政体,作为一种统治方法,受到一些根本的限制,还受到一些在原则上难以避免的限制,根本限制主要有两个来源,即某些决定必须作得迅速;另一些决定需要专门知识。”〔3〕认识到专制治国的“优越性”和民主治国的“缺陷”,也就不会对专制治国的存在“合理性”有怀疑,而是更冷静地对待专制治国的“优越性”,更加理智地选择民主治国。同理,也就会正确对待民主治国的缺陷,并努力克服民主治国的缺陷。人类之所以愿意选择民主治国,不是因为它在任何方面都比专制治国好,而仅仅是因为民主治国比专制治国具有更多的优越性,仅仅是人类不愿意犯更多的错误。任何错误对于历史来说,只是一瞬间,但对于每一个人来说,则可能是一生;对于人类来说,则可能是一代人或者几代人。人类不愿,也不能承担如此沉重的成本。因此,人类必须毅然决然地选择民主治国而摒弃专制治国。

---

〔1〕提出这一见解的原因有二:一是它是科学的真实;二是它有利于我们理智地对待专制政治或专制政治的主张,作出明智的抉择,更不会因偶然看到专制政治的“优点”而放弃民主。

〔2〕[法]孟德斯鸠:《论法的精神》(上册),张雁深译,商务印书馆 1963 年版,第 56 页。

〔3〕[英]伯特兰·罗素:《权力论:新社会分析》,吴友三译,商务印书馆 1991 年版,第 136 页。

(二)民主治国需要法治

民主治国比专制治国优越,但是民主治国必须依赖法治,必须实行法治。因为,民主治国需要法治来确认民主的基本制度,民主治国需要法治来贯彻与实现,民主治国需要法治来消除向专制治国转化的可能性与现实性。法治是实行民主治国,防止民主治国向专制治国畸变的根本措施。为此,民主治国就需要法治。

首先,必须运用法律从国家制度意义上确认民主的地位并保障民主的实现,保证国家和社会根本而首要的主体为全体人民。民主的国家制度对于民主是非常重要的,用法律确认国家制度上的民主,是最首要的。若非如此,民主就缺乏存在的法律根据,就可能被篡改或者被公然改变。在国家制度的民主上,最首要的是用法律的形式来宣告民主的国体和政体,最重要的是运用法律将民主予以具体的制度化。也就是说,民主不仅是依靠法律来宣告的,而且是依靠法律来落实和贯彻的。必须将民主表现和转化为具体的国体法律制度和政体法律制度,民主才可能获得严格的法律保障。

其次,必须运用法律规制权力的行使,防止权力不按民主的途径和方式运行,保证权力运行的民主。权力的制约是必须的,而制约权力的方式是多样的,可以采用权力制约权力的方式、权利制约权力的方式、责任制约权力的方式、法律制约权力的方式等。综观各种方式,其实,权力制约权力的方式、权利制约权力的方式、责任制约权力的方式等,都离不开法律制约权力的方式,他们都以法律制约权力作为实现的途径。没有法律,权力会摆脱其他权力的制约,更不会受权利的约束,责任也会变得没有外在的强制意义。要防止权力的运行的无序或者混乱,就必须为权力的运行设置轨道和规则。法律的规定正是这样的轨道和规则。唯有如此,权力运用的民主才可能有所保障。

再次,必须运用法律从社会层面上保证人民的民主权力与民主权利,实现社会普遍的民主。民主权力与民主权利是民主的重要内容。在民主治国中保证人民民主权力和民主权利的拥有与实现,是社会普遍民主的最基本、最普遍的部分。社会层面的民主最为广泛。没有法律这种统一而普遍的规则,其他任何手段都无法彻底防止人民权力和权利被剥夺。法律不仅为人民的权力与权利提供了制度根据,而且为他们得以实现提供了程序保障。法律对于权力和权利的意义,远非只有认可,而且更有确保其现实化的途径与方式。一旦人民的权力或权利受到侵犯,他们可以通过申诉、控告、检举,可以通过诉讼来解决。如果说申诉、控告、检举的方式还没有严格的程序保证,那么诉讼的程序保证则是最为严格而绝少疏漏的。在这一方面,法律的作用是其他任何手段都无法替代的。

又次,必须用法律保护少数人,设置民主的救济措施。民主不是不犯错误,只是少犯错误而已。民主随时都应当有修正的机制和救济的措施。民主的错误实际上是多数人的失误,要防止民主犯错误,就必须在服从多数人的同时保护少数人。如果说一时的少数人可以成为另一时的多数人,那么这种对少数人的保护,也就是对潜在多数人的保护;如果说多数人的错误可以由原来的少数人来纠正,那么这种对少数人的保护,实际上是对多数人可能失误的救济。服从多数人是容易的,而要保护少数人却可能是困难的。唯有法律能够使保护少数人成为制度,并将其贯彻。只有有了法律的规定,才不至于酿成多数人的专断或者专横,才能具有少数人获得保护的制度根据,民主才是完善的。

最后,必须用法律来防止民主向专制的畸变。民主对于权力的行使来说,是最为科学的方式。然而,民主对于拥有权力的个人来说也意味着是一种约束。我们所必须考虑的第一个方面的问题是,行使权力的个人可能背离民主。权力是由民主掌握的,这是在总体上和根本上说的。在具体的社会生活中,每一个权力的具体行使都是通过具体的个人来进行的。这些有权运用权力的个人就始终存在背离民主的可能性。这种背离有可能是故意的,有可能是无意的。因为现实中的个人都是有独立思维、个人意志、个人利益的个人。其中,就难免有人会为自己的私利考虑,故意滥用权力或者扩展权力。权力的滥用或权力的扩展,都是对民主的侵犯。此外,由于行使权力的人的能力、知识的差异,他们中有的人也可能过失地滥用权力或者扩展权力。不论其主观状况如何,都是对民主的侵犯。民主一旦受到侵犯,民主治国就可能逐步为专制治国所取代。我们必须考虑的第二个方面的问题是,民主的不完善可能导致民主畸变为专制。民主的发展是一个渐进的过程。民主制度的完善更不是一蹴而就的事。民主和民主制度的疏漏都可能给专制留下可乘之机。我们必须考虑的第三个方面的问题是,民主自身的缺陷也有使民主畸变为专制的可能。民主是多数人决定,多数人可能有多数人的误解和多数人的失误。多数人的误解与失误也可能使民主向专制恶化。为了防止权力行使者滥用权力和扩展权力,必须依靠法治来规范权力;为了民主不因其不完善而被专制所取代,必须依靠法治来预防;为了民主不因其自身的缺陷而转化为专制,必须要法治来救济。

民主治国与专制治国相比较的优越性表明了民主治国的必要性,形成了民主治国的理论学说,民主治国对于法治的要求,以及对其的理论认识,使民主治国理论成为了法治的理论基础。

(三)民主治国与中国民本主义思想

历史上,中国政治的主流文化一向推崇的是集权主义。与此同时,中国也有一种完全不同于西方人文主义和人本主义的民本主义长期生存,它极具中国文化的特色。中国的民本主义是在两重意义上被设定的。一是在民与神的关系上，民为神本；二是在民与君的关系上，民为君本。就民为神本来说，[1]在西周时期就认为，“天道远，人道迩。”[2]“天之爱民甚矣。”[3]“民，神之主也。”[4]“国将兴，听于民，将亡，听于神。神，聪明正直而壹者也，依人而行。”[5]“民之所欲，天必从之。”[6]就民为神本来说，在周的晚期就已经受到了相当的重视，老子提出“圣人常心，以百姓心为心”[7]，孔子则提出“因民之利而利之”[8]。孟子更进一步提出“民为贵，社稷次之，君为轻”[9]。到西汉，贾谊将民本思想发展扩充为“闻之于政也，民无不为本也。国以为本，君以为本，吏以为本”[10]。荀子的舟与水的比喻乃流传千古：“君者舟也，庶人者水也。水则载舟，水则覆舟。”[11]“民本”一直被历代开明君主作为古训，并被一些社会精英作为进行社会批判的武器。

中国的民本思想，远不是民主思想。“在中国古代，民本学说只能作为绝对君权的抑制剂、制动刹发挥作用，而不可能直接导向主权在民的以社会契约论为基石的民主政治轨道。”[12]但是，“当民主主义开始萌动之际，古老的民本主义再度发挥其社会批判功能，并成为生发近代

[1] “民为神本”，仅是笔者的认识。在中国文化史和法律史的著作中，多称之为“人为神本”。其实，应将其概括为“民为神本”才对，因为中国古代许多相关著作中的“人”都包含“民”的含义，或者直接指的就是“民”。作为民本意义上的“神之本”也应作“民”的理解才对。从后面的论述中，读者也可以看到这一点。

[2] 《左传·昭公元年》。

[3] 《左传·襄公十四年》。

[4] 《左传·僖公十年》。

[5] 《左传·庄公三十二年》。

[6] 《左传·昭公元年》。

[7] 《老子》第四十九章。

[8] 《论语·尧曰》。

[9] 《孟子·尽心下》。

[10] 贾谊：《新书》（亦称《贾子》）。

[11] 《荀子·王制》。

[12] 冯天瑜、何晓明、周积明：《中华文化史》，上海人民出版社1990年版，第184页。

民主主义的生长点"[1]。

民主思想对于法治有着根本的影响,它实际上也是立法者制定法律的重要价值趋向。中国社会传统的民本思想在现代社会依然很有影响力,它在一定程度上可以对民主起到引入的作用。而且,民本思想绝对比单纯的专制思想要进步得多。但是,由于"民本思想"毕竟是"君权思想"之下的产物,所以它骨子里包含的并不是现代民主与法治。如果将民本理解为民主,那么民本就会成为民主的障碍,从而影响法治。民本主义在一定意义上有助于民主治国,也会在一定意义上成为民主治国的障碍因素,并进而影响法治。因此,必须理性地对待中国既有的民本思想。

三、法治国家的理论基础之二:权力控制论

(一)权力的来源要求权力控制

权力的内涵和外延都十分复杂。这里所讲的权力实际上是政治权力。权力从何而来,是政治学和法学探讨的重要课题。对于权力的来源,学者有不同的见解。权力如何获得的?通过什么方式获得的?盖尤斯说,"一切权利都是从人民来的。皇帝的命令何以有法律的效力呢?因为皇帝的地位是由人民给他的;官吏为什么有权力呢?因为官吏是人民选举出来的"[2]。乌尔比安认为,"皇帝的旨意具有法律效力,因为人民通过 Lex regia(《国王法》)中的一段话把他们自己的全部权力授予了他"[3]。资产阶级学者更是普遍承认并论证了"主权在民"

---

〔1〕 冯天瑜、何晓明、周积明:《中华文化史》,上海人民出版社 1990 年版,第 185 页。

〔2〕 陈允、应时:《罗马法》,商务印书馆 1931 年版。转引自王人博、程燎原:《法治论》,山东人民出版社 1989 年版,第 17 页。

〔3〕 [古罗马]乌尔比安:《论法律》(第 1 卷),人民出版社版,第 1、2 章。转引自王人博、程燎原:《法治论》,山东人民出版社 1989 年版,第 17 页。

的权力根据。社会主义的宪法也一再宣布,国家的一切权力属于人民。[1]

随着理论的发展和认识的进步,主权在民已经没有疑问。人民是权力的最终来源。任何权力都是一定社会成员共同赋予的。原始社会的公共权力来自人民,政治国家无非是对原始社会公共权力的取代而已。政治国家的权力仍然是在人民都交出自己的一部分权利的基础上建立起来的。

人民运用法律为权力的运用设定模式,从而控制权力。权力来自人民,当它一旦与人民相分离,就具有了一种脱离人民的倾向和离心力。要确保权力忠实于作为其基础的人民,就必须有对于权力的必要控制,防止权力远离人民或背叛人民。人民是一个整体,人民对于权力进行控制的意志,只有通过法律才能得以表达。法律可以为权力的运用预设一个既定的模式。也只有法律才能作为人民整体共同意志的表现形式,对权力及其行使进行规范,防止权力成为没有约束的权力或者失去约束的权力。也许正是因此,有的学者直接把权力与法律连接起来,认为权力是法律秩序的效力和实效。“人民所从属的那种国家权力不过是法律秩序的效力和实效,而领土和人民的统一就是从这一秩序的统一性中引申出来的。如果主权被认为是国家‘权力’的一种属性,这一权力一定是国内法律秩序的效力和实效。”[2]

人民还可以运用法律所预设的模式来检测权力运行的状况,并适时校正权力的运行状态。法律具有模式的意义。人民可以通过法律对权力的范围、等级、效力、行使的程序、后果、责任等作出规定。法律,一

---

〔1〕 我国1949年的《中国人民政治协商会议共同纲领》、《中华人民共和国宪法》,虽然起伏跌宕,但“中华人民共和国一切权力属于人民”的宪法原则始终未曾改变。

〔2〕 [奥]凯尔森:《法与国家的一般理论》,沈宗灵译,中国大百科全书出版社1996年版,第283页。

方面是对权力行使者的要求，另一方面也是人民检验权力行使状况的根据和准则。

(二)权力的性质要求权力控制

权力具有相对性、支配性、权威性，权力的这些属性提出了需要对权力进行控制的法律要求。

权力都是相对的。从应然的意义讲，权力的相对性至少包括：(1)权力必须受到人民权利的制约。权力和权利在各自基本定位明确的情况下，形成相互消长的关系。(2)权力总是在一定地域范围内存在的。一个绝对普遍的权力是不存在的。事实上，任何权力都要受制于一定的地理范围。(3)权力总是在一定社会层面上成立的。一个能调整任何社会方面的权力不复存在，它要受制于社会领域的范围。(4)不同性质的权力总是有所分别的。不同的权力应由不同的机构行使，权力和权力之间应当有所区别。(5)不同的权力拥有者拥有不同的权力。不同机构之间具有相对独立的性质，权力机构和权力机构之间不能混同其权力。权力的相对性要求对权力予以必要的规制，使其不至于超出应有的范围而绝对化，而泛滥，从而导致权力的恶性膨胀。绝对的权力必然导致专制。柏拉图曾告诫世人："绝对的权力对行使这种和服从这种权力的人，对他们自己和他们的子孙及其后裔，都是不好的；这种企图无论是以任何方式都是充满灾难的。"[1]

权力具有支配性。权力的支配性体现在几乎所有的权力定义之中。在西方，关于权力的学派主要为韦伯主义和帕森斯主义。韦伯认为，"权力是某种社会关系中一个行动者将处于不顾反对而贯彻自己意

---

[1] [古希腊]柏拉图：《第七封信札》，第334页。转引自王人博、程燎原：《法治论》，山东人民出版社1989年版，第7页。

志的地位的概率，不管这种概率所依据的基础是什么。”〔1〕其中“不顾反对而贯彻”显然是权力支配性的表现。作为韦伯权力定义派生的布劳权力定义认为，权力是“个人或集团通过威慑力量不顾反对而把其意志强加于他人的能力”。〔2〕其中“强加于”也同样表明了权力的支配性。帕森斯把权力定义为，“当根据各种义务与集体目标的关系而使这些义务合法化时，在如果遇到顽抗就理所当然会有靠消极情境制裁去强制实行（无论这种强制机构可能是什么）的地方，权力是一种保证集体组织系统中各单位履行有约束力的义务的普遍化能力”〔3〕。其中“强制实行”也同样表明了权力的支配性。在我国，普遍认为：权力首先就是指政治上的强制力量，其次是指职责范围以内的指挥或支配力量。权力的支配性首先表现为权力是一种支配力量，它可以要求人们作出某种行为，包括允许人们做什么、要求人们做什么和禁止人们做什么。其次表现为权力具有强制性。任何权力都具有一定的强制性。权力都是以相应的服从的存在作为条件的。如果不具有强制性，权力就无法强迫社会成员服从。权利强制性的实现需要法律，防止权力强制性的滥用同样需要法律。权力是具有支配性的。没有支配性的权力就失去了权力应有的性质，甚至不成其为权力。权力的支配性使得权力具有了相对人不得不服从的性质，也使得权力具有滥用的可能性。权力的支配性是不可缺少的，这种不可缺少的属性又使对权力的法律控制成为必须。

权力具有权威性。没有权威性就没有权力。不论是什么学者，在

---

〔1〕 转引自［英］罗德里克·马丁：《权力社会学》，丰子义、张宁译，生活·读书·新知三联书店1992年版，第81~82页。

〔2〕 ［英］罗德里克·马丁：《权力社会学》，丰子义、张宁译，生活·读书·新知三联书店1992年版，第83页。

〔3〕 ［英］罗德里克·马丁：《权力社会学》，丰子义、张宁译，生活·读书·新知三联书店1992年版，第85~86页。

对权力进行定义或者论述时,都无一例外地肯定权力具有权威性。权力权威性的来源主要是两个,一是权力运作的规则性。无规则的权力运作只会导致人们的反感、不安,而绝不可能给人们和社会带来自觉服从与安全稳定。二是权力运作的公开性。公开是权力的必然属性与基本要求。没有公开性,权力就没有权威性,其特定性就难以明确,强制性就难以体现,权威性就无从产生。权力的公开性是权力运行的可预测性必要条件,但权力未必能使自己的公开性得以彻底贯彻和体现。如果运用法律来规制权力,就可能保证权力的权威性。法律的规则性、公开性和可预测性与权力的权威性相得益彰。

权力相对性、支配性、权威性都决定了它必须有既定的规则作为其正常运行的保证。而能符合权力的性质又能使权力不至于异化的规则,只有法律,只有良法而又很好地实现的法治状态,也就是只能在法治的社会环境之中,权力才能不发生变异。

(三)权力的行使要求权力控制

权力的拥有与行使可否是不同主体,是一个争议已久的问题。有的学者认为权力是不可分解的,有的学者则认为是可以分解的。在专制统治之下,权力是没有可否分解的问题。然而,代议制产生,[1]人类社会的文明进步已经使民主成为了人类普遍的追求(不管这种追求是否成为了现实,这是另一个问题)。在民主政治中,权力的不可分解只是在根本意义上的。抽象的整体的权力属于人民,在这个意义上,权力不允许被分解。在具体的每一个权力的行使意义上,权力是可以分解,

[1] 参见[美]托马斯·戴伊:《谁掌管美国——卡特年代》,梅士、王殿宸译,世界知识出版社1980年版,第5页。该书认为,代议制政府或其他形式的现代政府体制建立以后,自然而然地分解了原来权力主体单一的格局。

也是必须被分解的。因为人民拥有的全部权力并不都是可以由全体人民共同直接行使的。因此,权力的最终归属属于人民,整体权力也只能属于人民,但各个具体权力则必须由人民委托其信赖的个人或者组织来行使。受托代表人民行使权力的人或者组织,何以知道人民的愿望、意志,他们行使权力的行为是否是忠诚于人民的,这都需要法律进行明确。需要法律来记载和表明人民的愿望与意志,需要法律作为受托者行为的根据,需要法律作为检验权力行使是否正当的标准——法律是人民控制权力行使的手段。

权力行使之所以需要控制,是由权力行使的主体因素决定的。任何非整体的具体权力都是由一定国家机关及其工作人员具体行使的。各个权力主体都有自己的权力认知能力和水平,都有自己相对独立的利益,因此他们就不可能对权力具有完全统一的行使方式、程度和效果。权力主体的差异性决定了,要保证权力的统一性,就必须对权力的行使进行控制。

权力行使之所以需要控制,是由权力行使的过程因素决定的。权力的行使是一个过程。这个过程中,除了时间的因素外,还会有各种因素介入并发挥作用。时间的变换中会发生过程的变化,各种因素的作用更可能改变权力行使的状况和后果。权力行使过程的各种变数决定了,必须对权力进行必要的控制。

(四)法治——权力控制的途径

权力的控制手段很多,有道德、教规、纪律、政策、利益、责任和法律等。在众多的手段中唯有法律是最有效的控制手段。法律之所以能如此,主要是由于法律具有其他任何手段都不具有的公开性、国家强制性、国家意志性和普遍约束力。法律是控制权力的最佳手段,但并不是有了法律,就等于有了权力的良好控制。法律必须在法治化的社会状态中才可能发挥出对权力的控制效用,充分实现其权力控制功能。

权力的控制方式很多,有集权与分权的权力控制方式。任何非专制的权力控制方式都不能离开法律的作用。权力的必要集中是重要的。没有一定的集权,各分散的权力就可能摆脱控制或者不受控制而产生滥用。权力过度分散,高层次权力就难以对低层次权力进行控制。权力的适当分散同样是重要的。没有一定的分权,权力就可能因为过度集中而导致专制,使各个专制的权力不受约束,社会就会蒙受重大的损失。孟德斯鸠认为:“当立法权和行政权集中在同一个人或同一个机关之手,自由便不复存在了。”〔1〕“如果司法权不同立法权和行政权分立,自由也就不存在了。如果司法权同立法权合而为一,则将对公民的生命和自由施行专断的权力,因为法官就是立法者。”〔2〕“如果同一个人或……同一个机关行使这三种权力,……则一切便都完了。”〔3〕权力的机构应当是必要的集权与适当的分权的有机结合。然而在权力的社会实践中,常常出现的是两个极端:一是过度强调集中,形成专制集权;二是过度强调分散,出现无政府主义。保障权力的适度集中与分散,就必须依靠法律的作用和力量。

(五)中国的治吏传统与权力控制

古代中国是重视吏治,强调治吏的。早在先秦时代,法家就提出了“明主治吏不治民”的观点。中国历代王朝都把治吏放到相当重要的位置加以特别的强调。在夏朝,就有运用派遣使臣、诸侯相互监督、天子巡行等方式对下属官吏进行监督的制度。以后各朝各代都有自己制约

---

〔1〕 [法]孟德斯鸠:《论法的精神》(上册),张雁深译,商务印书馆1961年版,第156页。
〔2〕 [法]孟德斯鸠:《论法的精神》(上册),张雁深译,商务印书馆1961年版,第156页。
〔3〕 [法]孟德斯鸠:《论法的精神》(上册),张雁深译,商务印书馆1961年版,第156页。

官吏的法律和制度，侧重于对官吏的失职、擅权、贪腐进行惩罚，实行了官吏的考核制度、本籍回避制度和举报制度。

中国的治吏传统在规范权力和防止权力的滥用上与当代法治具有一定的一致性。作为法治来说，其所治之关键在于治权，而治权的实质是治吏。两者的目的都在于防止权力的懈怠与权力的滥用。中国的治吏的传统对于倡行法治是有所助益的。法治对于权力的约束的规定性，应当说在一定程度上是可以为中国文化和历史的传统所接纳的。

但是，中国的传统的治吏不是法治意义中的权力控制。两者的主体是不同的，中国治吏的主体是皇帝，而法治中的权力控制的主体是人民。两者的对象是不同的，中国治吏的"吏"是不包括最高权力拥有者——皇帝的，而法治中的权力控制所要控制的是除人民及其终极权力之外的一切权力与权力拥有者。两者所在的政治体制也是不同的，中国治吏是在专制政体中的权力控制手段，法治中的权力控制是民主政体中的民主和法治措施。两者的控制方式也是不同的，中国治吏所采用的主要是人治的方式，即使运用了法律，法律也仅是一个工具。而法治中的权力控制所采用的则是民主和法治的方式，法律虽然也是工具，但它的被实现本身也是权力控制的重要目的。

四、法治国家的理论基础之三：法治优越论

（一）法治优越论的历史发展

法治优于人治，是人类历史的经验教训的总结。在古希腊，柏拉图早年曾主张由哲学家做国王，或者将国王培养成哲学家的哲学家统治。[1]

---

[1] 对于柏拉图的"哲学家"概念，不应作现代的哲学家概念来理解。在柏拉图时代，哲学是科学的科学，甚至是一切科学的总称。其"哲学家"当理解为"学识渊博的学者"的意思。

经过人生的世事变换,他修正了自己的观点,转而认为在无“哲学王统治”的情况下,法治便是最好的。他看到了法律的局限,“因为人和人,行为和行为,事和事千差万别,我敢说,在人类生活中没有任何东西是静止不动的,这就注定不可能用什么高明的知识,打算颁布一项简单的法规去永远处理每一件事情”〔1〕。但他很早就认识到,“人能受同等之管束。而得享真正之平等也。……国家之所以必有法律者即以此。盖法律者国家所赖之以维持”〔2〕。他提出,采用法律的政府(法治)“作为第二种最佳的选择,这是完全正确的好政府,当你无法建立第一种或我们刚才所谈论的政府的时候”〔3〕,进而认为“法律将告诉我们,如果我们想过一种充裕、多样的生活而又不破坏法律的话,我们在与上述每一种人的交往中该怎么做。法律的方法部分地是说服,部分地(当它必须处理拒绝说服的那些人时)是强制和惩罚。法律怀着众神的愿望使我们的国家幸福昌盛”〔4〕。亚里士多德通过对150个城邦国家进行比对研究后认为,共和政体是最为理想的政体。其之所以最为理想,就因为它实行的是法治,而不是一人之治。因为法律是一种完全没有感情的中道的权衡。他说,“凡是不凭感情因素治事的统治者总比感情用事的人们较为优良。法律恰正是全没有感情的;人类的本性(灵魂)使谁都难免有感情”〔5〕。他认为,“让一个人来统治,这就在政治中混入了兽

---

〔1〕 [古希腊]柏拉图:《政治家篇》,载《西方法律思想史资料选编》,北京大学出版社1983年版,第16页。

〔2〕 [古希腊]柏拉图:《理想国》,载《西方法律思想史资料选编》,北京大学出版社1983年版,第15页。

〔3〕 [古希腊]柏拉图:《政治家篇》,载《西方法律思想史资料选编》,北京大学出版社1983年版,第18页。

〔4〕 [古希腊]柏拉图:《法律篇》,张智仁、何勤华译,上海人民出版社2001年版,第126页。此注解是在此次辑录整理时根据新的译本引用的。

〔5〕 [古希腊]亚里士多德:《政治学》,吴寿彭译,商务印书馆1965年版,第163页。

性的因素”[1]。“法律是最优良的统治者。”[2]

近代法学家们对法治理论作出了新的贡献。洛克认为,“如果法律不能被执行,那就等于没有法律;而一个没有法律的政府,我以为是政治上的不可思议的事情,非人类的能力所能想象,而且是与人类社会格格不入的”[3]。“法律一经制定,任何人也不能凭他自己的权威逃避法律的制裁;也不能以地位优越为借口,放任自己或任何下属胡作非为,而要求免受法律的制裁。社会中的任何人都是不能免受它的法律的制裁的。”[4]法律高于权力,法律至上是法治在近代发展的结果和重要成就。

(二)法治比人治优越

法治与人治相比较,并不是在任何意义上都绝对比人治好。[5] 正如民主政治与专制政治的关系一样,历史上许多思想家和法学家都认识到了这一点。只是在总体上,法治比人治更加优越。这种优越性主要表现为:

法治必须民主,人治没有民主。真正的法治都以民主为核心,大多数人治都是以专制为核心的。法治的法都必须是民主的产物,并以民主为目的。而专制往往都是个人的独裁或者少数人的统治。人治之下即使存在某种听取意见和建议的“民主”,那也是一种不完全的民主。因为这种意见或者建议是否被尊重或者采纳并不取决于民众,而是取

[1] [古希腊]亚里士多德:《政治学》,吴寿彭译,商务印书馆1965年版,第171页。

[2] [古希腊]亚里士多德:《政治学》,吴寿彭译,商务印书馆1965年版,第171页。

[3] [英]洛克:《政府论》(下篇),叶启芳、瞿菊农译,商务印书馆1964年版,第132页。

[4] [英]洛克:《政府论》(下篇),叶启芳、瞿菊农译,商务印书馆1964年版,第59页。

[5] 对于人治“优点”的肯定,正如前面对专制政治“优点”的肯定一样,提出这一见解的原因有二:一是它是科学的真实;二是它有利于我们理智地对待人治和人治的主张而作出明智的抉择,更不会因偶然看到人治的“优点”而放弃法治。

决于统治者的主观判断。他认为你是正确的便予以采纳,他认为是错误的便可以置若罔闻,最终的决定权仍然掌握在个别或少数统治者手中。“民主”也许有助于统治者作出明智的判断与选择,也许可以为统治者赢得民心,但它不是真正的民主。

法治有利于自由,人治不利于自由。人的自由,除思想自由之外,一切行为的自由都不是无限的。在法治状态下,人们可以按照既定的良好法律作出自己的社会行为,所以只要他严格依法办事,就不可能有不自由的情形。人治状态下,人们看不到统一的行为规则,其社会生活的行为就缺乏准则。某个有权的人认为某某构成违法犯罪,即构成;认为某某不构成违法犯罪,即不构成。是否违法犯罪存在于掌权者的主观判定。这样,整个社会都不可能有什么安全感,也就不可能有什么自由。实际上是真正的不自由。

法治有利于平等,人治不利于平等。在法治之下,任何人都必须一律守法,不允许任何人有违法而不受追究的特权。其实这也就是法律适用上的人人平等。而人治则以一定人的意志为根据,随一定人的主观意志的变化而变化。即使期望人人平等,也会因缺乏统一的行为规则和客观的评价标准,而无法实现。人治的模式就注定了它不可能有平等可言。即使偶有某种平等,也会在时间的变幻中,因缺乏规则而不能持久。

法治有利于社会稳定,而人治不利于社会稳定。社会稳定,需要有稳定的规则作为前提。只有在统一的社会行为规则之下,人们的行为才有一个基本的准则,人们相互之间才可能减少和消除冲突,使社会处于相对稳定的状态之中。如果人们没有一致遵行的规则,我行我素,各行其是,社会就会陷入动荡之中,而人治正是相对缺乏这种规则的社会管理方式,人治不利于社会稳定。

尽管人治并非一无是处,但是它毕竟不如法治优越。人类付出了一代又一代人的沉重代价，经过了一代又一代人的苦苦思索，才得出了法治优于人治的结论。也就是说，确定法治的治国方略与具体措施，是人类进步与文明的表现。法治优越论成为了法治的理论基础。

（三）以法治国的传统观念与当代法治

以法治国有两重含义。这是因为“以”有两重含义，一是“依”的意思，在这个意义上“以法治国”并不排除法律至上的含义，甚至还可以说包含着法律至上的精神，它与近现代法治也不冲突，与“依法治国”是完全同义的。“以”的另一重含义是“运用”，运用就有一个主体的差别，如果运用法律的主体，即以法治国的主体是人民，也与依法治国不矛盾；如果运用法律的主体是君主，那就与依法治国背道而驰了。我们今天所倡导的应当是依法治国意义的以法治国——民主的法治，需要摒弃的是以君主为主体的以法治国——专制的“法治”。

中国历史上没有近现代意义上的依法治国意义上的民主的法治，但却有自己的专制“法治”传统及其观念。中国传统中的“法治”是君主“以法治国”意义上的法治，即“命有司，修法制，缮囹圄，具桎梏”〔1〕。中国先秦时代就已使用过“法治”这一语词，如“知法治所由生，则应时而变；不知法治之源，虽古终乱”〔2〕。其对于“法治”的理解不过是“权衡具而重益轻，斗石设而多益少，故以法治国，举措而已也”〔3〕。

中国以法治国的“法治”传统理论有助于当代法治的启动。综观中国以法治国的传统学说，其中至少包含着完备法制、法律平等、强国富民等内容，它们与当代法治具有一定意义的契合。建立法律制度是实

〔1〕《礼记·月令》。
〔2〕《淮南子》。
〔3〕《韩非子·有度》。

行以法治国的前提,对于法律制度,强调的是“修法制”和“建法立制”。对于法律平等,主张的是,“法不阿贵,绳不挠曲,刑过不避大臣,赏善不遗匹夫”[1],以及深入人心的“王子犯法与庶民同罪”,“不别亲疏,不殊贵贱,一断于法”。对于依法治国的目的,被概括为,“建法立制,强国富人”。[2] 古代的这些以法治国思想,与现代法治相距甚远,但是,其中所包含的法律观念,对于民众对现代法治中的有关内容的接受,是有所助益的。

中国传统的以法治国观念,也可能成为现代法治的障碍。这也是必须警醒的。因为,古代“生法者,君也;守法者,臣也;法于法者,民也”[3]。它根本就不是我们现代的法治。如果对此没有清醒的认识,也可能不自觉地导致以传统的以法治国观念来指导现代法治的悲剧。

(四)法治优越论在中国的独特意义

法治优越论在中国具有特别重要的意义。中国之所以尤其需要倡导法治优越论,是由中国独特的优良的历史和文化传统所决定的。人治在中国具有悠久的历史。孔子就认为,“为政在人”,“文武之政,布在方策,其人存,则其政举;其人亡,则其政息”[4],当权者“其身正,不令而行;其身不正,虽令不行”[5]。中国古代的治国方略,所宣扬的也是“示人以法不若以意”。“上之人举目摇足,而天下已知其意之所在。是故以法示人不若以意示人。其意在是,其法不在是,则不令而自行;其法在是,其意不在是,则虽令而不从。”[6]“任官之道,示之以法,不若示

[1] 《韩非子·有度》。
[2] 刘劭:《人物志·流业篇》。
[3] 《管子·任法》。
[4] 《礼记·中庸》。
[5] 《论语·子路》。
[6] 永嘉先生:《治国方略》,车承瑞、王希斌点校、译注,吉林人民出版社1997年版,第21页。

之以意。其法是也,其意非也,虽重而亦轻;其意是也,其法非也,虽轻而亦重。”[1]因此,确认法治优越论是非常有意义的,它有利于根除传统的思维定式。

法治优越论有助于正确认识道德与法律之间的关系。中国在历史上是一个把德治作为具体内容的人治国家。中国传统的德治实质上是人治。它把德的地位强调到无以复加的地步。孔子倡导“为政以德”,“道之以政,齐之以刑,民免而无耻;道之以德,齐之以礼,有耻且格”[2]。孟子倡导“以德服人”,荀子主张“明德慎法”,董仲舒强调“大德小刑”和“先德后刑”。中国古代法律及其解释的代表《唐律疏义》就宣称“德礼为政教之本,刑罚为政教之用”[3]。道德与法律是并存的社会规范,将道德置于法律之上,把法律作为道德的工具,可以说是中国的传统。在这样的国家强调法治优越论,显然有助于我们矫正由于历史原因而形成的对于法律与道德关系的误解。

法治优越论有助于彻底挣脱历史的重负,真正确立依法治国的治国方略。在中国历史上,比法律更受重视的不仅有德,而且还有礼、仁、义等。它们都有一定社会规范的意义。在中国历史上,还有以礼治国、以仁义治国之说。在20世纪末,我们选择了依法治国的治国方略,与建设法治国家的法治目标。如果我们不能克服历史和传统的局限,是绝对不可能取得成功的。法治优越论的倡导,有利于我们从历史传统中解放出来,将依法治国作为我们的行动,将法治国家作为我们的目标。

---

〔1〕 永嘉先生:《治国方略》,车承瑞、王希斌点校、译注,吉林人民出版社1997年版,第25页。
〔2〕 《论语·为政》。
〔3〕 俞荣根:《儒言治世》,四川人民出版社1995年版,第54页。

五、法治国家的理论基础是统一的整体

法治是一种整体化的社会行为、一种整体化的社会状态、一种整体性的社会模式。法治的理论基础也是一个不可分割的整体,其中主要包括民主治国论、权力控制论和法治优越论。这三个理论是缺一不可的、有主有从的统一整体。

民主对于法治具有根本的决定意义,它既是法治生成的基础,也是法治追求的目的。民主的治国方式是依法治国的政治前提与存在空间。在专制之下,是不可能有法治存在的。所以,民主治国论是法治论的基础。法治的关键都是对于权力的依法控制。如果权力不受法律的约束,也就无所谓法治。法律对于权力的控制,包括着对于权力赋予、权力行使、权力关系等的规范。没有对于权力的有效控制,法治就会毫无意义。因为,如果法治只是为了治民,那么我们只要有纯粹作为手段和工具的法律就行了,根本就无须法治。法治必须治权,而治权也就是对于权力的依法约束,保障权力的依法获得与依法运作。保障民主和控制权力的手段都不仅限于法律,但是只有法律才是最可靠的。依法达成民主治国和权力控制的目的,也就是法治。在众多的手段、方式、模式,乃至体制、结构之中,唯有法治是最好的、最有效的。历史和现实都得出结论,法治是最优越的治国方式、方略、手段、模式等。

法治的理论基础中民主治国论是最根本的。民主治国论要求权力控制论和法治优越论。要真正地实现民主,就必须控制权力和崇尚法治。对于权力的控制和法治的崇尚是民主治国的题中应有之义。但我们也需要注意的是,尽管权力控制和崇尚法治是民主治国的要求,但是由于二者对于整个法治的意义,我们还不能将它们湮没在民主治国理论之中。否则,我们就可能因为对于权力控制和法治崇尚的忽视而使民主受到阻碍,最终使法治无法实现或者建立。尤其是对于具有长时

期专制和人治传统的中国,在强调民主治国的同时,强调权力控制和法治崇尚的意义是不容否定的。因此,我国法治的理论基础应当是以民主治国论为根本的、以权力控制论和法治优越论为重要支柱的理论整体。

【附记:本文曾以“依法治国的理论基础”为题,发表于《法理学与比较法学论集》,广东高等教育出版社、北京大学出版社2000年版。该文后经补充,以“法治国家的理论基础”为题,收录进卓泽渊《法治泛论》2001年版】

12. 法治与国家治理的科学化

国家治理问题是从政治国家诞生以来就出现的，也是从那时以来人类就在不断求解的问题。人类一直都在寻找治国理政的最佳方式。经过千百年的探索，总结出了一系列重要的历史经验，当然也包含着深刻的沉痛教训。尽管如此，依然要说，在此问题上只有倾向性的共同认知，并无完全相同的一致结论。自古以来，思想家、政治家们都在思考这个问题，探索其解决路径，尤其是到了现代，这个问题更凸显。21世纪的今天，全面深化改革的总目标也被概括为完善和发展中国特色社会主义制度，推进国家治理体系和治理能力现代化，可见国家治理的重要性。究竟法治与国家治理是怎样的关系，如何运用法治来推动国家治理的科学化，是我们面对的重大难题，必须作出科学的解答。

一、国家治理应是符合客观规律的法治工程

国家治理的科学化是指在国家治理行为与方式上，尊重并符合客观规律的过程及其结果。其重点强

调的是在国家治理上各项法律制度与政治决策及其实施的科学性、合规律性，目的在于减少或者防止失误与错误的发生，使国家治理始终处于良好的状态。国家治理是一个宏大的政治工程、科技工程。这个工程的设计、施工、管理、推进，必须尊重客观规律并依照客观规律的要求行事。为了能够符合客观规律的要求，保证其科学性，它更应该是一个宏大的法治工程。

与国家治理科学化紧密联系的概念是国家治理现代化。国家治理的科学化与现代化是交叉关系，但二者的含义并不等同。国家治理现代化主要与时间上的阶段性或者时代性有关，科学化则主要与国家治理方式是否符合客观规律以及符合客观规律的程度相关。一个国家的经济、政治、文化的发展与运行都有它的规律。是否尊重客观规律并按照这些规律的要求进行施治，是国家治理是否科学的判断依据。国家治理的科学化、现代化紧密联系，互为要求，不可分离，它们都提出了国家治理必须法治化的要求。

国家治理的科学化需要针对和克服的是国家治理的不科学现实。从逻辑上讲，国家治理要追求科学化，就必须摒弃不科学。那么，国家治理中有没有不科学的问题呢？当然是有的，甚至一直都存在，有时还十分严重。国家治理科学化，首先就是要克服国家治理实践中的不科学。国家治理中的随意决策、朝令夕改、政出多门、各自为政、相互矛盾等都是不科学的反映。

国家治理的科学化是为了使国家治理具有更大的科学性或者正确性，取得更好的实效。推进国家治理的科学化就是要使之最大限度地符合客观规律的要求，据以制定法律、作出决策以及实施治理。国家治理科学化的重要目的之一就是要追求和实现国家治理的正确性、有效性和高效性。国家治理的法律、政策都要正确并及时地转化为社会现实。

国家治理科学化是为了使国家治理少犯错误或者不犯错误。自古以来,国家治理都难免犯错误。一旦出现错误,就会使国家、社会、人民蒙受不必要的损失。为了减少损失,就必须少犯错误或者不犯错误,就必须尊重和符合客观规律。国家治理的科学化就是要使国家治理最大限度地符合规律的要求,减少错误发生的概率,确保国家治理的正确性。

国家治理的科学化是目标也是理想,但是科学化并不能直接规范和约束人们的行为。如果不能将科学化的愿望与目标转化为行为规范,就只能是空想。将其转化为行为规范的最有效路径就是法治化,就是要制定出相应的实体与程序规则,作为国家治理权力拥有者、行使者的行为准则。国家治理的重要性也决定了必须将其法治化,只有治国者创制科学的法律规范,并严格遵守这样的法律规定,才可能实现科学化的目标,实现国家治理的科学化。从这个意义上讲,国家治理法治化是其科学化的必要路径。

作为长期而宏大的政治工程,国家治理需要一代又一代人不断构建。这个工程耗时极其长,只要有政治国家存在就永无完结之日。要确保这个工程的整体和部分、环节和阶段都符合客观规律,成为一个科技工程,就必须将其设计、施工全面法治化,将其做成一个法治工程。在国家治理的工程建设上,要有整体设计、顶层设计,还得有各种施工图,确保工序流程都能具有科学性,就必须严格依法进行,使之成为法治工程。

二、法治是现代国家的普遍治理方式

(一)人类对国家治理方式的探索

在过去的几千年中,人类对治国理政方式进行了大量探索,也概括总结出一些基本方式并将其运用于实践之中。总体上说,主要有人治与法治两种。就人治而言,人们的定义颇多,大体上是指以政治家的智慧或者其所推崇的道德规则来进行国家和社会治理的方式。

人类最早出现的国家治理模式是英雄之治。在古代社会中,人从动物界走出来,还必然更多地带着动物界的属性。在动物界,不论是哪个群体,恐怕都是身体强壮、英勇善战、足智多谋者成为领袖。这个领袖就是英雄。在恶劣的自然环境中,在不完善、不成熟的政治制度体系中,英雄之治是自然而然的事情。人类对于英雄的崇拜,甚至积淀成为英雄情结,这种情结至今还普遍存在并具有深刻影响,以至于成为现代社会人治的重要思想基础。人类早期的政治国家几乎都是英雄之治。中国古代的伏羲、黄帝、炎帝、蚩尤等都是当时之大英雄。

人类从原始的英雄之治走出来,就进入了君王之治。君王之治的情况更为复杂。因为君王中有贤君、明君,也有昏君、暴君。人们遇到昏君、暴君,当然是大不幸的;但是要遇到明君、贤君也殊为不易。至于遇到圣王之君就更难了,可以说是难乎其难。人们期待的当然是圣王之治。在圣王那里,他集智慧、勇敢、仁爱、美德于一身。这样的圣王之治,常常都是人类的美好期待。若能,当然是国之大幸、民之大幸。人们总是期待着圣王之治,但常常是不遇到暴君、昏君,就幸莫大焉。

英雄、君王都是人,依照他们的智慧来统治天下,当然是人治。当然还有一种从英雄与君王之中升华出来的,与之相联系而又更高层次的治国理政方式,它就是德治。所谓德治,就是以道德准则作为工具的治国理政方式。德治并不完全等同于英雄之治或者君王之治。德不完全等同于领袖的个人意志,它具有一定的公认性和规范性,也具有一定的约束力。但传统德治实质上还是人治,因为这些道德都是英雄或者君王认可或者倡导的道德,道德上的典范也是由英雄或者君王塑造的,或者是根据他们的意愿塑造的。在许多时候,君王本身也会被塑造为道德典范,成为人们的道德样本。由于道德并不具有法律那样的明确性、规范性、确定性，也不具有法律所具有的强制力作保障，因此，实行德治并不如法治那么严格、严肃，而具有天然的不确定性、不稳定性。

（二）法治是相对优越的治理方式

人类倾向于选择法治又是为什么？正是因为法治优越于人治，于是人类才智慧地选择了法治方式作为自己治国理政的目标。

第一，法治是人们基于概率的选择。就法治与人治犯错误的概率而言，人治更容易犯错误。因为人治依靠的是少数人的智慧，有时甚至就是最高统治者或者领导人的思想。人类的经验与实践告诉我们，任何个人都比集体或者多数人更容易犯错误。个人或者少数人的统治，一旦犯错误就更难纠正。延续错误的时间还会相对更长，错误的危害也会相对更重。相对于人治，法治不容易犯错误。因为法治直接地说是规则之治，它可能比较机械，但是它是事前确定的。在法治中，法律被个人或者少数人随便变更的可能性大大降低，于是失误或者犯错误的可能性就相对较低。再说，近代以来的法治都是以民主作为基础的，以民主作为基础的法治，更有利于集中多数人的智慧，形成集体智慧。在民主的环境中，即使出现了个人或者少数人的错误，乃至出现了集体的共同错误，它也更容易通过民主与法治的程序而得以修正。

第二，法治是人们基于理性的选择。在社会发展和政治实践中，人类逐步发现人治容易导致错误且难以纠正，于是就理性地选择法治、摒弃人治。人类社会发展到了今天，并非所有的国家或者社会治理都采取了法治的方式。这是因为人类的认识有一个发展过程。人类在政治国家上的实践，如同任何领域的探索一样都是渐进的，甚至都有今是而昨非的感觉。那么，如果我们还置身于“昨日”，往往不可能知道错误所在。正是因为“昨日”的“无知”才有了“昨日”的“非”；之所以有了“今日”的“是”恰是因为我们的认知超越了“昨日”，知道了“今是而昨非”。

法治能够逐步被人类所普遍认同并采用，依赖的就是人类理性进步的渐进性。

第三，法治是人们基于经验的选择。从政治国家出现以来，人类已经经过了数千年的历程。漫长的岁月里多少悲喜剧在人类历史上演绎。其中的许多悲剧都不堪回首，它们是人类的灾难和耻辱，是永远的伤痛。这些悲剧产生的原因是多样的。政治国家中政治领袖会出现失误或者错误是必然的。这些失误或者错误中，不民主、非法治一定是重要原因。为了避免历史的悲剧重演，人类在苦难中站立起来，努力通过各种措施来防止悲剧的重演。人类不仅有历史，更有现实和未来。如果说回顾历史带来的可能是羞愧、警醒的话，立足现实和展望未来，则充满着无限的希冀。为了使现实美好，为了使未来更美好，人类就必然也必须从历史中去吸取教训、总结经验。人类的教训与经验，在治国理政上汇聚出一个共同的结论，就是必须实行法治、实现民主。

（三）法治是国家治理的实践证成

法治导源于西方。西方对于法治道路的探索有一个漫长的过程。在古希腊苏格拉底那里是谈不上法治的，但是他对于法律的理解却充满了法治的精神，他甚至以自己的生命诠释了对于法律乃至法治的认知。到了柏拉图时代，他的早期理论也倾向于人治。那时他崇尚的是哲学王之治，在他眼中的“哲学王”是无所不能的圣哲。只是到了他人生的晚年才发现“哲学王”无法产生，于是也就退而求其次地说，在没有“哲学王”的情况下，法治的国家就是第二等好的国家。虽然他仍然钟情于“哲学王”，但是在哲学王不可得的背景下，法治的国家成为了实际上最好的国家，所以可以认为他晚年认同了法治。到了柏拉图的学生亚里士多德那里，认知进一步发展，亚里士多德直接得出了法治优于人治的结论。其后的思想家、法学家们或者肯定法治、或者倡导人治，不一而足。直到近代,法治的主张渐次成为西方世界的主流观念。

古希腊当然是人治的城邦国家,谈不上什么法治。到了古罗马,法律被强化、被强调,甚至也有类似于今天的一些法治主张。如果用现代的标准来认识,它依然不是法治,因为真正的法治都必须以民主作为前提和基础,法律不过是民主的工具。我们作为目标的法治只是人类近代以来的产物。很显然,在古罗马是没有近现代民主的。它所拥有的奴隶制民主不过是奴隶主的民主。奴隶还不被作为人来看待,一个连人权都没有的国家要被认为是法治的国家,当然荒诞不经。所以,古罗马有对于法律的尊崇,有类似于法治的一些主张乃至实践,但是并非真正的近现代法治。近现代法治是资产阶级创立的,它要以市场经济、民主政治、多元文化作为前提和基础。

在中国,法治是近代以来的事情,它首先是从西方舶来的。近代中国面对西方列强的侵凌,痛定思痛,努力地了解西方、学习西方,以图自立自强而萌发了实行法治的愿望。中国学习西方法治是伴随实业救国和洋务运动开始的。中国最早的一批具有资本主义意味的实业家们,他们在向西方学习实业的过程中发现,西方的政治法律制度也是学习的对象甚至是更需要学习的东西。于是,他们开始引进西方的政治法律文化。1865 年,曾国藩、李鸿章奏准在上海兴办晚清最重要的军事企业——江南机器制造总局。江南机器制造总局创办后,由两江总督曾国藩奏请、清王朝同意成立了翻译馆。该翻译馆于 1868 年创办,负责翻译和引进西方的科技类书籍。它是近代中国也是清王朝第一个由政府创办的、专门翻译西方著作的机构。这个机构聘请了中外学者 59 人参加翻译工作,其中外国学者 9 人,中国学者 50 人。翻译馆自己设立印刷机构,翻译了西方著作 193 种,其中有 65 种是政治、教育、法律和军事等类,约占全部译书的 30%。英国著名经济学家亚当·斯密的《原富》、法国著名法学家孟德斯鸠的《法意》等名著都是通过这样的路径传入中国的。

当时中国许多政治家也不遗余力地推动学习西方法治。1905—1906年的西方宪治考察就是一个极为典型的例证。光绪三十一年(1905年)七月,清政府采纳改良派的建议,派遣出五大臣及相关随员浩浩荡荡地分赴欧洲、美国、日本等国家或地区进行宪治考察。1906年夏秋之际,历时近半年的考察结束,五大臣回国汇报,并整理汇总相关材料。1906年9月1日,清朝政府颁布了仿行立宪诏令。1908年8月,颁布了《钦定宪法大纲》,命令各部共筹计划,准备立宪。在推行宪治的历程中,西方的法治主张在中国得到了一定程度的传播,也获得了一定程度的响应。一些著名的思想家乃至法学家为之作出了艰苦努力,梁启超、沈家本等人不遗余力地推动法治思想的传播。清王朝本来希望通过宪治乃至法治获得拯救,但是历史并没有给其机会。辛亥革命打破了清王朝的迷梦。作为资产阶级革命家的孙中山先生积极倡导法治,但其宏伟的愿望直至其生命终结也未能实现。法治在国民党时期得到了一定发展,但是它终究未能将中国带进法治国家的行列。

1949年10月中华人民共和国成立之后,社会主义法治开始创立并获得初步发展。经过艰难探索,党的十一届三中全会得出了必须发扬社会主义民主、健全社会主义法制的结论;提出了有法可依、有法必依、执法必严、违法必究的方针。1997年,党的十五大明确提出了“依法治国,建设社会主义法治国家”。1999年,这一治国基本方略和法治建设目标又被写进了宪法。2012年,党的十八大提出全面推进依法治国。2017年,党的十九大提出要深化全面依法治国实践。中国共产党通过自己的执政实践得出了法治的结论,必须依法治国、依法执政、依法行政共同推进,法治国家、法治政府、法治社会一体建设,建设中国特色社会主义法治体系,建设社会主义法治国家。

三、法治是国家治理科学化的必然要求

(一)法治是国家治理现代化的内容

当前,中国全面深化改革的总目标就是完善和发展中国特色社会主义制度,推进国家治理体系和治理能力现代化。实现国家治理体系和治理能力的现代化是全面深化改革的重要目的与目标,也是为之努力的方向。

国家治理体系是一个国家经济、政治、文化、历史所决定的,是在一定经济、政治、文化、历史基础上渐次发展形成的。从不同角度考察国家治理,就可以发现它是由不同元素彼此联系、相互制约、浑然一体、不断运转构成的。从总体结构来看,它主要由经济治理体系、政治治理体系、文化治理体系、社会治理体系、生态治理体系等构成。从治理主体来看,它包括政党、政府、企业、社会组织、社会公众、相关传媒等组织单元。从治理方法来看,它包括政治方法、行政方法、经济方法、道德方法、教育方法、协商方法等,这些方法都与法律方法有关、与法律方法交叉,有的甚至就是法律方法。

现代化是国家治理体系发展的具体目标和重要表现,是国家治理体系的不断完善。首先,国家治理体系如同其他任何事物一样,本身就是不断发展、不断完善的,必然有一个过程。其次,国家治理体系必须随着国家和社会的发展变化而不断发展变化,不断地与时俱进。每一个样态的国家治理体系都是特定时代的产物,随着时代的发展变化,它的更新就是必然的。最后,国家治理体系是一个庞大的体系,无论在建构时或者发展中如何完善,随着时间的变化都会出现不完善,出现不平衡、不协调甚至多种矛盾冲突。要解决这些就必须推进国家治理体系的改革发展。

国家治理能力是指特定主体在特定时间在国家治理中作用发挥程度与实际治理水平。国家治理能力与特定主体总是联系在一起的。在国家治理的主体中,除了人民这一根本的、最终的主体外,执政党和立法机关、行政机关、司法机关都是最具有代表性和决定性的主体,他们的治理能力主导和决定着国家的治理状态。在政党政治国家,执政党的国家治理能力是极为重要的。作为国家管理机构的立法机构、行政机构、司法机构,按照宪法和法律确定的职能,各自担负着不同的治理责任。

国家治理体系和治理能力的现代化包含法治化,法治是国家治理现代化的重要内容。法治化是当今世界的历史潮流。不论是什么性质的国家,都纷纷出现了法治化的趋向。许多国家都以自己的法治化作为骄傲和目标。中国就是一个走向法治的国家,其现代化包含法治化的过程及其结果状态,它必须也必然体现在国家治理上。

（二）法治是国家治理民主化的要求

国家治理的直接主体是执政党、立法机关、行政机关、司法机关等,但是最根本的、最终的主体只能是人民,这是没有疑问的。国家治理是为了人民,其过程也必须从属于人民。民主是国家治理的目标与过程的统一。国家治理本来就应该是人民的事情。由于人民是由很多个体组成的,难以具体地作出治理行为,所以他们才组建国家机关、选举国家领导人来代表他们行使相当一部分权力。受托从事公务的机关和个人必然会分享原本属于人民的国家治理权。历朝历代的统治者常常将从人民那里获得的权力加以背叛。实现人民当家作主就是要把人民的权力还给人民,让人民成为并且一直是国家的主人。因此,民主就成为政治权力理想目标的不二选项。

政治从不民主到民主的过程也就是民主化的过程。在这个过程中,法律不可或缺,法治成为必然选项。民主并不是绝对好,只是相对于其他的主权形式来说,它相对最不坏。因为集权、专制都会导致更为严重的恶果,它们一旦出现错误更难以纠正。相对地说,民主更不容易犯错误,因为一般地说多数人的智慧总是胜过少数人的智慧,更胜过个人的智慧;也因为多数人犯错误,相对更容易得到纠正;还因为多数人的错误由全体承担后果,比少数人犯错误要集体乃至每个人来承担后果更为公正。正是基于这样一些原因,我们更愿意选择民主而不是集权,更愿意选择民主而不是专制。

民主是复杂的政治现象与过程,民主也有犯错误的风险。为了规范民主的实现,也为了减少民主的失误,于是人类就尝试着将法治与民主结合起来,以法治来推进民主、实现民主、完善民主。在推进国家治理民主化的同时,也推动其法治化,进而推动国家政治民主的法治化。

(三)法治是国家治理法治化的结果

民主与法治在总体上是不可分离的,尤其是在现代政治中更成为彼此互动、相互牵制、相互制约的两大元素。国家的民主治理需要法治保障,国家治理的民主化必然要求法治化。虽然法治服务于民主,但是在肯定民主终极目的性的前提下,法治与民主应当是共生的、互动的、统一的,它们是国家治理的手段与目的。

国家治理的科学化包括国家治理的法治化。法治是国家治理科学化必不可少的重要方面。凡是科学化的国家治理,必然是法治化的国家治理。是否坚守法治,能否实行法治,是国家治理是否科学的重要标志。这倒不是说法治能够直接导致科学的结果,而更主要是因为,法治可以为科学化提供保障。法治能够在一定程度上使多数人的智慧不被少数人的错误所取代。它可以通过既定的法律规则约束政治家们的任性。在迫使政治家们服从法律的过程中,抑制了任性与随意,也就可以在一定程度上减少其个人或者少数人失误演变为国家失误的可能性。

国家治理的法治化已经成为当代世界的历史潮流,从一定意义上说,法治就是国家治理法治化的结果。“法治化”首先是一个动态的过程,是一个变化的过程。经过这个过程而出现的期待中的理想状态——法治化的结果,就是“法治”。为了实现法治,必须法治化;推进法治化,目标必然是实现法治。国家治理的法治化既指国家治理过程的法治属性,也包括其间推进法治的良性结果状态。

四、法治是实现国家治理科学化的重要路径

(一)法治为国家治理提供政治规则

国家治理当然是重要的政治行为。这种政治行为的性质是重要的,影响是巨大的。何以规范这些政治行为?人们当然可以用道德。但是,道德自身的性质决定了它具有模糊性、不确定性,缺乏外在强制力,所以就必须在运用道德手段的同时,更要运用法律手段。在国家治理中,法律并不排斥道德的运用,只是它们各有分工,各有使命,各自在自己相应的方面发挥作用。在思想道德与社会风尚方面,必须强调道德的重要作用,在客观的行为及其方式方面必须更多强化法律的重要作用,使二者相得益彰,彼此配合。

国家治理是若干主体参与的重大政治活动。在所有国家政治活动中,除了当代最新提出的全球治理问题外,在一国范围之内最大的政治活动,还是国家治理。治国理政的重大性与重要性都决定了必须运用宪法和法律来具体实施。同时,国家治理也是多元主体共同参与的政治活动。其中包括政党尤其是执政党,还有立法机关、行政机关、司法机关等公权力机构以及其他组织和公民个人。这些主体要行动协调,行为得当,就必须有一系列的法治化的规章制度、行为规范作为指引、

准则。

(二)法治为国家治理规范国家权力

人类一旦进入社会形态就有了公共权力。在政治国家的所有公共权力之中,国家权力是最大的公共权力。这种权力具有强大的力量,并且有膨胀的趋势与腐败的可能。权力的滥用常常伴随着强制力的不当施加。它的滥用给国家、社会、人民带来的后果是灾难性的。为约束这一强大的权力,使之只能为善、不能为恶,就必须规范国家权力。任何权力的膨胀都可能导致权力体系失衡,使其他权力受到侵害,使人民利益受损,破坏权力的正常运行机制。权力都有腐败的可能性。如何防止权力腐败始终是与权力伴随的重大问题,也是人类长期的困惑。为了保障权力的正确行使,防止权力的膨胀和腐败,依法规范权力,对权力进行法治约束就成为了必然的选择。

由于法律具有的规范性、明确性、确定性、强制性等属性,所以它就成为规范国家权力的法宝。运用法律来规范国家权力的过程及其成功的状态就是法治的状态。正是因此,人们就把规范国家权力作为法治最重要的标志,也才有了依法治国必须依法治权的结论与要求,法律也就成为规范国家权力的重要手段。

(三)法治为国家治理制约政治领袖

政治总是由政治家来主导的,尤其是由拥有权力的政治家主导的。政治家手中的权力从逻辑上讲都有被滥用的可能性。为了防止这种可能性成为现实,也就必须运用法律来设定政治家的权力,为政治家行使权力确定必要的程序,使之在法定范围之内依照法定程序用权。

政治家对于国家的意义是不容否定的,尤其是优秀的政治家更是为国家治理所必须,他们是人民的公仆,以服务天下为己任。特别优秀的政治家更具有济世之情怀,殊为难得。即使是这样的政治家,他也具有犯错误的可能性。为此,就必须运用法律约束政治家包括约束那些优秀的政治家,避免错误的发生,减少他们的失误或错误给国家社会、人民所造成的危害与影响。

当然,这种保障有利于政治家实现其人生价值,有利于激发人们成为政治家而为人民谋福祉的热情。法治为政治家依法而良好地实现理想,完成使命,服务国家、社会、人民所必须。

【附记:本文曾发表于《宁夏党校学报》2018 年第 2 期】

13. 国家治理现代化的几个重大问题

国家治理的现代化也就是国家治理的现时代化，它表达的是国家治理体系和治理能力与时代发展的要求相协调与相一致的关系，它既是与现时代趋向一致的过程，也是其结果。当前，我国的国家治理现代化问题为什么会被提出，为什么要确立国家治理现代化的目标？回答一定是国家治理的实践已经落后于时代的要求。既有的国家治理状况遇到了现实的严重挑战，必须推进国家治理的现代化并以此来回应现实需要。当然，国家治理的现代化，也不仅是一个时间的概念，随着时间的移转，更有着丰富的内涵。其内容广博的程度恐难在学术界得到完全统一的认知。国家治理的现代化包含一系列重大的理论问题，对于这些问题必须进行深入的研究。

一、国家治理现代化与市场经济

当今世界的现代化国家，无疑都是市场经济国家。实现经济的市场化，建立市场经济体制是国家现代化的核心内容和重要标志之一。在国家治理上，我们遇到的挑战也许首先就是经济上的挑战,经济上的挑战又首先是经济体制上的挑战。

现在广大的中国农村实行的是家庭联产承包责任制。30多年来这一制度极大地解放了生产力,调动了农民的生产积极性,使农村乃至整个中国社会发生了深刻变化,推动了城市管理体制改革,进而催生了市场经济和市场经济体制的发展。但是如何创新农村与农业的生产方式,仍是我们面对的问题。法律应该怎样推动农业现代化和新农村建设,还有很多难题待解。

党的十一届三中全会以来,我们已经有了一系列重大改革,取得了许多重大成就。党的十八大以来,各级政府坚决地推行了权力清单制度,在有效落实方面仍在推进。

国有企业在整个国民经济中的地位和作用都是巨大的,谁都无法否认。但是如何深化国企改革,如何用市场手段来推动国企改革的深化,还是极为重大的问题。国有企业与公有制究竟是什么关系,公有制与社会主义及其初级阶段是什么关系,这是重大的理论问题。我们要在理论上完全理清,在实践中清醒认识,否则就有更多的实践问题持续存在和不断发生。例如,国有企业与党的领导是什么关系,企业中的党组织的地位如何确定,作用如何发挥,党的领导方式与现代企业法人制度如何衔接,如何建立起既有中国特色又符合科学规律的中国企业制度,还需要消除歧见与谬误,不断推进制度和体制的创新。

二、国家治理现代化与民主政治

国家治理不适应时代要求的最直接表现,就是政治体制的不完善。政治体制本身就是国家治理体系的核心部分。我们的民主政治依然在探索之中。从目前来看,村民自治取得了重大成就,但是要靠村民自治制度来带动整个民主政治的建立,看来还有很多困难。以基层民主来带动高层民主是很困难的。如果高层不动而仅动基层,其结果必然是在基层无力推动高层的同时,基层自己也缺乏持久的力量支撑。靠党内民主来带动社会民主,效果也不是十分明显。近年来,党内公推直选实践放慢了脚步。也许我们可以尝试从司法体制改革和人大制度完善来着手进一步的政治体制改革深化,推进民主政治建设。

从司法体制改革来讲,我们党早就意识到它可能是政治体制改革的突破口。1997 年党的十五大的政治报告中就提出了司法改革,而且就是在其政治体制改革部分阐述的。党的十五大、十六大、十七大的历次政治报告都意识到了司法体制改革对于政治体制改革的重大意义。党的十八大政治报告又将司法体制改革作为政治体制改革的重要组成部分,加以了特别强调。党的十八大之后,对司法体制改革予以了从未有过的关注和最有力的推进,但是要以此推动政治体制改革,还需要继续努力。因为,作为改革的突破口,它改革了,其他相关部分一定要及时而坚决地跟进。如果不能跟进,一是司法体制改革的引领效用会降低,二是其他应改而未改的因素也会成为司法体制改革的障碍,使司法体制改革无法推进、无法深化,甚至倒退。司法体制虽然属于政治体制的构成部分,对于民主政治的建立也具有独特的意义,但是要建设中国特色的社会主义民主政治还需要同时启动其他方面的改革,特别是人民代表大会制度的改革与完善。

现在我们也许应该进一步加大人民代表大会制度的改革力度,完善人民代表大会制度。人民代表大会制度是我国的根本政治制度,是我国民主政治的基石,必须被坚持,也必须对其与时俱进地加以完善。党的十一届三中全会以来,我们党逐步认识到要不断提高直接选举的层级,不断扩大直接选举的范围。在党的十八大之后,我们要毫不动摇坚持人民代表大会制度,也要与时俱进完善人民代表大会制度。必须实现人民代表人民选,充分发挥人民代表的重要作用,进一步推动人民代表大会的制度完善,充分发挥人民代表的日常作用和应有作用。这也许是推动政治民主化的最好路径,也许是提升国家治理能力和治理水平的最好措施。

三、国家治理现代化与社会文化

中国特色社会主义文化正在建设之中。较长一个时期以来,我们兴起了国学热。国学热的兴起意蕴是多方面的。一是重续国学文化当然必要,是民族文化正常延续的必须。从实际情况来看,今天的国学热也的确有延续历史文化的意味,也发挥着重要的作用,没有这个延续当然不行。二是我们在现实中遇到了许多难以解决的问题,尤其是一些思想认识、心灵抚慰的问题,希望从传统文化中去吸取营养,寻找到精神支撑与支柱。中国传统文化确实有许多内容是解决心灵依归问题的法宝,对于精神的抚慰具有极为重要的作用。三是传统文化对于现实的畸形文化具有某种纠偏的作用。现实社会中的一些畸形现象,本身就是对中国传统文化的反动,无论从历史还是从未来来考察,都是应该被修正的。因此,人们希望能找到文化的正道,于是就到传统文化中去寻找工具和手段,也合乎情理。但是必须注意的是,中国传统文化是与农业社会、自然经济相适应的,在那个时代的优秀文化或先进文化,到了现代,是不是还是优秀文化或者先进文化,就存在疑义。

期待中的先进文化还没有完全建立起来。现实的文化冲击尤其是互联网文化冲击又客观地呈现在我们面前。在互联网尤其是移动互联网时代,面对全新的电子网络和信息世界,人们不能不茫然。现在既然无法关上网络的大门,无法拒绝信息世界,就必须理性地面对,让网络成为先进文化的载体,成为现代文明的标志。先进文化一定是开放的文化,而不是封闭的文化;一定是民主的文化,而不是专制的文化;一定是现代的文化,而不是传统的文化。未来要建立什么样的现代文化体制,建构的具体的文化制度,都需要认真地加以对待并科学地作出回答。

四、国家治理现代化与国家权力

国家治理总是依赖国家权力的。没有国家权力就没有国家治理。没有国家权力,国家治理的任务也就无法完成。国家从其产生开始就具有一系列重大的使命,是由一系列权力组织构成的。其每一个使命的完成与职能的实现都离不开以权力作为支点。

国家权力是一个整体,必须科学配置,划分为相对独立的立法权、行政权、司法权等。这些权力由立法、执法、司法等机构分别享有并行使。国家的立法机关作为国家的权力机关,掌握着国家的根本权力,包括着人事权、立法权、军事权、外交权等权力。国家的行政机关也被称为政府,享有着内容最广泛的权力——行政权。行政权力覆盖了国家治理的各个方面,遍及社会生活的各个领域。国家的司法权则是一种裁判权,它有着自己的神圣使命和繁重任务,它甚至保证着立法权和行政权的正当与实现。

国家权力必须受到约束。从国家权力的本性来看,它一是具有膨胀的特性,二是可能被滥用。这似乎是国家权力与生俱来的性质,人们只能规范和控制,而无法彻底禁绝。国家有史以来的治理实践都证明了这两个属性的威力与危害。正是因为国家权力具有这两种属性,才必须对国家权力的行使予以有效的制约。没有制约的权力必然会走向腐败,最终将自己恶性演变为无所不能的魔鬼。

制约国家权力的目的是防止权力的滥用,最终是保障人民权利,实现人民民主。人民设立国家及其机构的目的就是维护自己的权利,使自己的权利不受侵害与剥夺,也使自己的意志能够贯彻和实现。因此,国家权力必须给人民权利以保护,防止其他公民或者组织的侵害;同时还必须约束自己的行为,防止自己的行为对公民构成伤害。国家权力也必须忠于人民,使人民民主因自己得以实现。保障人民权利与实现人民民主的任务都是十分艰巨的,约束国家权力以服务于人民权利、服务于人民民主都极为艰难。

制约国家权力的方式只能是法治。国家权力的自我约束,如果没有硬性的规则,就可能是随意的、漫不经心的,本身就可能成为一种任性。为此,必须将人民的意志转化为规范权力的制度,将权力关进制度的笼子。最为有效的就是将权力关进法律制度的笼子。因为只有法律制度才具有国家强制力的保证,而成为国家强制性的保障力量。国家通过权力来实现治理,治理的前提和归宿都必须是保障人民权利和实现人民民主。法治担负着规范和约束国家权,保障人民民主与权利的双重使命。

五、国家治理现代化与人的作用

无论对人做怎样的类别划分,都不可否认人是国家治理的当然主体。国家治理都是由人来进行的,离不开人的作用的发挥。没有人的作用发挥,谈不上国家治理。不管是人治还是法治都是由人来实施的,这是毫无疑问的,因为我们面对的世界,是人的世界。国家治理只不过是人的治理的特殊表现形式。

国家治理对于人的作用的依赖并不是人治的根据。国家治理要依赖人的作用发挥,因此一是要重视人的作用,二是要防范人的作用的畸形发挥。人的作用首先是各级公务人员。任何时候都需要优秀的领导干部,敢作敢为、敢于担当。同时,也必须采取有效措施,防范权力滥用的危害结果发生。畸形的人的作用不仅无益于国家的善治,而且还会导致国家治理的畸形,出现人们原本并不期待的结果。国家治理离不开人的作用,国家治理更离不开法治保障。

为什么国家治理必须法治保障呢？首先,国家治理在根本上并不是要依赖个别人,而是要依赖人民。人民是由个体组成的,但是又不同于个体,因此,体现出作为集体的人民意志,确定并固化其意志,贯彻其意志,法律就成为了不二之选。国家治理中要体现人民的主体地位,发挥人民的主体作用,就必须通过法治的路径。法治相对于立法、执法、司法、守法等都是目的,但是相对于民主来说,它是手段。其次,国家治理又离不开个别人,尤其拥有权力的个别人。这就提出了一个十分严峻的问题,防止个别人的肆意横行,就成为防止个别人滥用权力的要求。这就是对法治的要求。国家治理主体是人民的应然性,以及防止个人专横的必要性,都构成了国家治理必须依靠法治的逻辑基础与理论前提。

六、国家治理现代化与依法治国

就国家治理与法律之间的关系,在总体上可以说,国家治理是法律的重要目的,法律是国家治理的重要手段。依照法律来治理国家,也就是人们所说的依法治国。依法治国也就是国家治理意义上的法治。在现代,必须选择法治。依法治国是通向国家治理现代化的必由之路。

法律是伴随国家治理的需要而产生的。进行国家治理是法律的重要目的。法律从产生开始就与国家不可分离,甚至就是国家治理的产物,是适应国家治理的需要而产生的。法律是随着国家的出现而出现的。国家的形成过程就是政治公共权力的形成过程。原始人类的共同事务是由氏族、部落来处理的。随着部落、部落联盟的出现,乃至需要运用一种具有强制性的公共权力来处理公共事务的时候,国家也就产生了。在国家产生的同时,国家这种公共权力用于处理公共事务的规则——法律也就产生了。

法律随着国家治理的发展而发展。法律与国家的不可分离,决定了法律与国家治理的不可分离。国家治理的内容,随着时间流逝与实践发展而不断丰富。国家治理的变化对法律的作用提出了新的要求。

国家治理的出现与发展导致了立法机关、执法机关、司法机关的产生和发展。也许早期的这三类机关之间的界限还十分模糊,在特定的时期甚至还混沌莫辨。为了适应国家治理的发展需要,法律的内容越加丰富,法律的机构也日益完善乃至专门化。法律的制度与机构都需要伴随着国家治理的发展而发展。

法律是国家机构及其官员的行为准则。法律是国家治理的规则,国家的构成分子——臣民乃至公民当然需要守法。国家机构,最首先是政府必须守法——依法行权。在民主体制下,政府的依法行权,是政府忠于人民的表现。这是民主体制与机制的要求。其实在专制体制和机制中,法律也依然是国家治理的工具。在专制的体制机制中,法律依然是存在的,甚至还可能有比较完备的法律制度。可以认为,在民主制度之下,由于法律是人民意志的体现,国家机构及其官员是否守法,是检验其是否尊重民主、服务人民的准则。在专制制度之下,由于法律是专制极权者意志的体现,国家机构及其官员是否守法,是检验其是否尊重和效忠专制者的准则。

历史经验与客观现实都告诉我们,法律机构就是国家机构,或者说,国家机构就是法律机构。法律机关无非是立法机构、执法机构和司法机构。国家机构也无非是立法机构、执法机构和司法机构。在这里,法律机构与国家机构实现了完全的统一乃至同一。将这些机构称为法律机构还是称为国家机构,只是视角的差异,没有本质的区别。如果说,国家治理是由国家机构来进行的,也完全可以说,国家治理是由法律机构来进行的。

法律与国家之间的密切关系,决定了国家的依法治理——依法治国是国家治理现代化的唯一路径和根本方式。

【附记:本文曾发表于《甘肃理论学刊》2016 年第 6 期】

14. 国家治理现代化的法治解读

当前国家治理体系和治理能力现代化问题、全面依法治国问题摆到了人们面前，也摆到了所有法学理论和法律工作者面前。推进国家治理体系和治理能力现代化已经成为全面深化改革的重大主题。法治化是国家治理现代化的重要内容，也是其有力保障。法治体现在国家治理现代化的方方面面，是推进国家治理体系和治理能力现代化的重要杠杆。如何从法治视角认识国家治理现代化与国家治理法治化，已经成为我们必须回答的政治学和法学、政治和法治之问。对于这些基本问题的回答，是推进国家治理体系和治理能力现代化、推进全面依法治国，将全面依法治国与推进国家治理现代化结合起来的现实需要。

一、国家治理现代化与法治化

国家治理现代化与法治化是紧密联系的。可以认为国家治理法治化是其现代化的构成部分，也是其现代化的重要保障。国家治理涉及国家政治生活与社会生活的方方面面，法治又涉及国家治理的方方面面。对国家治理现代化与法治化的基本关系作出学理解析,是推进国家治理现代化和深化依法治国实践的双重需要。

(一)国家治理法治化的提出

国家治理问题是一个自国家产生以来就出现,并与国家长期相随的永久命题。对于国家治理现代化问题,也许可以认为是伴随着现代世界与现代社会的到来而出现的。各国是否提出治理现代化问题以及提出的时间不尽相同。在国家治理现代化问题产生或者被提出之后,国家治理法治化就当然地成为其中的重要议题。

我国的国家治理现代化问题,是在全面依法治国的历程中和背景下提出的。从中华人民共和国成立以来尤其是改革开放以来的具体实践看,中国的法治问题提出在先,国家治理现代化问题提出在后。将国家治理及其现代化与依法治国或者法治相比较,其外延显然大于依法治国或者法治,甚至包括法治于其中。法治体系和法治能力无疑是国家治理体系和治理能力的构成部分。国家治理的法治化及其与现代化的关系问题就必然被提出来。国家治理法治化是国家治理现代化的重要内容,也是其重要保障,体现在国家治理体系和治理能力建设的各个方面。要关注国家治理体系和治理能力的现代化,就必须关注其法治化,甚至应当将推进其法治化作为推进其现代化的重要抓手。

(二)国家治理理念的法治化

在国家治理法治化进程中,首先必须解决的是国家治理理念的法治化问题。为此,必须强化国家理论、国家治理理论的研究。这一研究对国家治理现代化的意义是极为重大的。由于种种原因,这一研究在一定历史时期受到了不应有的忽视,现在必须予以强化。同时,我们必须深刻认识法治在国家治理中的意义、地位、作用;必须深刻认识到法治是现代国家治理的基本方式,是国家现代化建设成功的重要标志,同时它还是我们必须补齐的“短板”。只有树立法治理念,才能反对和否定人治观念,防止人治观念和人治思潮的死灰复燃。

在法治理念建设中必须着力构建法治文化,具体来说,是必须完善法治理论、提升法治意识、培养法治思维、树立法治精神。一是完善法治理论。当前我们的法治理论研究还是远远不够的。法治理论是法治建设最为重要的方面。没有理论的先导就难以有实践的跟进。对于法治基本理论的研究还需要强化,尤其要发挥出法治理论对于国家治理法治化的指导作用。二是提升法治意识。法治意识对于法治具有认识前提的意义。没有良好的法治意识,就无法摒除人治观念,更难以有效地推进法治建设。三是培养法治思维。人们的思维方式是多种多样的,法治思维只有被培养起来了,才可能被自觉运用。没有法治思维的培养,就不可能有自觉的法治实践。法治作为一种治国方略与方式从来都是在自觉的基础上推动的。四是树立法治精神。法治精神需要树立。只有树立起法治精神并抵制反法治思维,法治才能具有必要的认识基础和思想前提,法治才能被坚持,才能在实践中获得进益。

(三)国家治理体系的法治化

国家治理体系是一个宏大的政治体系,在一定意义上也是一个宏大的法治体系。在法治国家中,其各个方面都应当采用法治手段,实施有效治理。法治并不是国家治理体系和治理能力之外的存在物,也不是对于其的简单依附或者寄生。法治应该是现代国家治理体系和治理能力的内在品质和应有秉性,蕴含于其中、体现于其中、作用于其中。法治是国家治理体系的重要内容,也是整个国家治理的重要保障。国家治理体系在任何国家都是庞大的。尤其是我国这样的大国,国家治理体系必然更加庞大、内容更为丰富。它至少包括中国共产党的领导制度体系、人民当家作主制度体系、中国特色社会主义法治体系、中国特色社会主义行政体制、社会主义基本经济制度、繁荣发展社会主义先进文化的制度、统筹城乡的民生保障制度、共建共治共享的社会治理制度、生态文明制度体系、党对人民军队的绝对领导制度、“一国两制”制度体系、独立自主的和平外交政策以及党和国家监督体系等。其中每一个方面都需要法治化保障,都需要通过法治而得以善治。

从法治是国家治理体系的重要内容来看,在推进国家治理体系和治理能力现代化的历程中,必须全面推进依法治国。我们要着力推进国家治理中的法治体系建设,提高中国共产党依法执政的能力,提高各级人民政府依法行政的能力,提高全体社会成员自觉守法的能力,全面完善中国特色社会主义法治体系。从法治是国家治理体系的重要内涵与有力保障来看,国家每一个方面的制度建构与具体实践都离不开法治作用的发挥。要把法治融入治国理政制度、体制、机制的全过程和各方面,最根本的是要推进国家治理体系的法治化。既要使法治能力成为治国能力之一而受到应有重视,并加以特别地建设,同时,还要把法治作为一种品质与秉性融入国家治理能力之中,作为其内在的素质,浸润和体现在整个国家治理能力之中。

(四)国家治理能力的法治化

国家治理能力是一个国家进行治理工作的能力及其水平的总体情形,决定着国家治理状况。国家治理能力伴随着国家治理权力,体现在国家治理的各个方面。国家治理权力涉及执政权、立法权、执法权、司法权等各种公共权力。全面的国家治理,需要全面的依法治国。法治对于国家治理来说,应该说是全覆盖,全面而又具体地体现在国家治理的全过程与各方面。从法治角度来看国家治理能力,至少涉及执政、立法、执法、司法等,体现为执政能力、立法能力、执法能力、司法能力、治国人才培养能力等。这些能力是国家治理能力法治化的重要表现。在推进国家治理能力法治化的进程中,必须着力提高这些与法治密切相关的能力。

执政能力是指一个政党尤其是执政党在国家治理中执掌政权的能力。在西方的政党制度中,执政能力直接决定着一个政党能否执政以及执政的成效。在我国的政党制度中,执政能力直接决定着作为执政党的中国共产党的执政成效。加强执政党的执政能力建设,是执政党建设的重要内容。加强执政能力建设,是执政使命对执政党的基本要求,也是展示执政党执政自觉性、主动性、积极性的实际行动。执政党必须加强自身的执政能力建设,使自已有能力担当执政使命,执好政、掌好权、用好权。

立法能力是一个国家在立法上的能力,尤其是指立法机关的立法工作能力。它包括立法机关的干部素质、组织能力、协作状态、立法质量、立法效率等多方面的能力。加强立法能力建设是国家的任务,更是立法机关的责任。各级立法机关必须加强立法能力建设,收集立法建议、强化立法调研、组织文本起草、提高立法质量、加快立法进程,及时制定出适应国家和社会发展需要的规范性法律文件。

执法能力是国家执法机关执行法律的能力。其中包括执法机关工作人员的法律素质、执法水平、执法效率、执法效果以及社会公众对于执法机关及其工作人员的评价等。一个时期以来,行政执法状况不佳,多头执法现象突出,暴力执法现象禁而不止。这些现象严重损害了执法形象,也影响了执法效果。加强执法队伍建设是提高执法能力的必要路径。

司法能力是司法机关及其工作人员从事司法审判的能力及水平,尤其是指公正的实现程度与社会公正的维护状况。加强法官、检察官队伍建设,加强与之相关的人民警察、国家监察队伍建设都是当务之急。自党的十八大以来的司法体制改革,尤其是其中的人事制度改革,对于司法人员实行分类管理,取得了良好成效。但是到目前也遇到了许多困难。司法改革进入了“攻坚期”和“深水区”,呈现出不进则退的走势。通过深化改革提高司法能力,在当前乃至今后一个时期,都是推进司法体制改革尤其是推进其人事制度改革的重要途径。

治国人才培养是整个国家治理能力得以提升的力量来源。每个时代、各个领域,人才培养都是极为重要的,在治国理政上加强人才培养能力建设同样是极为重要的。何以培养治国英才,如何通过理论和实践两个方面的锻炼,使治国之才茁壮成长,是要不断总结和尝试的重大主题,也是历史任务。国家治理现代化是一个接续不断的事业,需要一代又一代持续推进。因此,人才培养将贯穿国家治理的始终,成为国家治理的人才准备。

(五)国家治理方式的法治化

国家治理方式是人类自国家产生以来就在不断尝试和探索的重大主题。从历史发展进程来看,国家治理的总趋势是从非法治方式向法治方式转化,和与时俱进的再法治化。具体地说,推进国家治理法治化的过程,就是推进国家治理方式从非法治方式向法治方式转化的过程。在中外国家治理史上,曾经有过德治、礼治、人治、法治等各种治国方式,并且在不同时代有不同的侧重。这些不同的治国理政方式在不同的时代都存在过,都发挥过不同的作用。就历史发展到现代世界来说,国家治理现代化毫无疑问地包含着将其治理方式法治化。

当代国家治理必须以法治为纲,提纲挈领地综合运用多种方式,在整体推进法治化的同时,有效防止人治方式的泛起。在我国当代的治国实践中,在强调法治的同时,也有自治等多种方式协调使用的问题。什么是法治、什么是自治,以及法治、自治的关系是什么,需要作更多更深入的探讨,必须具有理论上的深刻认知。在推进自治、法治共治的过程中,必须防止人治。必须全面准确地界定现代法治的含义,将其与历史上的以法为治、人治作出科学的区隔。必须准确认识人治的含义及其危害性,正确划分"人治"与"人的重要性""人的作用"的界限、法治与"法的重要性""法的作用"的界限。"不能简单地把'法治'等同于'法的作用',把'人治'等同于'人的作用'。"[1]既要充分认识"人的重要性"、尊重"人的作用",但也必须防止人治观念泛滥。

在现代中国,国家治理方式法治化已经成为历史潮流和必然趋势。国家治理方式法治化是治国理政方式的重大变革,是一场深刻的革命。推动并适应这一变革是全面深化改革的重要内容,也是推动法治发展的重要任务。国家治理方式法治化是一个艰难历程。当前,我们还面临着许多难以解决的问题,还有许多困难等待着我们去克服。正因为这样,才更需要坚韧不拔的改革精神、执着固守的法治精神和不懈努力的实际行动。

二、法治是国家治理现代化的路径

国家治理现代化蕴含着国家治理法治化,法治是国家治理现代化的根本路径和重要标志。国家治理法治化的学理依据是什么,需要认真地加以思考。从中国传统的治国文化来看,如果说"齐家治国平天下"是仁人志士的人生理想,那么"家齐""国治""天下平"就是国家和社会的整体期待。"家齐""国治""天下平"也许可以被理解为国家治理的过程及其理想状态。在现代世界中,法治与国家治理是什么关系,对于这一问题的正确回答,就"家""国""天下"融为一体的中国文化变革与理论升华来说,具有特别重要的意义。

---

[1] 李步云:《论法治》,社会科学文献出版社 2008 年版,第 80 页。

(一)法治是国家的法律之治

法治的首要含义便是在国家治理意义上使用和存在的,是指国家的法律之治。以法治作为治国方式,法律在国家及社会生活中就应当具有至高无上的地位。法律是最高的行为准则,一切与法律相抵触的规则,都应因此而无效。法律是国家的评判标准,一切行为的合法与否都应以法律作为标准。法律是每个人的准则,必须坚持法律面前人人平等的原则,任何事都必须有法必依,对于任何人都应是执法必严、违法必究。

法治是法律之治的表达,意味着法律是最好的治国理政手段。国家治理并不仅仅依靠法律,它还要依靠道德、习惯乃至乡规民约等。这些都是一个国家得到有效治理的必要手段。说法治是国家的法律之治,是就治国的主导性因素而言的,它并不排斥对于其他社会规范的运用和依赖。对于法律之外的社会规范,不但不能忽视,甚至还必须予以重视。在诸多的治国手段中,法律是相比较而言的最好手段、最高准则。要在法律的牵引之下,综合运用各种手段,在依法治理中实现综合治理、有效治理、科学治理。

之所以说法治是最好的治国手段,是因为它具有其他任何规范都不具有的公开性、规范性、强制性等基本属性。将法律与其他社会规范相比较,这一结论是不言而喻的。公开性是法律的基本属性。所有的法律都应当是事前存在的,都必须是通过法定方式昭告天下的。法律具有公开性,也就便于全体社会成员知悉、了解、掌握、遵守、运用。规范性是法律的又一重要属性。法律作为人们的行为规则,以其明确的规范要求,指引人们的行为。法律具有规范性,也就便于人们依法自律、自觉遵守,以其作为行为准则来约束自我和要求他人。强制性是法律的重要保证,这种强制性是由国家提供的,具有暴力强制的色彩,也具有使人必须尊崇的性质。法律具有强制性,也就使人们不得不服从,它以国家强制力确保其得以有效实施。

在国家治理现代化的过程中,必须以法律作为龙头,辅以道德、习惯以及乡规民约等社会规范,并使之共同作用。法律要与其他社会规范有机协调,相互促进,形成合力,共同推进国家治理的现代化发展。

(二)法治是国家的现代之治

国家治理的方式具有时代性,不同时代国家治理的方式会有所差异,也正是因这种差异形成了不同的时代特征。法治并不是自古以来就有的,古代社会中也许有其萌芽,但是并无严格意义上的今日之法治。现代法治是历史发展的产物,是人类历史发展到现代的结果。它是现代经济、政治、文化、社会发展的结晶。没有市场经济、民主政治、现代文化、社会文明,就不会有现代法治。完全可以说,现代法治起始于现代,是历史发展到现代的产物。

"在中国古代,'法治'一词的含义与现代不同,它是封建专制制度的从属物。"[1]法家所主张的"以法为治",实际上是"君王之治"甚至是"专制之治",因为它始终坚持王权高于法权,法律不过是君王统治天下的工具。要说古代法家提倡过"法治",实际上它只是一个近似于现代"法治"的语词而已。因为它没有现代"民主",也就根本谈不上现代"法治"。在古代的法律之中,能有民本作为内核就算进步的了。"这是现代法治和古代法治的根本区别。这有两层含义:一是整个政治制度必须是民主的;二是必须实现民主的法制化与法治的民主化。"[2]没有真正的民主便无现代的法治。更何况在古代没有市场经济,自然也谈

---

〔1〕 刘海年:《战国秦代法制管窥》,法律出版社2006年版,第396页。
〔2〕 李步云:《论法治》,社会科学文献出版社2008年版,第84页。

不上现代法治。当代我国社会主义市场经济体制的创立及其发展为法治奠定了坚实的经济基础,也提供了强大发展动力。早在建立社会主义市场经济体制之初,法学家们就明确地意识到:“社会主义市场经济与计划经济迥然不同,它是一种法治经济,必然旗帜鲜明地反对人治。这就决定了社会主义市场经济法律模式是一种法治模式。之所以如此,这是社会主义与市场经济内在规律相统一的必然要求。离开了法治,社会主义市场经济就无法形成和发展。”〔1〕

在西方,法治虽然可以溯源到古罗马,但古罗马的法治也不是今日之法治。在西方,法治则肇始于资产阶级革命及其成功之时。当下中国特色社会主义法治就是在借鉴人类法治文明的基础上创造出来的,是比资本主义法治更加优越的法治。

(三)法治是国家的有效之治

在人类的国家治理中唯有法治是最为有效的手段,这已经为历史和现实所反复证明。法治之所以是最为有效的国家治理方式,最首要的是由法律的政治性、权威性、强制性等属性所决定的。法律的这些基本而重要的属性是法律有效性的保证,也使得法治成为国家的有效之治。

法律是政治性的规则。自从国家出现以来,国家都是政治的舞台,法律都是国家意志的体现。国家总是由统治者所主导的。不同时代的统治者不同,有的是君主,有的是特殊少数人,有的则是社会的绝大多数——广大人民。法律都是由国家统治者所制定的,法律是统治者利益的反映和意志的体现。如果将法律与道德、习惯、宗教教规等社会规

〔1〕 卢云、金平主编:《社会主义市场经济法律问题研究》,四川人民出版社1995年版,第16页。

范相比较,它总是相对最具有政治性的规则。法律的政治性决定了它是国家治理最不可缺少的工具,是治国理政必要的手段。

法律是权威性的规则。在所有的政治权威中,国家权威一定是最高权威,国家制定的所有规则中最有权威的无疑是法律。在政治上,国家的名义具有最高的权威性,国家权威就是最大权威。法律总是以国家名义制定和发布。国家意志性标明了法律的国家权威性。法律的权威性与国家的权威性既是相互联系的,又是相互依赖和借重的。两者的结合能使国家治理具有神圣的性质。

法律是强制性的规则。凡规则都会有一定的强制性,而唯有法律的强制性来自国家,具有最大的强制性。世界各国法律无不是以国家强制力保证实施的。“法是由国家强制力保证实施的,对违法、犯罪行为,国家将通过一定的程序对违反者进行强制制裁。”〔1〕这里所说的国家强制力包含着警察、法庭、监狱等暴力机器及其使用所产生的压迫力量。所有的违法犯罪者,从逻辑上讲都应该也都会受到法律的制裁,受到国家暴力的强制。法律制裁来自国家暴力,无疑是保证法律得到有效实施的强大力量。法律总体上都是被人们自觉遵守的,但是谁也不能否认,国家强制性的保障意义。在国家治理中,法律与国家强制性的结合为治国理政提供了最有力的手段。

(四)法治是国家的稳定之治

国家稳定历来都是政治的重要追求,是各国人民的普遍向往。因为,没有国家的稳定,就没有社会的和平宁静,也没有人民的幸福美好。人类探寻过治国理政的诸多方式,早就意识到依靠法律进行国家治理最具有稳定性。“只要我们认真考察历史就会发现,法治与各历史阶段

---

〔1〕《法理学》编写组:《法理学》,人民出版社、高等教育出版社 2010 年版,第 35 页。

社会经济发展也是密切相关的。实行法治或法治状况好,社会就稳定,经济就发展;否则,社会就紊乱,经济就停滞,甚至遭到破坏。"[1]历史发展到现代,人们更进一步发现只有法治才是国家稳定之治。如果一个国家建立有一套比较科学的、符合客观实际的制度,并且能够严格按照制度办事,国家机器的各个部分就能各得其所,各尽其能,人民的政治、经济、文化生活就能有组织、有秩序地进行,国家就能稳定地得到发展,社会就不会动荡不定。[2] 法律从来都不鼓励破坏规则和秩序,甚至竭力主张运用规则来维护秩序。法律总是将秩序作为自己重要的价值目标来加以追求,并以良好秩序作为自己作用得以发挥的平台。

法治之所以能够维护国家稳定,从学理上讲主要是由法律自身的性质所决定的。一是法律的规范性。法治的规范性来自法律的规范性。法律的规范性决定了它能够以权利义务的形式,明晰地指引人们的行为。哪些是可做的,哪些是不能做的,哪些是必须做的,都可以通过具体的法律规定而得到明示。人们将法律作为自己的行为规则,令行禁止,就会为法律所保护,过上宁静的生活。二是法律的公开性。法律理应是公开的,但是历朝历代未必能做到,尤其是人类的早期国家,甚至还是以法不可知、威不可测来维护专制统治。在现代国家中,法律总是公开的。在法治状态之中的法律更必须是公开的。法治及法律的公开性决定了法律便于人们知晓,可以更好地为人们所自觉遵守。三是法律的程序性。法律有着大量的程序规定,甚至有立法程序法、行政行为程序法、诉讼程序法等,尤其是立法程序要求,使得法律具有了更大的稳定性而不能被随意变更。从立法程序上讲,法律的制定和修改都有严格的程序要求,这种程序性就决定了它所具有的稳定性。法律

---

〔1〕 刘海年:《战国秦代法制管窥》,法律出版社 2006 年版,第 396 页。

〔2〕 李步云:《论法治》,社会科学文献出版社 2008 年版,第 172 页。

的稳定性、法治的稳定性,正是国家治理所迫切需要的。没有稳定的政治局面和社会秩序,任何统治都难以维持下去。法治为国家稳定提供了最佳的规则、手段、工具。

(五)法治是国家的长久之治

任何一个时代、任何一个国家的统治者、管理者都会谋求长治久安。“长”“久”是一定时间的描述,“治”“安”是一定状态的概括。不同时代的政治家都会将其作为自己治国理政重要的时间目标和实质追求。长久之治的目标必然要有足够的时间长度作为客观条件,也当然会以时间长度作为重要标志。时间并不是唯一追求,但是它是基本追求,因为只有时间上长久才能使政治统治被持久维系,政治目标才有可能从容地得以实现。长治久安不仅是国家统治者的期待,也是绝大多数社会成员的期待。长治久安就是,没有战争,没有动乱,国家和社会都处于和平的状态之中。只有在长治久安的国家中,经济才能得到持续发展,物质财富才能持续增长,文明才能得到进步,人民才能得以过上宁静祥和的生活。法治是国家长治久安的根本保障。怎么才能实现国家和社会的长治久安,结论是:唯有在民主基础上实行法治。

法治是国家的长久之治,在原初的意义上就是为法律的属性决定的。法律本身就是最能持久的规则,具有时间上的稳定性和连续性。法律的稳定性和连续性为国家治理的长治久安提供了便利,也提供了最为有力的手段。

三、国家治理现代化要求法治化

国家治理法治化是一个实践过程,应体现在国家治理的各个方面,体现在全面依法治国的整个过程。这个过程包含着国家治理对于法治的要求,也体现着法治在国家治理体系和能力建设上的重大意义。法治必须贯穿于国家治理体系的各个方面和各个环节,在推进国家治理现代化的进程中全面推进国家治理法治化。

1. 在坚持和完善党的领导制度体系方面,要提高党科学执政、民主执政、依法执政水平。

中国共产党作为在中国长期执政的党,必须树立法治意识。深刻认识依法执政是中国共产党基本的执政方式,努力提升全党依法执政能力,自觉坚持依法执政。同时,这也对党的各级领导干部提出了增强依法执政能力的要求。这就要求党在法治建设上总揽全局、协调各方,领导立法、保证执法、支持司法、带头守法。党要树立法治思维,学会运用法治思维和法治方式来提升党的依法执政能力,处理相关的法律事务。同时,也要求党要着力培养党的各级领导干部和全体党员的法治能力,模范守法,自觉成为全社会的典范。加强党内法规建设,形成完备的党内法规体系。要把依规治党与依法治国结合起来,严格管党治党,通过党规党纪来维护党的先进性,维护遵纪守法的自觉性。

2. 在国家治理体系和治理能力现代化包括法治化建设方面,要厘清一系列重要的法治观念,自觉接受中国特色社会主义法治理论的指导。

首先就必须厘清"国家治理现代化"与"建设中国特色社会主义法治体系,建设社会主义法治国家"之间的关系。在国家治理现代化的进程中,要清楚地认识如何实现党的领导、人民当家作主、全面依法治国的有机统一;如何将国家治理现代化、依法治理与系统治理、综合治理、源头治理结合起来;如何将国家治理现代化与全面建成小康社会、基本实现现代化、建设社会主义现代化强国结合起来;与建成法治国家、法治政府、法治社会结合起来。要自觉接受中国特色社会主义法治理论的指导,将国家治理法治化与国家治理体系和治理能力现代化的进程协调起来,在法治轨道上实现国家治理体系和治理能力现代化,使中国特色社会主义制度更加巩固、优越性得以充分展现。

3. 在坚持和完善人民当家作主制度体系方面，要运用社会主义法治来发展和保障社会主义民主政治。

必须依法保障人民民主，依法实行民主选举、民主协商、民主决策、民主管理、民主监督，从制度机制上确保人民依法通过各种途径和形式管理国家事务，管理经济文化事业，管理社会事务。首先，要坚持人民代表大会这一根本政治制度，使人民代表大会成为名副其实的国家权力机关和立法机关，充分实现宪法和法律所确认的各项职权。进一步完善人民代表大会制度，确保人民代表大会及其代表依法行使职权，确保人民代表大会各项作用的充分发挥。其次，必须保证民族自治地方依法行使自治权，保障少数民族合法权益。依法处理民族关系，维系中华民族大家庭的团结统一。最后，必须健全充满活力的基层自治制度，用法治方式保障职工的知情权、参与权、表达权、监督权，维护职工合法权益，推动基层民主的有序推进和顺利发展。

4. 在坚持和完善中国特色社会主义法治体系方面，要加快形成完备的法律规范体系、高效的法治实施体系、严密的法治监督体系、有力的法治保障体系，以及完善的党内法规体系。

坚持建设中国特色社会主义法治体系，建设社会主义法治国家的总目标。加强中国特色社会主义法治理论研究，坚持全面依法治国，坚定不移走中国特色社会主义法治道路，坚持依法治国、依法执政、依法行政共同推进，坚持法治国家、法治政府、法治社会一体建设。全面推进科学立法、严格执法、公正司法、全民守法的法治建设方针，推进法治中国建设。具体来说，要健全保证宪法全面实施的体制机制，完善立法体制机制，健全社会公平正义法治保障制度，加强对法律实施的监督。

5. 在坚持和完善中国特色社会主义行政体制方面，要构建职责明确、依法行政的政府治理体系。

必须加快法治政府建设，这是法治建设必须着力的重要方面。为此必须深化行政执法体制改革，加快服务型政府建设，将法治政府建设与服务型政府建设统一起来，协调起来；最大限度减少不必要的行政执法事项，减轻社会及广大人民群众的法律负担；进一步整合行政执法队伍，继续探索实行跨领域跨部门综合执法，降低执法成本，增强执法效能；推动执法重心下移，提高行政执法能力水平；落实行政执法责任制和责任追究制度，确保严格执法。此外，我们还必须构建中央和地方法治化的权责关系，通过加强行政法治建设来加强中央宏观事务管理，维护国家法制统一、政令统一、市场统一。依法全面规制知识产权保护、养老保险事业、跨区域生态环境保护等。

6. 在坚持和完善社会主义基本经济制度方面，必须发挥法治的确认、巩固与发展功能。

市场经济是法治经济，随着我国市场经济体制不断完善，立法、执法、司法都必须快速跟进。深化国有企业改革，完善中国特色现代企业制度，需要创设更多的法律制度，发挥立法的引领作用。要通过法律的制度设定及其执行，营造各种所有制主体依法平等使用资源要素、公开公平公正参与竞争、同等受到法律保护的市场环境和营商环境。新一轮农村改革提出了新的法治要求，要用法治方式深化农村集体产权制度改革，发展农村集体经济，完善农村基本经营制度，维护农民农业农村的合法权益，促进城镇化发展。运用法治方式推进税收、社保等国民经济再分配改革。加强市场监管方面的立法，推动市场监管方式的改革完善，通过立法以及执法和司法活动，建立维护公平竞争、反垄断、反不正当竞争的法治机制。运用法律促进和保障对外开放的顺利发展，完善涉及经济贸易的法律规则，参与国际贸易的法律活动，维护各类经济活动主体在国际贸易中的合法权益。

7. 在坚持和完善繁荣发展社会主义先进文化的制度方面，要将社会主义核心价值观融入法治建设。

要将先进文化制度用法律确立起来。坚持依法治国，充分发挥道德的重要作用,将道德建设和法治建设结合起来、统一起来。完善弘扬社会主义核心价值观的法律政策体系,把核心价值观要求融入法治建设和社会治理,确保运用法治方式弘扬社会主义核心价值观。发挥道德对法律的引领作用,实现法律对于道德的保障作用,将道德和法律有机结合起来。运用法治手段发挥国家机关、社会组织、事业单位的示范作用,完善诚信建设长效机制,健全覆盖全社会的、法治化的征信体系,加强失信惩戒,营造诚实信用的社会环境。健全保障人民文化权益的法律制度,为公民依法维护自己的文化权益提供法律工具、途径和程序。构建法治化的文化管理体制和生产经营机制,进而健全现代文化产业体系和市场体系。

8. 在坚持和完善统筹城乡的民生保障制度方面,要让法律成为民生保障的重要法宝。

相关法律制度的目标追求应牢牢定位在保障基本民生与满足人民日益增长的美好生活需要之上。打造幼有所育、学有所教、劳有所得、病有所医、老有所养、住有所居、弱有所扶等国家基本公共服务的法律制度体系。通过立法、执法乃至司法程序,防止和纠正就业歧视,营造公平就业的法律制度环境。建立学前教育、特殊教育和普及高中阶段教育法律保障机制。建立完善的覆盖全民的法治化的社会保障体系。统筹完善社会救助、社会福利、慈善事业、优抚安置等方面的法律制度。建立重奖、重罚制度,确保社会食品药品安全,建立严格的食品药品安全保障法律制度机制,坚决打击相关领域的违法犯罪,确保人民群众的生命和健康权益。

9. 在坚持和完善共建共治共享的社会治理制度方面,要为法治社会的建设提供科学路径。

通过广泛的法治建设,建立群众诉求表达、利益协调、权益保障通道,完善信访制度,完善人民调解、行政调解、司法调解联动工作体系,完善社会矛盾纠纷多元预防调处化解综合机制。提高社会治安立体化、法治化、专业化、智能化水平，建立完善的社会治安防控法治体系。构建基层社会治理新格局，完善群众参与基层社会治理的制度化渠道，将矛盾纠纷化解在基层。将法治与自治、德治相结合，建立良性化、法治化的城乡基层治理体系。尽快完善集中统一、高效权威的国家安全领导体制，健全国家安全法律制度体系。高度重视社会公众的法律需求，完善公共法律服务体系。

10. 在坚持和完善生态文明制度体系方面，要使法律成为生态文明的有效保障。

要最大限度地满足人民群众对于环境保护的要求，有效防止环境恶化，推动生态文明建设取得新的成效。实行最严格的生态环境保护制度，就必须予以应有的法律保障。建立生态环境保护的法律体系，加快建立健全国土空间规划和用途统筹协调管控的法律制度，完善绿色生产和消费的法律制度，完善生态环境保护法律体系和执法司法制度。通过立法、执法、司法，建立起生态环境保护责任制度，落实企业主体责任和政府监管责任。健全法治化的生态环境监测和评价制度，完善生态环境公益诉讼制度，运用司法手段制裁危害生态环境的不法行为，有力地促进生态文明建设。

11. 在坚持和完善党对人民军队的绝对领导制度方面，要使法治成为重要的推动力量。

坚持从严治军和依法治军，通过立法将已有的国防和军队改革成果转化为新的制度设计，构建起中国特色社会主义军事政策制度体系，尤其是军事法治体系。要全面推进国防和军队现代化，把人民军队全面建成世界一流军队，必须高度重视国防和军事法治建设，建立起一流的国防和军事法治体制机制。要用法治方式深化军官职业化制度、文职人员制度、兵役制度等改革；建立健全精准高效、全面规范、刚性约束的军事管理制度体系,加强中国特色军事法治建设,提高军队系统运行效能。完善国防科技创新和武器装备建设制度,深化国防动员体制改革,推动军事和国防法治建设的发展。

12. 在坚持和完善"一国两制"制度体系方面,要充分发挥法治的重要作用。

用法治方式推进祖国和平统一,是当代中国实现和维护国家统一的伟大创新。"一国两制"是实现祖国和平统一的宪法制度,是国家治理上的伟大创举。当前,必须全面准确贯彻"一国两制""港人治港""澳人治澳"的高度自治的宪法方针。严格依照宪法和基本法对香港特别行政区、澳门特别行政区实行法治化管治,坚定维护国家主权、安全、发展利益,维护香港特别行政区、澳门特别行政区长期繁荣稳定。依法对待挑战"一国两制"底线的行为,绝不容忍任何分裂国家的行为。坚持依法治港治澳,维护宪法和基本法确定的宪制秩序。进一步完善特别行政区同宪法和基本法实施相关的制度和机制,提高特别行政区依法治理能力和水平。健全中央依照宪法和基本法对特别行政区行使全面管治权的制度,力争通过民主与法治的方式解决台湾问题,最终实现祖国的和平统一。

13. 在坚持和完善独立自主的和平外交政策方面,要使法治成为其有力保障。

和平外交政策必须通过和平方式实现,法治就是最好的和平方式。要推动"一带一路"建设,构建人类命运共同体,必须依靠法治。必须加强涉外法治工作,建立涉外工作法务制度,使法治在外交工作中发挥更大作用。加强国际法研究和运用,提高涉外工作法治化水平。用法治方式构建海外利益保护和风险预警防范体系,完善领事保护工作机制,依法维护海外同胞安全和正当权益,保障重大项目和人员机构安全。充分运用国际法律制度维护国家利益,维护国际法治秩序和持久和平,推动国际合作与世界发展，推动人类命运共同体建设。

14. 在坚持和完善党和国家监督体系方面，要充分运用法治思维和法治方式。

权力在总体上总是具有被滥用的可能性，它也总是与腐败紧密相连。有权力，就必有监督。监督是保持政治清廉的重要手段，依法监督是现代国家治理中必不可少的武器。强化对权力运行的制约和监督，最为有效而科学的方式就是法治方式。健全党和国家监督制度，首先就必须通过立法完善权力配置和运行制约的法治机制。坚持权责法定原则，明晰权力边界，规范工作流程，强化权力制约。推进反腐败国家立法。其次，必须推动建立法治化的用权公开制度，完善党务、政务、司法和各领域办事公开制度，建立权力运行可查询、可追溯的反馈机制。再次，要深化纪检监察体制改革，推进纪检监察工作法治化进程。最后，推动审批监管、执法司法、工程建设、资源开发、金融信贷、公共资源交易、公共财政支出等重点领域监督机制改革和制度建设。同时，还必须积极运用国际法律手段促进反腐败的国际合作。

【附记：本文曾发表于《现代法学》2020 年第 1 期】

15. 法治国家、法治政府、法治社会的基本诉求

当前,正值世界经历百年未有之大变局和中国全面建成小康社会、开启现代化强国建设新征程的历史时刻。我们将在 2035 年基本建成现代化国家的同时,基本建成法治国家、法治政府、法治社会。法治国家、法治政府、法治社会都属于法治的构成部分。这三者有怎样的基本诉求,不同学者从不同视角,可能会得出不同的结论。在笔者看来,基本建成乃至建成法治国家、法治政府、法治社会,其基本诉求是必须坚持三大法律原则:法律至上、依法行政、全民守法。

一、法治国家建设必须坚持法律至上

法治国家有广义和狭义之分。狭义的法治国家仅指所有国家公权力的法治化状态,并不包含法治社会。广义上的法治国家包含法治政府和法治社会。我们这里说的法治国家是广义上的。法治国家建设所要求的是体现和实现法律至上。法律至上是法治中最为重要的基本原则。法律至上在中国也被理解

为宪法法律至上。

法律至上乃法律至高无上。法律至上是最为重要的法治原则,是判别法治与非法治、真法治与假法治的根本标准。它意味着一切社会主体、社会规范都必须尊重法律的既有规定,至少不得违反其规定。法律至上的本意是指法律具有至高无上的地位,具体体现在社会主体和社会规则的两个方面。

从主体意义上看,任何人包括任何权力拥有者都必须遵守法律。社会主体是极其多元而广泛的。这里的主体是指全体社会成员、一切国家机关和武装力量、各政党和各社会团体、各企业事业组织,他们都必须尊崇和遵守法律。这里的社会成员包括所有本国公民,以及其他应当遵守相应法律的自然人。也就是说,除了本国公民外,还包括一定范围的外国人和无国籍人。这里的一切国家机关,包括立法机关、行政机关、司法机关、国家监察机关。至于各政党,显然包括执政党在内,都必须在宪法法律的范围内活动,不得享有违反法律的特权。

从规则上看,任何规则都不能与法律相冲突。一个社会的规则很多,除了法律外,还有习惯、纪律、政策、宗教教规、乡规民约、市民公约乃至合同等。所有的规则,不论其覆盖面多大,参与主体多少,都不得违反法律的禁止性规定,都必须将法律置于更为重要的位置,服从法律、遵守法律。凡是与法律相冲突的规则,无论是谁制定的,都因违反法律规定而无效,都应根据法律作出相应的调整。

当然,我们也应注意到,法律至上只是对法治国家的形式要求。对于法治国家除了形式要求之外,还有高于这一法律要求的政治要求,那就是必须以民主政治或政治民主为基础和前提。没有对于民主意义的深刻认识,便无法深切理解法治精髓。但是在法律自身范围内来看,法律至上是法治与法治国家最基本的、最不可缺少的原则。

执政党必须依法执政。在国家权力体系中,执政权是一项特殊权力。在政党政治未出现之前,是没有执政权的。封建时代君主所拥有的权力不能用执政权来描述。资产阶级革命时期,政党政治尚未建立和普及,因此当时的理论家对于执政权也是忽略或者漠视的。自政党政治问世以来,执政党如何执政,就成为重要的政治与法治问题。执政党是否坚持法律至上的原则、是否依法行使执政权就成为一个国家能否法治化的门槛,也是衡量一个国家是否为法治国家的重要标准。

中国共产党在执政实践中逐步认识到法治对于国家的意义。党将依法执政作为执政方式加以确认,并将其付诸新的实践。依法执政就是指执政党依照法律规定执掌国家权力。在中国就是作为执政党的中国共产党依法总揽全局、协调各方,善于集中人民的意志,将党的主张通过立法程序上升为国家意志,使之成为法律;善于通过法定程序,让党组织确定的人选成为国家政权机关的领导人;善于支持国家政权机关依法行使职权,通过国家政权机关实现自己的领导和执政。这就要求我们党很好地规范党委与人大、政府、政协以及人民团体之间的关系,依法执掌国家政权,依法行使执政权力。同时,支持人大依法履行国家权力机关的职能,科学立法、民主立法、依法立法;支持政府履行法定职能,依法行政;支持政协围绕团结和民主两大主题履行职能;加强对工会、共青团和妇联等人民团体的领导,支持他们依照法律和各自章程开展工作,成为党联系广大人民群众的桥梁和纽带;等等。

国家权力必须依法行使。法律至上原则,在理论上是没有疑问的,但是在法治实践中却常常会遭遇各种挑战。最严峻的挑战往往来自国家权力。国家权力是多元的,有执政权、立法权、行政权、司法权、监察权等。这些权力的每一个部分、环节、方面都必须在法律的范围内行使。

首先,所有的国家权力都必须依法行使。法律是权力的根据。法无授权不可为,法无授权即非法,这是重要的法治原则。在民主国家,权力属于人民,尤其是在当今中国,更要以人民作为所有权力的最终所有者。任何机构或者人员所拥有或者行使的国家权力都是由法律授予的，究其根源都是由人民授予的。国家权力的具体内容与实现程序都必须由人民通过法律在事前设定。法律为各种权力的行使设定了实体和程序规则。没有根据的行权行为就是权力的滥用，就是违法。同时，对于国家权力的行使者来说，既要有实体的权力，又要遵守行权的程序。没有实体法作为根据的权力是“无权之权”，就不是正当的权力；不依照程序法行使的权力也是“滥用的权力”，同样也不具有合法性与正当性。

其次，所有的国家权力都不得违反法律。所有人都不能违反法律，国家权力更不能违反法律。对不同主体的违法行为进行比较就会发现，国家权力的违法比一般主体的违法具有更大的危害性，具有其他违法所没有的特殊示范性和破坏力，必须严格禁止。在社会公众的心目中，国家权力是人民通过法律赋予的，人民的神圣延伸为法律的神圣。神圣、庄严、严肃的法律是不容亵渎的。如果公权力违反法律，就必然会毁坏法律的神圣性和严肃性，在全社会产生不良的示范效应，法律的权威就会受到挑衅。

最后，所有的国家权力都不得享有违法而不受追究的特权，实施违法行为必须承担应有的法律责任。一般公民或者法人有违法行为，必须被追责。国家权力被滥用，其实施主体也必须承担法律责任，受到法律制裁。这就是人们常说的有权必有责、用权必担责。国家机关及其工作人员有失职渎职、贪污受贿等行为的都必须受严肃追责，理当承担行政责任、民事责任乃至刑事责任。这既是维护法律权威、社会公正的需要，也是保证权力合法性、正当性的要求。

二、法治政府建设必须坚持依法行政

基本建成法治政府是我们的近期目标，最终建成法治政府并维系法治政府是长期的任务。推进法治政府建设的直接动力和实现路径就是依法行政。依法行政是对政府运行的法治要求，也是其基本原则。只有坚持依法行政，法治政府才能如期建成并得以长期维系。

依法行政是建成和维系法治政府的动力。在政府、法治政府与依法行政之间，政府是主体，法治政府是目标，依法行政是动力。法治政府不是空洞口号，也不是某一个时间到来就自然降临的机遇，而是我们努力的成果。只有在依法行政的不断推动下，政府才能法治化，法治政府才能基本建成、全面建成。当然，法治政府绝对不是一个标签，也不是政府发展的终点站。即使建成了法治政府，也还要持续推进法治政府建设，维系法治政府的状态。建成法治政府不易，维系法治政府状态更不易。只要有政府在，法治政府建设或维系的任务就一直在。建成与维系法治政府的所有动力中，一个直接动力就是依法行政。没有依法行政，既没有办法建成法治政府，也没有可能维系法治政府。

依法行政是建成法治政府的路径。如果说法治政府是目标，依法行政就是路径。只有行进在依法行政的道路上，才能不断靠近法治政府这一目标，直至建成法治政府。建设法治政府，需要依赖国家的政治民主、管理体制，政府的运行机制、制衡方式，以及政府公务人员的政治觉悟、道德意识、为民情怀、奉献精神等。法治政府建设需要多方面的条件和多种多样的措施，它们都必不可少，具有十分重要的作用，但是其唯一路径只能是依法行政。从终极意义上讲，法治政府依赖的是民主政治和政治民主。民主同样需要透过依法行政才能作用于法治政府。从这个意义上说，依法行政与法治政府之间是直接关联而无须介质的，依法行政就是政府与法治政府之间的介质。人民当家作主、社会主义民主政治，都需要通过依法行政才能作用于法治政府建设。

依法行政是建成法治政府的保障。行政是政府存在的方式，也是政府发挥作用的表现；依法行政则是政府作用得到良好发挥的外在要求和客观表现。人类治国理政的历史表明,只有法治才是人间正道,才是政府行政的正确轨道,才是政府及其行政行为正当性的保障。依法行政是历史证明的、政府良性运行的最佳方式与最好表现。政府对人民有着种种承诺,对内对外有着种种宣示,但是政府的依法行政才是最重要的行动。只有通过依法行政才能达成施政目标和实现施政宗旨,依法行政就是法治政府的保障。政府最终必须归属于人民,法律是人民要求政府、评价政府的标准,法治也是人民主导政府的保障。唯有法治及其所依赖的民主,才能确保政府对人民的忠诚,并始终服务于人民。

三、法治社会建设必须坚持全民守法

法治社会建设有着诸多诉求,其中最重要的就是全民守法。法治必须借助于全民守法。没有全民守法作为基础和铺垫,就不可能有法治社会的建立、存在和发展。在现代政治背景下,在全民守法的视角下,执政党带头守法是首要要求,领导干部模范守法是重要保证,人民群众普遍守法是决定力量。

执政党的带头守法。中国的社会主义法治国家建设必须坚持中国共产党的领导。这是《宪法》序言与总纲的要求。1982 年《宪法》序言确认了中国共产党的领导地位,2018 年通过的《宪法修正案》又在第 1 条中增加了"中国共产党领导是中国特色社会主义最本质的特征"的规定。从现实来看,坚持中国共产党的领导是中国社会主义法治国家建设的客观实际。中国共产党在法治国家建设中的领导地位是毋庸置疑的,它必须带头守法不仅与之并不矛盾,更是其必然要求。中国共产党作为执政党面临的不是简单的是否应该守法的问题,它当以自觉守法带动全社会普遍守法为目标,成为全民守法的领导者、示范者,为全体社会成员的守法作出表率。

领导干部的模范守法。领导干部的含义十分复杂,狭义上仅指担负一定领导责任、处于特定领导岗位的人,广义上包括在执政党机构、国家机关乃至事业单位工作的一切人员。国家机关包括立法机关、执法机关、司法机关、监察机关,其中司法机关包括人民法院和人民检察院。这些机构的领导干部模范守法具有特别重要的意义。一个时期以来,我们把领导干部称为“关键少数”。这是因为,他们的人数不多,但作用和影响巨大,乃至具有关键作用。领导干部作为一般公民,理当如同其他社会成员一样自觉守法。由于其身份与其他社会成员不同,因此对其又会有更多、更高的要求。领导干部模范守法,首先是由其职务身份决定的。领导干部若不能用好手中的权力,就容易构成渎职、失职、滥用职权、贪污、受贿等违法犯罪。其次,领导干部要模范守法也与其政治身份相关。这也是对领导干部的政治要求。领导干部区别于一般社会成员的既有职务身份,也有政治身份。从政治上讲,领导干部更应该成为全体社会成员的榜样,自觉模范守法。再次,模范守法也是对领导干部的道德要求。领导干部应当成为社会的道德楷模,高的要求是全心全意为人民服务、舍己为人、公而忘私、大公无私等,最低的道德要求就是不违法、不犯罪。一个正当的道德要求就包括自觉守法,成为社会的守法模范。最后,领导干部模范守法也是为防止领导干部违法犯罪造成严重后果。领导干部的违法犯罪一般会比其他社会成员的违法犯罪具有更大的危害性和破坏力。因此,从危害性角度来看,同样应该要求领导干部在法律上严格自律,成为守法的模范,最大限度地减少给社会带来的损失与危害。

社会成员的自觉守法。全体社会成员是社会、国家最深刻、最广泛的基础,也是法治最深刻、最广泛的基础,他们的自觉守法才是法治最大、最终的决定力量。首先,全体社会成员是守法主体。尽管从学理上讲,法也责众,但如果众多社会成员都违法犯罪,法律的废弛只是早晚的事情。任何国家或者社会都不可能同时追究绝大多数社会成员的法律责任,否则就是法律的闹剧。其次,全体社会成员是最大的法治力量。广大人民群众自觉守法就会成为法治进步的巨大推动力量,如果他们违反法律,就会成为法治的破坏力量。无论法律多么严格,只要广大人民群众不喜欢、不赞成、不拥护,都会成为一张废纸,轻则使法治不彰、法律失效,重则使社会震荡、政权更迭。最后,全体社会成员在本质上是法治社会最终的决定因素。法治最终是人民的法治,法治必须忠于人民,没有人民便无法治。若有多数社会成员不自觉守法的现象,我们所要思考的,恐怕更应当是法律本身的是与非、存与废的问题。我们必须把人民的拥护、支持、赞成作为法治社会发展的风向标,作为判别法治好坏、得失、成败的标准。

必须坚持法律至上、依法行政、全民守法三大原则,并将其有机结合起来。这既是法治国家、法治政府、法治社会一体建设的基本诉求,也是将三者基本建成乃至建成所必须坚持的三大原则与三大目标。从不同视角来看,满足这三大诉求既是不易的,也是容易的。超越此三者的更高期求,也许应当是人民因法治和民主而更加幸福美好。

【附记:本文原题为“2035 年远景目标与法治国家法治政府法治社会建设”,发表于《人民论坛·学术前沿》2021 年第 3 期】

16. 法治国家与法治社会

随着依法治国战略布局的全面推进，法治国家、法治社会的概念在中国更加普及，以至于成为了耳熟能详的时髦话语。但是法治国家与法治社会作为两个极为重要的概念，它们各自的基本含义为何，二者之间是怎样的关系，学术理论界并未进行很好的探究，需要我们从学理上加以澄清并得出清晰的结论。

一、法治社会与法治国家是相互关联的两个概念

在阐述法治国家与法治社会的关系之前，当然应当厘清两个概念各自的基本含义，这是对二者关系作进一步认识的首要环节。

法治国家，简单地说就是指国家的法治化状态。那什么是“国家”呢？“国家”这个语词有着多种多样的解释，它包含着国土、人民（包括民族）、文化和政府等多个要素，是政治学、地理学、文化学等多重意义的名词。但是从政治意义上说，国家一词最基本的是作为政治地理学名词来使用的，即一定地理区域范围的

特定政治主体。它包括一定范围的国土及领海、领空。在这个意义上，具体到中国这个国家来说，就是指九百六十多万平方公里的国土，加上我们的领海、领空等，这就是地理区域意义上的中国这个国家。“国家”的另一个含义是比较单纯的政治学名词，是指公权力意义上的特定政治主体。它是指一个特定地理区域内的公权力体系的总称，包括政府、议会、法院、国防及军事力量等在内。从这个意义来说，法治国家也就是指一个特定地理区域内的公权力为法律所规范和约束的状态。在目标意义上的法治国家，首先是国家公权力受法律规范或者约束的状态。法治社会是指社会的法治化状态。法治社会中的“社会”也有多重含义，最基本的含义有两个。一个是指在一定地理区域内的经济基础与上层建筑的总称，包括经济、政治、文化等在内。这个意义上的“社会”与国家之间很难加以区分，有时甚至是等同的。另一个是若干个体的结合体，指与国家公权力相对应的、非公权力的自然人、法人、非法人组织等私权利主体及其相互依存的结构与活动关系。法治社会，就是指这些私权利主体及其相互的结构与关系等的综合。作为目标意义的法治社会来说，显然首先是第二层意义上的，即非公权力领域意义的社会的法治化状态。

就作为法治目标的法治社会与法治国家这两个相对应的概念来说，它们都是以公权力及其相关联的因素来界定的。法治国家是指公权力的法治化状态，法治社会是指非公权力领域的主体、结构和关系等的法治化状态。从这个意义上说，法治国家与法治社会是法治的两个层次、两个方面、两个重点、两相依存，对其每一个方面本文将逐一加以解析。

二、法治国家与法治社会是相互区别的两个层次

法治国家与法治社会是法治并行的两个层次，一个在上层，一个在

底层,共同构成法治的整体;法治国家建设与法治社会建设一个在上层推进,一个在底层推进,共同构成法治建设的整体。

法治国家作为法治的上层——法律规范之下的公权力状态而建设和发展。任何时代的公权力总是建立在一定社会基础之上的,处于上层建筑的上端,是立法权、行政权、司法权等各项权力,包括国家机关及其工作人员所拥有和行使的各项权力。法治社会主要是由各个私权利主体构成的。各种私权利的社会主体,包括自然人、法人、非法人组织及其关系,也属于社会的上层建筑,但它是社会上层建筑的基础部分,是其底部,尤其是就公权力的组织体系和私权利的社会状态来说,它们是上层建筑中一上一下两个层次的客观存在。

法治社会与法治国家是两个层次,但他们不是截然分离的、前后相继的两个阶段。有许多学者包括笔者也曾认为法治社会与法治国家是法治的两个阶段。随着思考的深入,现在看来,“两阶段论”值得修正。因为在法治国家建设的同时也要注意法治社会建设,在法治社会建设的同时必须关注法治国家的建构,我们应该将法治社会与法治国家统一起来一体建设。

三、法治社会与法治国家是重点不同的两个方面

法治国家与法治社会的本质与目标都是一致的,也都是法治的构成部分,都强调“法的统治”或法律至上的法治精神。可是,二者的侧重点又各有不同。

法治国家侧重强调的是对于公权力的规范与制约,突出的是法律对于国家公权力的分配、规范、约束,以确保国家公权力的法治化运行。我们倡导法治国家首先就是从这里着眼的,也需要首先从这里入手。只要公权力不受法律规范或者约束,就不可能有真正的法治。规范或者约束公权力,是法治国家的关键,也是法治的根本要求,这是对法治

的根本认知。我们说“依法治国或者法治关键是依法治权”,或者说“法治落实在依法治官”等,都是在这个意义上阐述的。

法治社会侧重强调的是普遍守法。法治的核心和关键是约束公权力,并不等于说约束公权力就是法治的全部内容。法治除了要规范与约束公权力外,还要强调普遍守法。全体社会成员都必须培养法律意识,树立法治意识,培养法治思维,学会运用法治方式来对待和处理相关的法律事务。全体社会成员在总体上的自觉守法、服从法律,是法治社会的基本要求和重要特征。因为,健全的法治必须是一种普遍化的社会治理手段、管理模式、秩序状态,以至于成为民众的生活方式和社会的整体状态。也就是说,只有法律被普遍遵守,才会有法治的存在。法治不仅要约束公权,而且要求全体社会成员和社会组织等私权利主体一体遵行。

权力制约与普遍守法是法治的两个层面,他们都存在、都实现了,才是一个完整和完善的法治。所以,我们要推进法治建设,就既要推进法治国家建设,也要推进法治社会建设。

四、法治社会与法治国家是不同时段的两个重点

法治发展是渐次进步的过程,这也是一个漫长的历史过程,在形成发展与再发展过程中,法治建设有不同时段,不同的时段有着不同的重点。只有突出了不同时段的重点,法治建设才能事半功倍,获得最有效的推进。

在法治的初创中,必须重点强调的是法治国家建设,即突出对国家公权力的法律约束,即权力制约。法治首先着眼于规范和制约公权力是必须的,也是正确的。从正面来说,国家公权力理当也必须成为人民守法的榜样。公权力的行为准则是法定职责必须为、法无授权不可为。其为与不为,是对公权力法治状态的检验,也是公众的行为表率,具有

正向的示范作用。从反面来说,虽然私权利主体与公权力主体都可能成为违法者,但是就其危害性而言是不可同日而语的。将二者加以比较,结论是肯定的,违法的公权力是法治的最大破坏者。公权力违法者的危害最为深重,且难以被遏制。防止公权力的违法,是预防违法的首要任务。因此,从正反两个方面来说,推行法治都必须从规范尤其是制约公权力起步,倡导法治必先从公权力开始。

在法治的再发展过程中,随着法治持续推进与不断深化,必须强调全社会共同守法即普遍守法。在推动公权力法治化的同时,必须推动私权利主体的法治化。当法治发展到一定时段,对普遍守法,对私权利主体守法,必须摆到应有的位置加以强调。任何一个国家,推动法治最伟大的力量都是人民,最深刻的基础都在社会。每一个社会成员、组织、机构都必须严格依法办事、自觉守法,这是法治最深刻的根基。普遍守法同样应该成为重要的法治原则。法治是全社会的,每一个行为主体都有遵守法律的义务,都不得享有违法包括违法而不受制裁的特权。法律面前人人平等,既是对特权者而言的,也是对公众而言的。

五、法治社会与法治国家在法治发展中两相依存

法治有一个形成的过程,更有一个持续发展的过程。这个持续发展的过程将比形成过程更加长久,一直持续到政治国家的终了。在法治延续的过程中,法治社会与法治国家将两相依存。

在法治的创建、形成到发展的过程中,法治国家和法治社会二者虽然在不同时段会有所侧重,但它们将一直相伴而行、相互促进、相互制约。它们从不同的层面共同促进法治发展,推动法治更新,以使法治始终适应国家和社会发展的双重需要。也许在相对意义上,可以认为它们是适度分离的,但是从严格的意义上讲,它们是一体的,没有法治国家便没有法治,没有法治社会也没有法治。国家与社会之间的密切联

系本身就决定了法治国家与法治社会之间的密切关系。

法治并不是与生俱来的,但是它理当在国家的存在与发展中出现,并伴随国家一同前行。假如真有国家的消亡,它将伴随国家走到最后,一起归于沉寂,一起消失于人类世界。至于法治国家与法治社会之间,也恰如人世间最美好的爱情:它们将在天同为比翼鸟,在地同为连理枝,生生死死长相随。法治是人类社会发展的必然走向,也是政治国家的必然走向。国家与社会的共生性决定着法治国家与法治社会的依存性。法治国家与法治社会将共同以法治作为内核,以人类世界作为其舞台,长期同在、相互影响、相互制约、同频共振。

【附记:本文原题为“略论法治国家与法制社会”,发表于《法治社会》2017 年第 3 期(总第 9 期)】

代跋　推动法治理论的更新与创新

必须从我国基本国情出发，同改革开放不断深化相适应，总结和运用党领导人民实行法治的成功经验，围绕社会主义法治建设重大理论和实践问题，推动法治理论更新和创新，加快建设社会主义法治理论，为推进全面依法治国提供理论指导和学理支撑。

一、我们需要更新什么法学理论

我们首先要清楚需要更新什么理论。说到法治理论创新，我们必须明白的是需要创建什么理论，更替什么理论。依法治国并不是简单的社会实践，它必须以一系列基本而重大的理论为指导。这些理论也许既是法治理论又是政治理论。要改革治国理政的方式，就必须对既有的法治理论乃至政治理论作出坚决的更新。必须从理论上回答一系列问题，并以此为契机，创新我们的法学理论，建构社会主义的法治理论。具体说来：

一是要更新法的阶级斗争论。传统的法学理论认为法是以阶级划分、阶级矛盾、阶级斗争作为前提的。要在社会主义法治理论中更新法的阶级斗争理论,代之以法的社会矛盾与社会和谐理论。当前的中国社会正处于社会主义初级阶段,一定的社会矛盾也会在相当长的历史时期存在,但最终将归于消亡。要完成共产主义的伟大理想,必须逐步消除或者化解阶级矛盾在内的各种社会矛盾,促进并实现社会和谐。阶级矛盾作为社会矛盾之一种,已经不是主要矛盾,但都需要解决。要更多地运用法律来防止矛盾、减少矛盾、解决矛盾,实现社会的总体和谐、全面和谐与长期和谐。

二是要更新法的阶级本质论。传统的法学理论认为法在本质上是统治阶级意志的体现,要更新这一理论,代之以人民意志论。我们过去一直主张法是统治阶级意志的体现,现在的法已不再是某个阶级或者某几个阶级,乃至统治阶级的意志的体现了,而是人民意志的体现。现实社会中确实有阶级存在,但它是一种残存的阶级状态,并无泾渭分明的阶级划分,更无势不两立的阶级矛盾。社会主义政权是无产阶级革命胜利后建立的。无产阶级是一个伟大的阶级,它的革命并不狭隘地只为自己,而是要为所有的劳苦大众,甚至最终要为全人类的解放。正是这样的情怀,使得无产阶级有阶级意识,但是在其革命成功之后,又不会为狭隘的阶级意识所局限,它要领导全体人民,调动全体人民的积极性,不断扩大人民的数量与范围,最终消灭阶级。当然消灭阶级是一个漫长的过程,但是它必须不断为此努力。将社会主义法确定为全体人民意志的体现,正是无产阶级伟大气魄的体现,是其使命的要求。

三是要更新法的阶级工具论。阶级工具论,也就是法的阶级斗争工具论。在今天,要更新阶级工具论与阶级斗争工具论理论,代之以人民权益理论、社会和谐理论、公平正义理论、人民幸福理论。法作为单纯的阶级斗争工具是阶级对立社会的法的作用。在当代中国法的作用是什么?传统的法学理论认为,法是阶级之间进行斗争的工具。在当代中国,法的重要目的和直接作用就是指引和规范人们的行为,依法化解社会矛盾,有效维护社会稳定,实现国家和社会的长治久安。这次党中央明确提出,依法治国“事关我们党执政兴国、事关人民幸福安康、事关党和国家长治久安”就是此意。我们不是要用法律来挑动并进行阶级斗争,充任阶级斗争工具,而是要用法律来化解阶级矛盾在内的各种社会矛盾,促进和谐稳定、长治久安。

二、我们需要创新与法治相关的什么理论

推进全面依法治国呼唤理论创新,需要更多更新的理论。这些理论需要我们不断探索,但绝不是历史的倒退,更不是让我们坚决抛弃的陈旧理论死灰复燃。除了法学的基本理论外,我们还需要创新与法治密切相关的一系列理论,其内容极为丰富。

第一,创新推动深化改革的理论。当前,经过几十年的社会主义建设,改革发展成为了我们的时代主题。全面深化改革,建设中国特色社会主义,成为我们的现实任务。然而我们深化改革的理论还十分欠缺,尤其是推动深层次的改革,更需要我们以理性的精神,认真地加以对待。

第二,创新实现人民民主的理论。实现人民民主是中国共产党在上层建筑方面最为重大的现实任务。人民当家作主是中国共产党人的崇高追求。我们曾经的苦难、壮烈的牺牲,归结到一点就是为了人民。今天我们执政了,我们最有条件将权力交给人民并保障人民充分行使。我们一直在寻找实现人民民主的路径,今天我们已经有了很大的收获,但是离我们的目标还有很大的差距。因此,我们需要求索,需要不断努力地积极尝试,以促成人民民主在中国的全面实现。中国共产党的无私决定了它无畏并需要法治,更决定了它热爱并实行民主。全面推进依法治国,进而全面实现人民民主才是中国共产党人崇高理想在当代的现实化。

第三,创新建设法治国家的理论。建成法治国家是中华民族的百年梦想,是民族的夙愿。现在这一历史重任落在了中国共产党的肩上。依法治国,建设社会主义法治国家是我们坚定不移的目标。我们要不断开拓中国特色社会主义的法治道路,创新社会主义法治理论,为法治国家建设提供更多更好的理论支持。法治国家的理论,在我国还十分薄弱,还需要我们在推进法治国家建设的过程中,不断总结经验,回应现实需要,在实践中发展完善。

第四,创新确实保障人权的理论。人权是人被作为人来对待的权利。人权是基本的,也是神圣的。社会主义的发展就是为了人。一切为了人,为了人的生存发展、进步。这与共产主义的理想是可以贯通,也是能够和需要贯通的。客观上,在人权问题上的弱势者往往都是社会话语权的弱势者。他们的人权主张如何表达、人权权益如何维护,很容易停留在社会的表层,难以落到实处,尤其是在人权表达渠道有限和受限的情况下,如何保障弱势者的人权,成为世界各国的难题,也是中国的难题。我们理当首先在理论上加以探讨,并在实践中加以重视。

第五,创新谋求国家富强的理论。近代以来,中国因积贫积弱而饱受帝国主义的欺凌。在艰难困苦中站起来的中国人民为了国家富强,付出了无数的牺牲,作出了最艰苦卓绝的努力。今天这样的国力,是改革开放的成果,来之不易。必须坚持一心一意搞建设,全心全意谋发展。如果不能集中精力于发展,百年的强国梦想必将毁于一旦。全面建成小康社会的目标,实现现代化的目标无不包含着富强的理想。我们绝不能失去走向富强的机会,对于可能分散发展注意力的任何理论,都必须保持百倍的警惕并予以坚决的否定。

第六,创新促进社会和谐的理论。社会是有很多矛盾的,这些矛盾纠纷也影响我们的安全稳定、安定团结。这些矛盾的存在是客观事实,关键不在于是否承认这些矛盾,而在于如何化解这些矛盾。如果用传统的阶级斗争思维,必将激化矛盾,并无助于真正地实现社会和解与和谐。必须遵循法治的路径来解决这些矛盾,推进并实现社会和谐。由于历史和现实的原因,阶级和阶级斗争尚未清除,人们还有诸多误解和歧见。为此,我们必须担当起社会和谐理论创建责任,以取代不适当的阶级斗争理论。

第七,创新推动科学发展的理论。我们正处于一个不断科学化,日益需要科学化的时代。人们深知发展是硬道理,其实更必须明白科学发展是硬道理中的硬道理。建设和改革历程中的经验和教训使我们越来越明白,没有科学发展,许多发展成就将是得不偿失。有许多由发展带来的问题,可能会在更长的历史时期中困扰我们。科学发展,是我们必须时时牢记的原则,更是行动指南。政策是否正确、决策是否可行、法律是否适应社会需要,都与其是否科学、是否能够推动科学发展具有极大关系。加强科学发展的理论研究与创新,是推动科学发展的现实要求。

第八,创新实现公平正义的理论。公平正义是人类的理想,既现实又遥远。它就是阳光,寻常而又珍贵。它为人们日常所需,但又常常被视为稀世珍宝,难以顺利获得。实现公平正义是一个极为重大的难题。我们需要深刻把握:什么是当今时代的公平正义;如何实现真正的公平正义;特别是在公平正义受到危害的时候,何以救济;一旦出现不公平不正义的现象,如何加以消除,最终使公平正义成为现实。这些问题都需要首先从理论上加以探讨和解决。

第九,创新维护世界和平的理论。目前国际局势风云变幻,但总体上还是和平的,和平与发展仍然是世界主题。我们不仅要有这样的判断,利用这样的有利形势迅速发展自己的综合国力,而且还要推动世界沿着和平与发展的路径前行。维护国家主权和利益,永远是我们的根本目标。一个和平安宁的国际环境是中国的现实需要,也是未来理想。

在国内问题丛生，尚难长治久安的时候，还去挑动国际阶级斗争，引发国际争端，既是分身乏术，也是无事生非。在国内急需改革发展，国际上还有许多领土边界问题尚未解决的时候，还要去发动国际阶级斗争，无异于惹火烧身。当前尽管国际霸权主义依然存在，但是国际法治化无疑是世界各国对付霸权主义既无可奈何又最为必需的手段。我们应该加强维护世界和平的理论研究，为自己、为世界作出应有的贡献。

第十，创新追求人民幸福的理论。人民是最伟大的社会主体。追求人民幸福是我们至高的理想，也是发动群众、服务人民的旗帜与目标。如何实现人民幸福，是现实的根本追求，也是理论构建的根本目的。全心全意为人民服务，一切依靠人民、一切为了人民，也是法治发展的宗旨。实现人民幸福，永远是崇高理想。一定要以是否能够让人民幸福作为检验理论的政治标准与价值依据。

总之，我们需要依法治国时代的新理论。太多太多的现实问题需要研究，太多太多的理论问题需要解决。现实中国在法治发展上所需要的是理论创新和创新理论，我们必须从中国的实际出发，从中国改革发展的实际需要出发，从中国依法治国的实践需要出发，来更新和创新法治理论。

【附记：本文原题为“推动法治理论的创新”，发表于《中国发展观察》2014 年第 11 期。本文原有第一个问题“我们需要什么样的法治理论”，因与其他文章有所重叠，在收录编辑时，予以了删除，题目也做了相应修改。这里辑录的是其第二部分、第三部分】

“卓泽渊法学文论系列”后记

历时数年,终于编辑完这一系列文稿。欣慰、羞愧、联想,可谓五味杂陈,感慨系之。作为个人作品,曾经出版的有“卓泽渊法论系列”三卷、“卓泽渊法治文论系列”四卷,几卷单行本以及两部教材,一些法学与非法学的文字。这次编辑的“卓泽渊法学文论系列”六卷,使自己的学术成品又有一个归结,也是令我特别欣慰的。

这次辑录的著作,细看其内容,也令我羞愧。面对大时代,静下心来审视自己的著作,联想自己的学术人生,稍觉欣慰。心头榜样的力量是那么无穷,让我充满了坚定与神圣的情怀。激励我的是先辈的诗句:

为人进出的门紧锁着,为狗爬走的洞敞开着,一个声音高叫着:爬出来吧,给你自由!我渴望着自由,但也深知道——人的躯体哪能由狗的洞子爬出!

在进行文稿辑录时,难免联想到相关著作被过度引用乃至抄袭之事。一些著作多次被抄袭，甚至有的被不加引号、不作说明地引用几万字；有的著作被大篇幅抄录，只是将我的“法的价值”置换成了“××法的价值”等。这些问题我原本想等退出行政岗位后通过诉讼途径解决。随着岁月流逝，马齿徒增，考虑到相关人士的成长与发展也定然不易，也就越来越淡然甚至不想谈及了。

收集文稿的过程，也是自我反思的过程。尽管颇为幸运，却既无“求善价”的世俗奢望，也没有“待时飞”的人生理想。自身的无知、愚笨和鲁莽时常使自己尴尬。面对大时代，一己确实卑微，难免苟活。面对人类与民族、民众的兴衰否泰，任何个人委屈都不足挂齿。虽然于天下无助，但心有不甘。幸好磨砺心志以酬天志，还是我的期盼；尊崇大道以存世道，还是我的追逐；振作余生以为苍生，还是我的梦想。“夜阑卧听风吹雨，铁马冰河入梦来”。

感谢法律出版社孙志华、孙东育等领导以及每一位责任编辑的各种帮助，感谢许多朋友在文稿的收集和转录中给予我的帮助。编辑完这一丛书，更多的稿约已经积压在案头，我不知道还能写些什么，但是为了不辜负这个魔幻、挫折、巨变、无奈而又蕴含希望的时代，我愿意奋力前行：

原本山居无所思，随风来北未曾期。
报国呓语非能道，梦马神飞不可骑。
归拢书文羞梓印，满怀愧怍耻人知。
窗前伫立凝神望，恰见夕阳大有西。

卓泽渊

2024年秋

附录　卓泽渊个人著作

书　　名	出版单位	出版时间
我们与法治	商务印书馆	2022 年 11 月
法学导论(藏文版)	民族出版社	2022 年 9 月
法学导论(第 3 版)	法律出版社	2021 年 8 月
法治通识课	中共中央党校出版社	2021 年 5 月
我们与世界	商务印书馆	2020 年 10 月
法治期待	法律出版社	2019 年 8 月
法政讲堂	法律出版社	2019 年 8 月
法之言说	法律出版社	2019 年 8 月
法眼园窥	法律出版社	2019 年 8 月
中国的法治之路	外文出版社	2018 年 11 月
Rule of Law in China	外文出版社	2018 年 11 月
法的价值论(第 3 版)	法律出版社	2018 年 1 月
法政治学研究(第 3 版)	法律出版社	2018 年 1 月
法治国家论(第 4 版)	法律出版社	2018 年 1 月
法理学(第 2 版)	法律出版社	2016 年 2 月

续表

书　　名	出版单位	出版时间
法学导论(第2版)	法律出版社	2014年8月
法理学	法律出版社	2009年7月
法治国家论(第3版)	法律出版社	2008年1月
法政治学研究(第2版)	法律出版社	2008年1月
法学导论	法律出版社	2007年9月
法的价值论(第2版)	法律出版社	2006年8月
法政治学	法律出版社	2005年3月
法治国家论(第2版)	法律出版社	2004年7月
法治国家论	法律出版社	2003年9月
法治国家	中国方正出版社	2001年12月
法的价值总论	人民出版社	2001年9月
法治泛论	法律出版社	2001年6月
法的价值论	法律出版社	1999年7月
法律价值	重庆大学出版社	1994年9月